ADAC Reiseführer

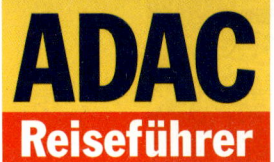

Provence

von Hans Gercke

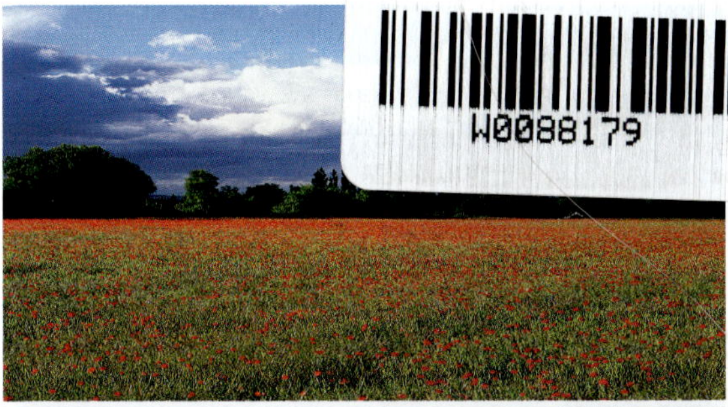

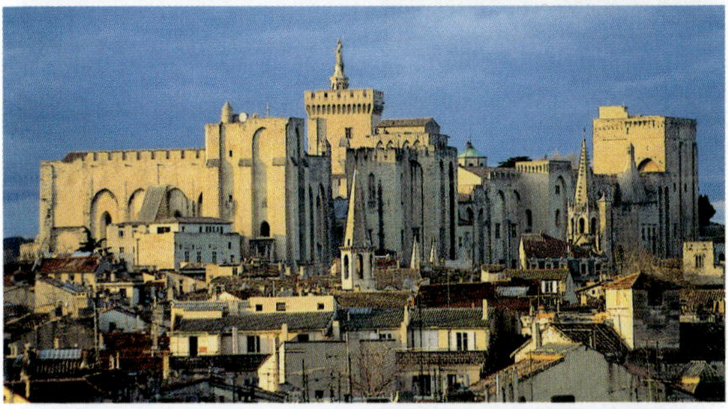

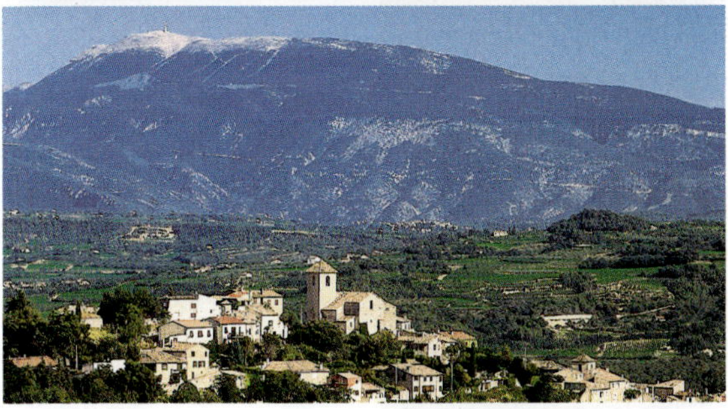

☐ Intro

Provence Impressionen   6

Land der Gegensätze

**Geschichte, Kunst, Kultur
im Überblick**   12

Auf den Spuren von Römern und
Päpsten, Ketzern und Künstlern

☐ Unterwegs

**Im Westen der Rhône – kleine
Orte mit großer Vergangenheit**   18

1   Viviers   18
2   Saint-Montant   19
    Gorge de la Ste-Baume 19
3   Bourg-St-Andéol   20
4   Pont-Saint-Esprit   20
5   Gorges de l'Ardèche   21
6   Valbonne   22
7   Bagnols-sur-Cèze   23

**Im Tricastin – Kunst der Romanik,
Landschaft der Trüffel und Oliven**   24

8   Saint-Paul-Trois-Châteaux   24
9   Saint-Restitut   25
10   La Garde-Adhémar   26
    Val des Nymphes   26
11   Notre-Dame-d'Aiguebelle   26
12   Grignan   27
13   Valréas   28
14   Nyons   29

**Im Comtat Venaissin –
wo sich schon Römer und
Päpste wohl fühlten**   31

15   Orange   31
16   Dentelles de Montmirail   35
17   Vaison-la-Romaine   36
18   Mont Ventoux   39
19   Sault und Gorges de la Nesque   40
20   Carpentras   41
21   Venasque   43
    Pernes-les-Fontaines   44

22 Avignon 44
  Die Stadt und ihre Mauern 45
  Brücke und Kathedrale 45
  Place du Palais 46
  Palais des Papes 47
  Rue de la République 52
  Westlich der Rue de la
    République 54
  Östlich der Rue de la République 54
23 Villeneuve-lès-Avignon 56

**In den Garrigues –
auf den Spuren der Römer**   **60**

24 Pont-du-Gard 60
  Collias 61
25 Uzès 62
26 Nîmes 63
  Der Nordwesten und das
    Zentrum 64
  Les Arènes 66
  Der Süden 67
  Oppidum de Nages 68

**Plateau de Vaucluse –
malerische Städtchen, uralte
Dörfer und die Farbe Ocker**   **69**

27 L'Isle-sur-la-Sorgue und Fontaine-
de-Vaucluse 69
28 Abbaye de Sénanque 71
29 Gordes und Village des Bories 72
30 Roussillon 73
31 Apt 75

**Petite Crau und Lubéron –
ein Paradies für Wanderer und
Kulturfreunde**   **77**

32 Beaucaire 77
33 Tarascon 78
34 St-Michel-de-Frigolet 80
35 Les Baux 81
36 St-Rémy-de-Provence,
Les Antiques und Glanum 83
37 Cavaillon 85
38 Montagne du Lubéron 86
  Oppède-le-Vieux 86
  Ménerbes 87
  Abbaye de St-Hilaire 87
  Lacoste 87
  Bonnieux 87
  Château de Lourmarin 88
  Abbaye de Silvacane 88

Camargue – im Delta der Rhône 89

39 St-Gilles 89
40 Aigues-Mortes 92
  La Grande Motte 93
41 Les-Saintes-Maries-de-la-Mer 95

Alpilles, Crau und Marseille – von berühmten Städten und Künstlern 98

42 Arles 98
  Cathédrale und Cloître St-Trophime 99
  Vom Plan de la Cour zum Boulevard des Lices 102
  Das antike und mittelalterliche Arles 103
  Les Alyscamps 105
43 Abbaye de Montmajour 106
44 Salon-de-Provence 107
45 Aix-en-Provence 108
46 Marseille 116
47 St-Maximin-la-Ste-Baume 123
48 Grand Canyon du Verdon 125

Provence Kaleidoskop

Die Höhle der Nashörner 22
Die Babylonische Gefangenschaft 50
Enguerrand Quartons ›Marienkrönung‹ 58
Von Gladiatoren und Stieren 68
Steinzeitfarben 74
Die Heilige und das Biest 79
Kräuterlikör und Sündenablass 81
Vom hl. Balthasar zum Cours d'Amour 82
Wallfahrtsorte und Pilgerwege 90
Turmgeschichten 92
Das Naturschutzgebiet Camargue 94
Die drei Marien 97
›Der brennende Dornbusch‹ des Nicolas Froment 112
Cézanne und Vasarély 114
Das Lied der Freiheit 122
Nationalsport Boule 133

Karten und Pläne

Provence vordere Umschlagklappe
Avignon hintere Umschlagklappe
Marseille hintere Umschlagklappe
Orange 33
Vaison-la Romaine, Quartier de Puymin 37

Vaison-la Romaine, Quartier de
  la Vilasse 37
Avignon, Palais des Papes 48
Nîmes 64
Glanum 84
Arles 101
Aix-en-Provence 110

☐ Service

Provence aktuell A bis Z   127

Vor Reiseantritt 127
Allgemeine Informationen 127
Anreise 128
Bank, Post, Telefon 129
Einkaufen 129
Essen und Trinken 129
Feiertage 130
Festivals und Events 130
Klima und Reisezeit 131
Sport 132
Statistik 134
Unterkunft 135
Verkehrsmittel im Land 135

Sprachführer   136

Französisch für die Reise

Register   141

Liste der lieferbaren Titel 140
Impressum 143
Bildnachweis 143

Leserforum

Die Meinung unserer Leserinnen und Leser ist
wichtig, daher freuen wir uns von Ihnen zu hören.
Wenn Ihnen dieser Reiseführer gefällt, wenn Sie
Hinweise zu den Inhalten haben – Ergänzungs-
und Verbesserungsvorschläge, Tipps und Korrek-
turen – dann kontaktieren Sie uns bitte:

Redaktion ADAC Reiseführer
ADAC Verlag GmbH
Am Westpark 8, 81365 München
Tel. 089/76 76 41 59
reisefuehrer@adac.de
www.adac.de/reisefuehrer

Provence Impressionen
Land der Gegensätze

»Die Farbe ist eigentlich sehr fein hier. Wenn das Grün frisch ist, ist es ein sattes Grün, wie wir es im Norden selten sehen, ruhig. Wenn es verbrennt und staubig wird, wird es nicht hässlich, sondern dann bekommt die Landschaft die verschiedensten Goldtöne ...«

Vincent van Gogh

Weder geografisch noch historisch lässt sich genau bestimmen, was die Provence eigentlich ist. Der Unschärfe ihrer Konturen entspricht die Vielfalt der Binnenstruktur: Für ihren einzigartigen **Reiz** ist charakteristisch, dass sich auf vergleichsweise engem Raum alle nur erdenklichen Gegensätze nebeneinander finden: schroffe, bizarre Gebirge, sanfte Hügelketten, dramatische Schluchten, weite Ebenen, dichte Wälder, karge Plateaus und duftende Lavendelfelder, Weinberge und Olivenhaine. Diese Musterkarte archetypischer landschaftlicher Möglichkeiten, überschaubar und in ihren absoluten Dimensionen eher bescheiden, ist in ihrer Wirkung gleichwohl oft von imponierender **Monumentalität**. Jedenfalls ist sie für unser Empfinden ganz und gar ohne jenen Charakter des Zärtlich-Idyllischen, den im 19. Jh. die Wiederentdecker der Provence, die Schriftsteller *Daudet* und *Mistral*, ihrer Heimat anzudichten versuchten.

Eher ist ihr eine gewisse **Herbheit** eigen, und es kommt gewiss nicht von ungefähr, dass eine leidenschaftliche, farbenglühende Malerei wie die des Holländers *Vincent van Gogh* hier ihre Vollendung fand, aber auch die ganz anders geartete, strenge und kühle, den kristallinen Gesetzmäßigkeiten einer von Natur und Menschenhand strukturierten Landschaft nachspürende seines Zeitgenossen *Paul Cézanne*. Es ist diese innere, geistige Affinität zwischen Natur und Menschenwerk, die in der Provence immer wieder erfahrbar wird, nicht im Sinne eines Gleichklangs, einer Harmonie, wie sie für andere Gegenden charakteristisch

Oben: *Naturschönheit und Kunst – die provenzalische Landschaft begeisterte schon große Maler wie Paul Cézanne*
Rechts: *Blühende Lavendelfelder sind Augenschmaus und Dufterlebnis zugleich*
Rechts oben: *Malerische Bergstädtchen wie Gordes sind Blickfang der Vaucluse*

sein mag, sondern eher im Sinne eines Dialogs, der auf elementare Gemeinsamkeiten verweist.

Zauber der Landschaft und des Lichts – Inspiration für Künstler

In den Bildern Cézannes scheinen jene silbrigen Farbtöne wieder auf, die so typisch sind für die **provenzalische Landschaft**, der bräunliche, gelbe und rötliche *Ocker*, vor allem aber – zumal in den Aquarellen – das gleißende *Weiß* des Midi, dem alle anderen Farben ebenso zum Opfer fallen wie alle anderen Töne dem ohrenbetäubenden Sirren der Zikaden. Das Weiß findet sich wieder in den har-

ten, konstruktiven Kontrasten im Werk des Wahl-Provenzalen *Victor Vasarély*, dessen Museum in Aix ein Muss für jeden ist, der sich für die Kunst des 20. Jh. interessiert.

Aber es geht nicht allein um die **Kunst**, sondern ebenso um das Geheimnis dieser Landschaft. Doch ist das eine vom anderen nicht zu trennen: Dass gerade hier eine Kunst entstand, deren rationale und dennoch ins Irrationale überspringende *Klarheit* zweifellos mit dem scharf konturierenden Licht des Südens zu tun hat und sich auf Jahrhunderte vorher entstandene Werke berufen kann, deren *formale Prägnanz* ihresgleichen sucht, ist kein Zufall. Magisch hat dieses Land Künstler angezogen – Cézanne ist einer der wenigen, die hier beheimatet sind. Da der Prophet im eigenen Land wenig gilt, ist es nicht verwunderlich, dass in der Provence bis vor nicht allzu langer Zeit kein einziges seiner bedeutenderen Werke zu sehen war.

An den Traumküsten des Mittelmeers haben sich große Klassiker der Moderne niedergelassen – Picasso, Matisse, Léger, Chagall –, die ihnen gewidmeten Museen sind zu Wallfahrtsorten der Kunstwelt geworden. Doch die **Côte d'Azur**, die in mancher Hinsicht zur Provence gehört, in

Oben: *Moderne Kunst von Rang – Fondation Vasarély in Aix-en-Provence*
Unten: *Farbenpracht und Formenspiel der Natur – Ockerfelsen von Roussillon*
Rechts oben: *Meisterwerk der Romanik – Cathédrale St-Trophime in Arles*
Rechts Mitte: *Historie in buntem Kleid – Nostradamusfest in Salon-de-Provence*
Rechts unten: *Genuss mit Tradition – Café Les Deux Garçons in Aix-en-Provence*

Was das **Mittelalter** betrifft, so gibt es keine Region, deren Architektur den Geist der Antike im wörtlichen Sinn ›lapidarer‹, d.h. ›in Stein gehauen‹, bewahrt hätte. Hier geht es nicht um die Adaption äußerer Formen oder um eine Renaissance, sondern um die Verbindlichkeit elementarer Vorstellungen von Bauen und Behaustsein, die weit vor die römisch-griechische **Antike** zurückreichen.

Grundtypus solcher Räume, in denen der Bewohner nicht wie im Norden die Sonne sucht, sondern sich vor ihr schützt, ist die **Höhle**. Archaische Beispiele eines solchen Bauens finden sich in den aus Steinen aufgeschichteten **Bories** der provenzalischen Hirten. Und selbst die bedeutendsten – zumeist vergleichsweise bescheiden dimensionierten, dennoch in ihrer Wirkung monumentalen – **Kathedralen** verraten noch als dunkle, einschif-

anderer jedoch von ihr sehr verschieden ist, wird in einem eigenen ADAC-Reiseführer behandelt.

Kulturen der Vergangenheit – präsent in der Gegenwart

In die Provence reisen heißt, eine Reise in die europäische Geschichte anzutreten. Die Erfahrung einer **kulturellen Kontinuität** mit ihrer lebendigen Präsenz über Jahrtausende hinweg wird hier für jeden spürbar, der für solche Zusammenhänge sensibel ist. Dies gilt insbesondere für die monumentalen Reste der **römischen Vergangenheit**, die in der Provence in einer Qualität erhalten geblieben sind wie kaum irgendwo sonst im Bereich des Imperiums, Rom ausgenommen. Darüber hinaus aber reichen eindrucksvolle Zeugnisse weit in die *prähistorischen Epochen* zurück, in die Zeit der mediterranen Muttergottheiten.

dem Repertoire des neuen, aus dem Norden importierten Stils. Jahrhunderte später wurden die einschiffigen gotischen *Wandpfeilerkirchen* der Provence, insbesondere des päpstlichen **Avignon**, zum Ausgangspunkt der Entwicklung des barocken Einheitsraums.

Neu erwachtes regionales Selbstverständnis

Die Tatsache, dass sich die **politischen Zentren** verlagerten und spätestens seit dem 15. Jh. die Provence als ›Province‹ in eine Art Dornröschenschlaf versank, war mitverantwortlich dafür, dass Zeugnisse einer Vergangenheit erhalten blieben, die bei einer anderen Dynamik der politischen und wirtschaftlichen Entwicklung

fige, tonnenüberwölbte Räume, wenngleich hochgradig stilisiert, diesen Ursprung. Seitenschiffe sind, wenn es sie überhaupt gibt, selten mehr als schmale, begleitende Korridore. Die *Saalräume* der Kathedralen sind in der Regel eher weit als steil proportioniert, und das Licht strahlt allenfalls durch kleine, häufig runde Fenster in den Raum. Mitunter ist die Tür die einzige Öffnung im bergenden Dunkel.

Wie grundverschieden diese mediterrane Architektur von den auf Zelt- und hölzerne Ständerbauten zurückgehenden Konstruktionen nordischen Bauens ist, wird vor allem bei der Betrachtung der **Gotik** deutlich. Die vom Boden wegstrebende, dynamische Bauweise der französischen Gotik ist dem Süden fremd geblieben. Dessen ›lateinische‹ Gotik verharrt in der Tradition des Mediterranen und übernimmt allenfalls Details aus

zweifellos zerstört und von neueren Schichten überlagert worden wären.

So findet man – bei extremer *touristischer Verdichtung* an der Küste und in einigen Städten – im Landesinneren viele heute fast ausgestorbene Orte. Häufig haben sich entlang der Durchgangsstraßen neue Siedlungen neben den verfallenden historischen Stadtkernen entwickelt. Seit mehreren Jahren allerdings bemüht man sich, in kultureller Hinsicht Akzente zu setzen und auch, im Zeichen eines neu erwachten regionalpolitischen Selbstverständnisses, um eine **Revitalisierung** der *historischen Substanz*. Äußere Zeichen dieses Wandels sind die Schilder, die neben dem französischen Namen den provenzalischen des jeweiligen Ortes bekannt geben: eine zumindest symbolische Referenz an eine große europäische Kultur, die in den Glaubenskriegen des Mittelalters und im Gefolge

Engstirnigkeit der Eigenständigkeit verschiedenster Regionen im Zusammenhang eines übergeordneten Ganzen neues Gewicht zu verleihen.

Die Provence hätte wohl in besonderem Maße das Zeug dazu, sich in einen solchen Kontext einerseits einzupassen, andererseits darin ihre **Eigenständigkeit** und Vielfalt zur Geltung zu bringen. Hat sie doch seit Jahrhunderten mit Erfolg den Balanceakt vollführt, kulturelle Größe von Rang zu sein, zugleich aber auf machtpolitische Ambitionen weitgehend zu verzichten. Die Provence war nie ein autonomer Staat, sondern immer Teil eines größeren anderen (oder deren mehrerer), zugleich selbst in sich schon voll verschiedenster Aspekte.

Der Reiseführer

Dieser Band stellt die **Provence** in neun Kapiteln vor. Die Reiseroute führt von Norden nach Süden. Bei fortlaufender Lektüre wird so ein zusammenhängender Überblick vermittelt.

Übersichtskarten, Stadtpläne und Grundrisse ergänzen den Text. Die **Top Tipps** weisen auf herausragende Sehenswürdigkeiten und Museen, empfehlenswerte Hotels und Restaurants, regionale Feste und Märkte hin. Den Besichtigungspunkten sind **Praktische Hinweise** mit Tourismusbüros sowie Hotel- und Restaurantadressen angegliedert. **Provence aktuell A bis Z** bietet Wissenswertes von Informationen vor Reiseantritt über Tipps zu Essen und Trinken, Festen und Feiern bis zu Verkehrsmitteln. Hinzu kommt ein praktischer **Sprachführer**. Ein Kaleidoskop interessanter **Kurzessays** rundet den Reiseführer ab.

Links oben: *Höhepunkt im Festkalender – Pèlerinage des Gitanes in Les-Saintes-Maries-de-la-Mer zu Ehren der hl. Sara*
Links Mitte: *Kugelspiel, das nicht aus der Mode kommt – Nationalsport Boule*
Links unten: *Fundgrube zwischen Orient und Okzident – Wochenmarkt in Arles*
Ganz oben: *Paradies für Wanderfans und Kletterfreaks – Canyon du Verdon nordöstlich von St-Maximin-la-Ste-Baume*
Oben: *Arena frei – spanisches Stierkampfspektakel zur Fête des Vins in Nîmes*

einer straff zentralisierenden französischen Expansionspolitik unterging. Heute wird diese Wiederbelebung nicht nur in der Provence, die ohnehin lange Zeit eine *politische Sonderstellung* bewahrte, sondern im gesamten **Midi** zu einem neuen Identifikationsmoment. Eine gesamteuropäische Politik könnte die Chance beinhalten, ohne nationalistische

Geschichte, Kunst, Kultur im Überblick

Auf den Spuren von Römern und Päpsten, Ketzern und Künstlern

1800–800 v. Chr. Bronzezeit. Ligurer bevölkern die Provence.

um 1000 v. Chr. Lebhafter Seehandel an den Küsten des Mittelmeers. Phönizier und Griechen aus Rhodos befahren ›Rhodanos‹, die Rhône.

8.–4. Jh. v. Chr. Invasion der Kelten, die sich mit den Ligurern vermischen und feste Siedlungen (Oppida) gründen.

um 600 v. Chr. Griechen aus Phokis in Kleinasien gründen Massalia, das spätere Marseille.

542 v. Chr. Die Kriegsflotte der Karthager überfällt Massalia, sie setzen sich im Küstengebiet fest und werden von dort erst 482 v. Chr. wieder vertrieben.

4. Jh. v. Chr. Blütezeit Massalias. Pytheus der Seefahrer erforscht die Nordmeere, Massalia gründet Kolonien – Monoikos (Monaco), Nikaia (Nizza), Emporion (Ampurias), Antipolis (Antibes) – und beherrscht die Küste.

Zu den Kelto-Ligurern im Hinterland bestehen gute Beziehungen.

218 v. Chr. Hannibal zieht im 2. Punischen Krieg (218–202) von Spanien kommend durch die Provence und überquert die Alpen. Massalia ist gegen ihn mit den Römern verbündet.

181–125 v. Chr. Massalia ruft mehrmals das verbündete Rom gegen die keltischen Saluvier zu Hilfe.

123 v. Chr. Der Hauptort der Saluvier, Entremont, wird daraufhin von den Truppen der Feldherren M. Fulvius Flaccus und C. Sextius Calvinus dem Erdboden gleichgemacht.

121 v. Chr. Bei Entremont gründen die Römer als erste eigene Stadt in der Provence Aquae Sextiae Saluviorum, das spätere Aix-en-Provence. Römische Legionäre lassen sich in Vienne nieder.

118 v. Chr. Domitius gründet mit der Colonia Narbo Martius, dem späteren Narbonne, die erste römische Kolonie auf außeritalienischem Boden. Narbo wird die Hauptstadt der neuen Provincia Gallia Transalpina, der späteren Provincia Gallia Narbonensis. Domitius lässt die alte ›Straße des Herakles‹, die von Spanien nach Italien führt, nach römischem Standard ausbauen. Sie trägt fortan seinen Namen: Via Domitia.

105 v. Chr. Die Germanen treten auf den Plan: Die römische Armee wird beim heutigen Orange von den Cimbern und Teutonen vernichtend geschlagen.

104 v. Chr. Der römische Feldherr Marius lässt die Sumpfgebiete zwischen dem späteren Arelate (Arles) und Fos kanalisieren und schafft der römischen Armee so einen Zugang zum Mittelmeer.

101 v. Chr. Marius besiegt die Teutonen in der Schlacht bei Aquae Sextiae (Aix).

58–51 v. Chr. Caesar nimmt im Verlauf des ›Bellum Galli-

Kolossal: Mit großen Kriegselefanten zog Hannibal durch die Provence zu den Alpen

*Bühnenreif: Marmorstand-
bild des Augustus im antiken
Theater von Orange* ▷

cum‹ (Gallischer Krieg) ganz Gallien ein.

49 v. Chr. Caesar erobert im Bürgerkrieg gegen Pompeius Massalia, das sich nicht auf seine Seite gestellt hatte und künftig als ›Massilia‹ mit dem gesamten Küstenstreifen unter römischer Oberhoheit steht.

46 v. Chr. Caesar gründet Arelate (Arles) und siedelt dort Veteranen seiner 6. Legion an.

43 v. Chr. Munatius Plancus, einer von Caesars Offizieren, gründet Lugdunum, das heutige Lyon.

36 v. Chr. Augustus gründet Arausio, das heutige Orange, und siedelt dort vor allem Veteranen aus Caesars siegreicher 2. Legion an.

27 v. Chr. Augustus macht Lugdunum (Lyon) zur Hauptstadt ganz Galliens. Er organisiert die Verwaltung in den eroberten und befriedeten Gebieten (Pax Augustana). Die römische Kultur breitet sich aus.

16 v. Chr. Augusta Nemausus (Nîmes) wird gegründet und von Augustus mit Stadtmauern beschenkt. Es entwickelt sich zu einer blühenden Handelsstadt.

285–305 n. Chr. Regierungszeit des Kaisers Diokletian. Er organisiert die Reichsverwaltung neu. Lyon verliert seine Funktion als Hauptstadt.

308 Kaiser Konstantin macht Arelate (Arles) zur kaiserlichen Residenz.

313 Aufblühen des Christentums nach Kaiser Konstantins Toleranzedikt von Mailand.

395 Arles wird das Verwaltungszentrum ganz Galliens.

412 Invasion und von Rom legitimierte Landnahme der Goten.

443 Die vom Rhein vertriebenen Burgunder gründen an der Rhône ein neues Reich. Königssitz ist seit 461 Lyon.

471 Der Westgotenkönig Eurich erobert Arles.

476 Ende des Weströmischen Reiches. Vienne wird Hauptstadt der Burgunder.

523 Theoderich der Große gliedert die Provence in sein Westgotenreich ein.

534 und 536 Burgund und die Provence werden ins Frankenreich eingegliedert, das damit den Zugang zum Mittelmeer gewonnen hat.

7. Jh. Neue Blütezeit der Provence mit zahlreichen Klostergründungen unter den fränkischen Hausmeiern.

719 Invasion der Araber.

732 Karl Martell besiegt bei Tours und Poitiers die Araber, die aber auch in der Folgezeit als ›Sarazenen‹ immer wieder die Küste bedrohen.

741 Nach dem Tod von Karl Martell wird das Reich geteilt.

800 Kaiserkrönung Karls des Großen, der das Reich wieder eint.

843 Vertrag von Verdun über die Teilung des Karolingerreichs: Karl II. erhält das spätere Frankreich, Ludwig ›der Deutsche‹ Deutsch-

land, Lothar das Mittelreich (Lotharingien) mit Burgund und Provence.

855 Nach Lothars Tod wird dessen Herrschaftsgebiet aufgeteilt: Ludwig II. erhält die italienischen Gebiete und die Kaiserwürde, Lothar II. Mittelfranken (Lothringen), Karl Burgund und das nun selbstständige Königreich Provence.

863 Nach dem Tod Karls wird sein Besitz zwischen den beiden überlebenden Brüdern geteilt; Lothar erhält Burgund, Ludwig II. wird König der Provence.

879 Die Adligen der Provence erheben einen der Ihren, Boso von Vienne, den Schwager Karls des Kahlen, zum König. Boso vereinigt Burgund und Provence zum Königreich Niederburgund (im Gegensatz zum 888 gegründeten welfischen Königreich Hochburgund).

um 934 Vereinigung der beiden burgundischen Reiche zum Königreich Arelat (nach seiner Hauptstadt Arles).

10. Jh. Benediktinische Klostergründungen.

972 Guillaume d'Arles besiegt die Sarazenen und nennt sich fortan ›Graf der Provence‹. Er gilt als der Stammvater der Grafen der

Provence aus den Häusern Toulouse und Barcelona.

1032 Das Königreich Burgund wird in das Heilige Römische Reich Deutscher Nation eingegliedert.

11. Jh. Religiöser Umbruch innerhalb und außerhalb der etablierten Kirche. Aus Bulgarien kommt die Bewegung der Katharer (›die Reinen‹; nach ihrem Zentrum Albi auch Albigenser genannt), die sich rasch in Südfrankreich verbreitet.

1125 Nach dem Aussterben der Grafen von Arles (1112) wird die Provence zwischen den Grafen von Toulouse und Barcelona aufgeteilt.

1162 Kaiser Friedrich Barbarossa erkennt Raymond Béranger von Barcelona als Comte der Provence an.

1178 Der Kaiser beendet Streitigkeiten zwischen den Grafen von Barcelona und Toulouse, indem er sich selbst in der Kathedrale St-Trophime in Arles zum König der Provence krönen lässt.

1194 Raymond VI. († 1222) wird Graf von Toulouse. Er sympathisiert mit den Ideen der Albigenser.

1208 Ermordung des päpstlichen Legaten Pierre de Castelnau, für die Raymond VI. verantwortlich gemacht wird.

1209 Trotz Unterwerfung und Buße Raymonds VI. Beginn des ›Albigenserkreuzzugs‹. Simon de Montfort, Graf von Leicester, erobert in diesem vom französischen König unterstützten Kreuzzug fast die gesamte Grafschaft Toulouse. Im ›Massaker von Béziers‹ werden 20 000 Menschen getötet.

1226 Die Brücke von Avignon, das selbst zu den Albigensern hält, wird von den Truppen Ludwigs VIII. zerstört.

1229 Nach der Unterwerfung Raymonds VII. (1222–49) enden im Frieden von Paris die Albigenserkriege. Das südliche Languedoc fällt fast ganz an die französische Krone. Ein königlicher Amtsbezirk wird in Beaucaire geschaffen. Raymond VII. verliert die Grafschaft Venaissin an den Papst.

1246 Karl I. von Anjou, ein Bruder Ludwigs IX., des ›Heiligen‹ (1226–1270), heiratet Beatrice von Provence, die Tochter des Grafen Raymond Béranger von Barcelona, der seine Besitzungen behalten hatte, und wird damit Graf der Provence.

1249 Tod Raymonds VII. Alphonse von Poitiers wird neuer Graf von Toulouse.

1271 Mit dem Tod des Alphonse von Poitiers fällt die Grafschaft Toulouse an die französische Krone. Frankreich erstreckt sich nun bis zum Mittelmeer.

1285 Philipp IV., ›der Schöne‹ (1285–1314), regiert in Frankreich. Systematisch dehnt er sein Herrschaftsgebiet nach Süden aus und bringt auch das Papsttum unter seine Gewalt.

1309 Der französische Papst Clemens V. lässt sich auf Anraten Philipps IV. in Avignon nieder. Damit beginnt die ›Babylonische Gefangenschaft der Päpste‹.

1312 Das Konzil von Vienne beschließt auf Drängen Philipps IV. die Liquidierung des mächtigen Templerordens. Das Vermögen des Ordens fällt an die Krone.

1309–76 Päpste und Gegenpäpste residieren in Avignon.

1348–49 Eine erste große Pestepidemie dezimiert die Bevölkerung der Provence.

1365 und 1409 Universitätsgründungen in Orange und Aix.

1434–89 Unter der Regierung des René d'Anjou, des ›guten Königs René‹, erlebt die Provence ihr ›Goldenes Zeitalter‹.

1443 Mit der Herrschaft Giulianos della Rovere, des ersten Erzbischofs von Avignon und späteren Papstes Julius II. (ab 1506), beginnt

Mit dem Edikt von Nantes 1598 beendet Heinrich IV. die Religionskriege

Schnellste Verkehrsverbindung über Land: Hochgeschwindigkeitszug TGV

die Herrschaft der Kardinallegaten in Avignon.

1481 Karl von Maine, der Neffe König Renés, vermacht die Provence testamentarisch dem französischen König.

1486 Die drei Stände der Provence ratifizieren in Aix den Vertrag zum Anschluss der Provence an Frankreich.

16.Jh. Die Reformation breitet sich in Frankreich aus. Zentren sind Nîmes und das protestantisch beherrschte Orange.

1501 Ludwig XII. gründet das Parlament mit Aix als Herrschaftsinstrument der Krone und besetzt es vorzugsweise mit Nichtprovenzalen.

1515–47 Unter dem französischen König Franz I. werden mit aktiver Hilfe des Parlaments die im Lubéron ansässigen Waldenser verfolgt.

1539 Französisch wird Verwaltungssprache der Provence.

1558 Adam de Craponne, ein Ingenieur aus Salon, baut einen Kanal zur Bewässerung der Crau.

1560–98 Religionskrieg in Frankreich.

1598 Heinrich IV. erlässt das Edikt von Nantes: Glaubensfreiheit für Protestanten. Er beendet damit die Religionskriege, die Protestanten bauen eigene Kirchen und befestigte Orte.

1632 Die Auflehnung des Languedoc unter Henri II. de Montmorency wird von Ludwig XIII. niedergeschlagen.

1660 Ludwig XIV. zieht nach Niederwerfung eines Aufstandes im Triumph in Marseille ein.

1663 Die päpstliche Grafschaft Venaissin wird von Ludwig XIV. nach Streitigkeiten mit Papst Alexander VII. besetzt und Frankreich einverleibt.

1685 Ludwig XIV. widerruft das Edikt von Nantes. Rund 500 000 Hugenotten wandern in protestantische Länder aus.

1713 Das Fürstentum Orange, ehemals Besitz des Hauses Nassau, gelangt durch den Vertrag von Utrecht zunächst vorläufig, dann endgültig an Frankreich.

1787 Protestantenerlass: Den Protestanten wird erneut Glaubensfreiheit gewährt.

1789 Wahl der Generalstände.

1792 500 Freiwillige aus Marseille marschieren nach Paris und singen dabei das von Rouget de Lisle in Straßburg komponierte ›Lied der Rheinarmee‹, das als ›Marseillaise‹ zur Nationalhymne wird.

1797 Im Frieden von Tolentino wird Avignon Frankreich zugesprochen.

1854 Gründung der Literaturgruppe ›Le Felibrige‹ durch Frédéric Mistral.

1857 Eröffnung der Eisenbahnlinie Bordeaux – Tarascon.

1888 Der Künstler Vincent van Gogh (1853–1890) zieht nach Arles.

1906 Paul Cézanne (geb. 1839) stirbt in Aix-en-Provence.

1933 Beginn der Kanalisierung der Rhône.

1942–44 Invasion deutscher Truppen, Lyon wird Zentrum des Widerstandes gegen die Nazis.

1948–52 Bau des Rhône-Kanals Donzère – Mondragon.

1956 In Marcoule geht der erste Atomreaktor Frankreichs in Betrieb.

1962 Inbetriebnahme der ersten Wasserkraftwerke im Rhônetal.

1972 In Frankreich werden 22 Regionen geschaffen. Die Provence gehört zu der Region Provence-Alpes-Côte d'Azur, Hauptstadt ist Marseille.

1998 In Frankreich findet die FIFA Fußballweltmeisterschaft statt, Marseille ist einer der Austragungsorte. Frankreich wird Weltmeister.

2001 Der Hochgeschwindigkeitszug TGV (Train à Grande Vitesse) zwischen Marseille und Paris nimmt seinen Betrieb auf. Mit ihm verkürzt sich die Fahrtzeit zwischen den Städten auf nur noch drei Stunden.

2007 Nicolas Sarkozy wird neuer französischer Staatspräsident.

2008 Marseille gewinnt die Wahl zur Kulturhauptstadt Europas 2013. Seither erlebt die Stadt ein großangelegtes Investitionsprogramm. Am Hafen entsteht ein neues Museum und eine Hafenpromenade soll bis 2013 entstehen.

2010 Der drittgrößte Reedereikonzern der Welt CMA CMG bezieht sein neues, von Zaha Hadid geplantes und 147 Meter hohes Hauptquartier am Hafen von Marseille.

*Malerischer Anblick und herrliche Aussicht –
Bonnieux in der Berglandschaft des Luberon*

Unterwegs

Im Westen der Rhône – kleine Orte mit großer Vergangenheit

Wer aus nördlicher Richtung in die Provence reist, dem weist die Rhône, der wasserreichste Strom Frankreichs, den Weg.

Als Tor zur Provence gilt die Stadt **Viviers**, im Mittelalter Hauptstadt der mächtigen Grafschaft Vivarais. Von beiden Seiten reichen die Gebirgszüge hier dicht an die Rhône heran, dann durchbricht sie in einem schmalen ›Défilé‹ die Kalkbarriere, die die Ebenen von Montélimar und des Tricastin voneinander trennt. Im gebirgigen Hinterland westlich der Rhône kommt dann die Natur wieder zu ihrem Recht, hier träumt das das malerische **Saint-Montant** vor sich hin und die **Schlucht der Ardèche** begeistert mit ihrer wilden Ursprünglichkeit.

1 Viviers

Die Bischofsstadt birgt eines der schönsten Renaissancegebäude Frankreichs.

Viviers (3700 Einw.) konnte sein mittelalterliches Erbe über die Jahrhunderte bewahren. Bis heute wacht seine mächtige Kathedrale über Altstadt und Rhônetal.

Geschichte Die Bischofsstadt Viviers wurde im 5. Jh. am Ort eines römischen Kastells gegründet. Das Bistum war einst nach Lyon das größte und mächtigste im Rhônetal. Seit 1032 standen Stadt und Grafschaft unter Lehenshoheit des Deutschen Reiches. 1307 konnte der französische König diese Verbindung trennen, fortan war die Grafschaft eine Krondomäne. Als Handelsstadt blühte Viviers auch in den folgenden Jahrhunderten. Ihre Bedeutung als Industriestandort hat die Gegend um Viviers dem Lafarge-Konzern zu verdanken, den Joseph-Auguste Pavin de Lafarge hier im Jahr 1833 gründete. Auch wenn die Zentrale des weltgrößten Baustoffkonzerns längst nach Paris umgezogen ist, betreibt er doch einige seiner wichtigsten Werke zwischen Viviers und dem nördlichen Montélimar.

Besichtigung Eine steile Auffahrt führt zur **Cathédrale St-Vincent** hinauf (Parkmöglichkeit). Blickt man von der dortigen Terrasse nach Norden und Osten, so öffnet sich ein schönes *Panorama*. Man schaut auf die Ebene von Montélimar hinunter, sieht das Kraftwerk Châteauneuf, den Mont Ventoux [Nr. 18], bei klarem Wetter sogar die Alpen. Die *erste Kathedrale* stammt aus merowingischer Zeit (6. Jh.). Vom 1119 durch Papst Calixtus II. geweihten romanischen Neubau, einer dreischiffigen Basilika, sind allein der frei stehende, wehrhafte **Turm** mit der Michaelskapelle und die Grundmauern des Langhauses erhalten. Die **Vorhalle**, die Turm und Kirche verbindet, stammt aus dem 14. Jh. 1517 ließ Bischof Claude de Tournon den Chor in prächtigen Flamboyant-Formen erneuern. Nach den Zerstörungen der Religionskriege (1567) wurde die Kirche zunächst provisorisch eingedeckt, im 18. Jh. dann mit einer neuen Wölbung versehen. Aus dieser Zeit stammen auch die Gobelins und das geschnitzte Chorgestühl.

Im Ort ist vor allem die **Maison des Chevaliers** (www.ciup-viviers.com) in einer Seitenstraße der Grande Rue bemerkenswert. Die skulpturale Dekoration der Fassade (1546) macht diesen Bau zu einem der schönsten Privathäuser Frankreichs.

Etwa 1,5 km vom historischen Ortskern entfernt und über die Straße Faubourg Saint-Jacques (auch D 86) gut zu erreichen, stößt man auf die **Römerbrücke** nördlich von Viviers. Wohl seit dem 2. Jh. n. Chr. führen ihre elf Bögen über den Rhône-Nebenfluss L'Escoutay.

Information

Office de Tourisme, 5, Place Riquet, Viviers, Tel. 04 75 52 77 00, www.viviers-tourisme.fr

2 Saint-Montant

Wiederbelebung einer ›Bourg‹.

Auf dem Weg nach Süden (D 86) lohnt sich ein Abstecher nach dem nur wenige Kilometer landeinwärts gelegenen Saint-Montant (www.saint-montant.com). Der kleine, befestigte Ort, ein typischer **Bourg**, wie er sich häufig im Mittelmeerraum findet, scheint aus dem Felsen herauszuwachsen und gipfelt in einer imponierenden **Burganlage**.

Um 1880 verließen die letzten Einwohner dieser mittelalterlichen Siedlung ihre angestammte Heimat und zogen in neue Häuser im Tal. Fast 100 Jahre lang war der Ort anschließend dem Verfall preisgegeben, bis 1970 Abbé Pierre Arnaud die *Association des Ami de Saint-Montan* gründete, die sich fortan um seinen Wiederaufbau bemühte. Mittlerweile sind fast alle Gebäude saniert und die Arbeiten an der Burg selbst haben begonnen. Einige der alten Häuser bezogen Cafés wie das *P'tit Bistrot* (Tel. 04 75 00 15 79, http://leptit bistrot.wifeo.com) am Ortseingang gegenüber der alten Schule, es gibt einen Töpfer und man kann im Ort übernachten (www.la-re-creation.com).

Unterhalb von Saint-Montant teilt sich die Straße. Wo die D 190 in die D 262 mündet, führen einige kühne Kehren unmittelbar in die Bergwelt der **Ardèche** hinein. Die Kalkfelsen treten enger zusammen, die Schlucht **Gorge de la Ste-Baume** öffnet sich. Kletterer üben sich an den senkrechten Wänden hinter einer kleinen, geheimnisvollen Eremitage, deren Vorgeschichte fraglos in vorchristliche Zeit zurückreicht. Die **Kapelle** des Eremiten Montanus (genannt San Samonta) markiert einen heiligen Ort: Unter ihr entspringt eine Quelle. Ein *Altar* im Freien deutet auf einstmals regen Pilgerverkehr hin. Eine Inschrift, Reste von Malerei und mehrere Sonnenuhren fesseln die Aufmerksamkeit des Besuchers.

Folgt man der Straße weiter, so gelangt man am Ende der Schlucht auf der Hochfläche, rund 100 m von der Straße entfernt, zur malerisch inmitten von Wiesen gelegenen kleinen **Église de Larnas**. Die Kirche stammt aus dem 12. Jh. und ist Beispiel einer ebenso bemerkenswerten wie für die Region charakteristischen Architektur: Stereometrische Körper – Quader (Schiffe), Kubus (Vierung), Dreiecke (Giebel), Halbzylinder (Apsiden) und Achteck (Kuppel) – sind in lapidarer Klarheit einander zugeordnet. Ornamentik kommt allenfalls sparsam zum Zuge.

Die einstige Bischofsstadt Viviers mit der wehrhaft anmutenden Cathédrale St-Vincent

3 Bourg-St-Andéol

Romanische Kirche und Mithrasheiligtum.

Die Kirche St-Andéol beherrscht machtvoll das Stadtbild des gleichnamigen Ortes (7300 Einw.). Sie ist St-Andéol geweiht, einem der frühesten französischen **Märtyrer**, dessen Gebeine in einem spätantiken Sarkophag im Inneren der Kirche beigesetzt sind. Sie ist ein exemplarischer Bau der reifen provenzalischen Romanik und wurde als mächtige *Wehrkirche* unter der Regie der Abtei St-Ruf in Avignon gegen 1200 neu erbaut, wohl auf karolingischen Fundamenten.

Das harmonische Zusammenspiel von Langhaus, Seitenschiff, Kapellen, Querhaus, Vierungsturm und Choranlage lässt sich am besten von Südosten aus bewundern. Straffe Gliederungselemente betonen die dynamische Vertikaltendenz, die im dreigeschossig aufragenden **Vierungsturm** gipfelt. Dessen Spitze wurde 1529 aufgesetzt, die das Straßenbild bestimmende Fassade 1717 angefügt. Das **Kircheninnere** ist ein steil dimensionierter basilikaler Raum mit Querhaus und zweigeschossig gegliederter Hauptapsis. Das Mittelschiff öffnet sich in weiten Arkaden, sein Tonnengewölbe wird durch Gurtbögen rhythmisiert. Auch die Seitenschiffe sind mit Tonnen überwölbt.

Bemerkenswert sind die qualitätvollen Relief-Dekorationen der **Pfeilerkapitelle**, der prachtvolle Orgelprospekt (18. Jh.) und der **Sarkophag** des Kirchenpatrons St-Andéol in der rechten Seitenapsis. Er war ursprünglich, wie die Inschrift erläutert, dem römischen Knaben Julius Valerianus zugedacht. Die eine Seite ist noch ganz im Stil der römischen Spätantike gestaltet. Geflügelte Genien halten die Inschrifttafel, Girlanden und Früchte schmücken die Schmalseiten. Die andere Seite zeigt unter einem Flechtwerkfries (8./9. Jh.) die linear stilisierten Gestalten der hll. Polycarp und Bénigne unter Arkaden, die auf gedrehten Säulen ruhen.

Der lebendige Ort selbst hat noch einige weitere bemerkenswerte Bauten aufzuweisen, so die **Tour Nicolay** aus dem 15. Jh. und verschiedene **Hôtels particuliers** (Stadtpalais) aus dem 17. Jh.

Wenige Schritte vom Stadtzentrum entfernt (zur N 86 in Richtung Pont-St-Esprit) wird die Antike fassbar. Wieder handelt es sich um ein **Quellheiligtum**: Zwischen den beiden kristallklaren, mächtig aus dem Fels hervorbrechenden Quellen der *Tourne* hat sich ein monumentales, in den Kalkstein gehauenes **Mithrasrelief** (1,85 x 2,30 m, Ende 2. Jh. n.Chr.) erhalten. Die Felswände bilden eine Art Amphitheater. Vermutlich diente der reliefierte Fels als Rückwand eines nicht mehr erhaltenen künstlichen Grottenheiligtums.

i Praktische Hinweise

Information

Office de Tourisme, Place du Champs de Mars, Bourg-St-Andéol, Tel. 04 75 54 54 20, www.tourisme-bourg-saint-andeol.fr

Hotel

**Le Clos des Oliviers, Avenue Félix Chalamel, Bourg-St-Andéol, Tel. 04 75 54 50 12, www.closdesoliviers.fr. Einfaches, solides Hotel mit ebensolchem Restaurant (15. Dez.–15. Jan. geschl., in der Nebensaison So abends u. Sa).

4 Pont-Saint-Esprit

Malerische Altstadt mit historischer Rhônebrücke.

Das lebhafte Pont-Saint-Esprit (9500 Einw.) hat seinen Namen von dem Flussübergang, der prachtvollen Brücke Pont-St-Esprit. Der befestigte **Handelshafen** war ein wichtiger Umschlagplatz zwischen Avignon und dem Languedoc, insbesondere für das Salz, das in der Camargue gewonnen wurde. Die Bedeutung des Ortes wird offenkundig, wenn man sich vergegenwärtigt, dass im Mittelalter nur vier Steinbrücken über die Rhône führten: in Pont-Saint-Esprit, Lyon, Vienne und Avignon.

Im Norden der Altstadt quert die **Brücke Pont St-Esprit** die Rhône. 1265–1309 errichtete sie die dem Heiligen Geist geweihte Bruderschaft der Brückenbauer. Der ›Geist der Weisheit und der Stärke‹ war hier ganz offensichtlich am Werk, denn die fast 1000 m auf 25 Bögen (davon 19 original) überspannende Brücke dient noch heute dem lebhaften Verkehr zwischen den Départements Gard und Vaucluse.

Nahe der Brücke befindet sich noch das ehem. **Hôpital St-Esprit** (Heilig-Geist-Hospital). Gegenüber steht die **Maison du Roi**, ein Adelspalais mit schönen Re-

Ideales Kajakrevier mit grandioser Kulisse: das Tal der Ardèche mit dem Pont d'Arc

naissancefenstern. Von hier aus gelangt man zur *Rhône-Terrasse* neben der gewaltigen Pfarrkirche **St-Saturin**. Sie ist ein demonstrativ in die Landschaft des Südens gesetztes Paradestück nordfranzösischer, königlicher Gotik (15. Jh.). Im Innern imponiert sie heute weniger, was ihrer mehrfachen Zerstörung geschuldet ist, die nur in reduzierter Form wieder behoben wurde. Die zugehörige **Place St-Pierre** bildet mit der gleichnamigen kuppelüberwölbten Kirche (heute profaniert) und der Barockfassade der *Chapelle des Pénitents* ein großartiges architektonisches Ensemble.

Ähnliches gilt für die *Rue St-Jacques*, die hoch über der Rhône parallel zu dieser verläuft. Das ehem. Hôtel de Ville beherbergt das **Musée Paul Raymond** (Tel. 04 66 39 09 98, Di–Fr, So 10–12 und 14–18 Uhr) mit einer Werkschau des russischen Malers *Benn* (1905–1989), der seit 1929 in Paris tätig war. In derselben Straße, in der eindrucksvollen *Maison de Chevalier* aus dem 12./16. Jh. zeigt das **Musée d'Art sacré du Gard** (Tel. 04 66 39 17 61, Di–Fr, So 10–12 und 14–18 Uhr) eine Sammlung kirchlicher Kunst, darunter den ›Engelsturz‹, gemalt 1510 von Raymond Boterie für die Kartause von Villeneuve-lès-Avignon, sowie die Nachbildung der Heilig-Geist-Apotheke mit bemerkenswerten Apothekergefäßen. Attraktive Architektur zeigt auch das Hôtel de Roubin (Nr. 10) aus dem 17. Jh.

Information

Office de Tourisme, 1, Avenue Kennedy, Pont-Saint-Esprit, Tel. 04 66 39 44 45, www.ot-pont-saint-esprit.fr

5 Gorges de l'Ardèche

Faszinierende Schlucht und perfektes Kanurevier.

Über Jahrtausende grub die Ardèche eine bis zu 300 m tiefe Schlucht in die Kalksteinfelsen westlich der Rhône. Von **Saint-Martin-d'Ardèche** aus, zehn Kilometer nordwestlich von Pont-Saint-Esprit, wo der Fluss in die Rhône mündet, begleitet ihn die Touristenstraße D 290. Unterwegs laden Aussichtspunkte zum staunenden Blick auf bizarre Felsformationen. Es gibt auch einige Wanderwege, die von der Straße aus ins Tal führen.

Beliebtester Rastplatz ist zweifellos der **Pont d'Arc** (32 km ab Saint-Martin), eine natürliche Steinbrücke von 60 m Breite und 45 m Höhe über dem Fluss. Am Kieselstrand zu ihren Füßen kann man nach Herzenslust im Wasser planschen.

Nach 32 hinreißenden Kilometern ist schließlich **Vallon-Pont-d'Arc** erreicht, wo die Schlucht beginnt. Dort kann man bei einem der örtlichen Kanuverleiher (s. u.) einen schwimmbaren Untersatz mieten und damit die Schlucht auch zu Wasser erkunden. Könner durchfahren die Gorges de l'Ardèche binnen sieben Stunden, alle anderen sollten sich zwei Tage gönnen und unterwegs an einem der zwei Zeltplätze rasten (s.u.).

Im Hochsommer, wenn der Wasserstand niedrig und die Touristenzahl hoch ist, kann dieses Vergnügen jedoch etwas eingeschränkt sein. Dann fällt das Navigieren allerdings auch leichter, denn gerade im Frühjahr kann die Strömung sehr flott werden und die Kentergefahr an einer der 25 Stromschnellen steigt.

In Vallon-Pont-d'Arc selbst lohnt die **Exposition Grotte Chauvet** (1, Rue Miarou, Tel. 04 75 37 17 68, www.prehistoireardeche. com, Mitte März–Mai, Sept.–Mitte Nov. 10–12 und 14–17.30, Juni–Aug. 10–13 und 15–17 Uhr) über die 1994 entdeckte gleichnamige Höhle einen Besuch. Besonders die Reproduktionen der Höhlenmalereien ziehen den Besucher in ihren Bann.

Die Höhle der Nashörner

Am 18. Dezember 1994 gelang drei Freunden, französischen Hobby-Paläontologen, im Tal der Ardèche unweit von **Vallon-Pont-d'Arc** eine sensationelle Entdeckung: Sie fanden eine riesige, 490 m lange und bis zu 40 m breite Höhle, **La Grotte Chauvet-Pont-d'Arc** (nicht öffentlich zugänglich), deren Wände mit zahlreichen hervorragend erhaltenen, an Qualität den berühmten Tierbildern von Lascaux und Altamira in nichts nachstehenden **Malereien** bedeckt sind. Die Wissenschaft hatte derart ausgereifte Zeugnisse steinzeitlicher Kreativität in dieser Gegend nicht vermutet – die bisher bekannten Beispiele fanden sich ausnahmslos im Bereich der Pyrenäen. Sensationell war die Entdeckung auch, weil Untersuchungen mit der Radiokarbon-Methode bewiesen, dass diese Malereien **wesentlich älter** sein mussten als alle bisher bekannten. Sie entstanden wohl vor ca. **30 000 Jahren**.

Auch die Motive bieten Überraschendes: Neben Darstellungen von Hirschen, Panthern, Höhlenlöwen, Wisenten und Mammuts dominieren die von **Nashörnern** – sie machen allein ein Viertel aller bislang registrierten 400 Bilder aus.

i Praktische Hinweise

Information

Office de Tourisme des Gorges de l'Ardèche, Tel. 04 75 88 04 01, www.vallon-pont-darc.com

Kajakverleih- und touren

Base Nautique du Pont d'Arc, Vallon Pont d'Arc, nahe der Pont de Salavas, km 32, Tel. 04 75 37 17 79, www.canoe-ardeche.com.

Aventures Canoës, Vallon-Pont-d'Arc, Place du Marché, Tel. 0475371814, www.aventure-canoes.fr

Unterkunft

Biwaks in Gaud und Gournier in der Gorges de l'Ardèche, Tel. 04 75 88 00 41, www.gorgesdelardeche.fr. Unbedingt reservieren, in der Nebensaison ist nur Gournier geöffnet.

6 Valbonne

Landschaftlich schön gelegenes Kartäuserkloster mit barocker Kirche.

Die burgundisch gemusterten Dächer der **Ancien Chartreuse de Valbonne** (Tel. 04 66 90 41 24, www.chartreusedevalbonne.com, Juli/Aug. tgl. 10–13 und 13.30–19 Uhr, März/Juni, Sept.–Mitte Dez. tgl. 10–12 und 13.30–17.30 Uhr, Mitte Dez.–Febr. Sa/So 10–12 und 13.30–17.30 Uhr) – eine spätere Hinzufügung – wirken fremd im Kontext der Kunst des Midi. Das ehem. Kartäuserkloster liegt einsam zwischen sanften Höhenzügen, die die grandiosen Täler der Ardèche und der Cèze mit ihren Kaskaden und Schluchten voneinander trennen.

Man betritt das Kloster durch ein königliches Portal, der Hof ist ein **Cour d'honneur**; das Bild bestimmen Bauten des 17. und 18. Jh., die nach den Zerstörungen der Religionskriege ausgeführt wurden. Aus der Gründungszeit, dem 13. Jh., hat sich allein der **Kleine Kreuzgang** erhalten. Er verbindet, wie in allen Klöstern, die Orte der Gemeinschaft: Kirche, Kapitelsaal, Refektorium; der verglaste **Große Kreuzgang** führt zu den in dieser Spätzeit vergleichsweise komfortabel ausgestatteten **Eremitagen** der Mönche. Eine dieser Zellen ist stilgerecht restauriert und dokumentiert das mönchische Leben jener Zeit. 13 weitere Zellen wurden zu komfortablen Zimmern umgestaltet

Klösterliche Idylle mit burgundischen Anklängen: die abgeschieden gelegene Ancien Chartreuse de Valbonne mit ihren bunt gemusterten Dächern

und gehören heute zum **Hotel** (Tel. 04 66 90 41 22, www.chartreusedevalbonne.com) des Klosters.

Die **Kirche** imponiert durch reiche, dennoch verhaltene barocke Ausstattung. Zum Kloster gehört auch eine 16 ha große Domäne – man kauft hier einen ganz vorzüglichen und preiswerten Rosé.

7 Bagnols-sur-Cèze

Moderne Kunst im historischen Rathaus.

Bagnols, eine geschäftige Kleinstadt mit rund 18 500 Einwohnern, wurde Anfang des 20. Jh. fast durch Zufall zu einem Ort, der unter Kunstfreunden aufgrund seines **Musée Albert André** (Place Mallet, Tel. 04 66 50 50 56, Juli/Aug. Di–So 10–12 und 14–19 Uhr, März–Juni, Sept.–Jan. Di–So 10–12 und 14–18 Uhr, Febr. geschl.) als Highlight gilt. Als dem Maler *Albert André* im Jahr 1917 das Direktorenamt des Museums angetragen wurde, drängten ihn Freunde, dieses Angebot anzunehmen. Besagte Freunde, Renoir, Bonnard, Boudin, Dufy, Matisse, Picasso, Vuillard, van Dongen, Marquet, Vallotton und andere Künstler der **Klassischen Moderne**, schenkten ihm Arbeiten aus eigener Produktion. Die **Sammlung** wurde noch bereichert durch die Stiftung von George und Adèle Besson mit Werken des Impressionismus und Postimpressionismus. 1977 wurden 16 der wertvollen Gemälde gestohlen, aber dennoch lohnt sich der Besuch des Museums, das im 2. Stock des ehem. Hôtel de Ville aus dem 17. Jh. untergebracht ist.

Die Fundstücke eines Archäologen des 19. Jh. aus der Region präsentiert das **Musée Léon Alègre** (24, Avenue Paul Langevin, Tel. 04 66 89 74 00, Do–Sa 10–12 und 14–18 Uhr, Febr. geschl.) in der Maison Jourdan am nördlichen Altstadtrand. Ein Gang durch die mittelalterlichen Gassen und über die attraktiven Boulevards des 19. Jh., die dem Verlauf der einstigen Stadtmauer folgen, runden den Besuch ab.

i Praktische Hinweise

Information
Office de Tourisme, Espace Saint Gilles, Avenue Léon Blum, Bagnols-sur-Cèze, Tel. 04 66 89 54 61, www.tourisme-bagnolssurceze.com

Hotel
***Château du Val de Cèze**, 69, Route d'Avignon, Bagnols-sur-Cèze, Tel. 04 66 89 61 26, www.sud-provence.com. Angenehmes Haus mit allem Komfort, Park und Schwimmbad.

Im Tricastin – Kunst der Romanik, Landschaft der Trüffel und Oliven

Wer das mit Bourg-St-Andéol so eindrucksvoll angeschlagene Thema der provenzalischen **Romanik** weiter verfolgen will, sollte beim Atomkraftwerk Pierrelatte Fluss und Kanal überqueren und in der benachbarten Region Tricastin die Kirchen von **La Garde-Adhémar, Saint-Paul-Trois-Châteaux** und **Saint-Restitut** besuchen – drei Kleinode herausragender romanischer Architektur und zugleich drei recht verschiedenartige Prototypen, deren Varianten man im weiteren Reiseverlauf immer wieder begegnet.

Von hier aus bieten sich unterschiedliche, aber durchweg reizvolle **Routen** an: über *Grignan* nach *Nyons* im Tal der Eygues und weiter nach *Vaison-la-Romaine* und zum *Mont Ventoux* oder entlang der Rhône nach Orange, eventuell mit einem Abstecher zurück auf die rechte Flussseite nach *Pont-St-Esprit*, in die *Schluchten der Ardèche* und nach *Bagnols-sur-Cèze*.

8 Saint-Paul-Trois-Châteaux

Die ›Hauptstadt‹ des Tricastin mit romanischer Kathedrale und Trüffel-Museum.

Saint-Paul-Trois-Châteaux (8200 Einw.) ist die zentral gelegene ›Hauptstadt‹ des **Tricastin**, eines von mäßig hohen Bergzügen reliefierten Beckens, das im Norden die Jabron, im Süden die Eygues und im Westen die Rhône begrenzen.

Geschichte Diese Landschaft wurde nach der römischen Eroberung (122–105 v. Chr.) zunächst von *Barry* aus regiert, einem Ort, dessen Ruinen südlich von Saint-Paul, bei Bollène, besichtigt werden können. Im 1. Jh. n. Chr. wurden unter *Kaiser Augustus* allenthalben in den Provinzen neue Städte gegründet, so auch das heutige Saint-Paul, das danach den Namen *Augusta Tricastinorum* führte und mit dem römischen Stadtrecht ausgestattet war. Der Name leitet sich vom keltischen ›Tricasti‹ (Land der weißen Steine) her und bezieht sich auf die charakteristischen Kalkmassive, die seit der Römerzeit bis ins 20. Jh. in zahlreichen Steinbrüchen ausgebeutet wurden.

Damals besaß die Stadt Triumphbogen und Forum, Amphitheater, Zirkus, Thermen, Kurie und Kapitol. Bis auf geringe Reste römischen Mauerwerks in einer kleinen Sackgasse an der Westseite der *Place St-Jean* ist davon nichts mehr zu sehen. Saint-Paul war vom 4. Jh. bis zur Französischen Revolution Bischofssitz. In den Jahren 253 und 407 wurde die Stadt zerstört, aus den Trümmern der Völkerwanderungszeit entstand die mittelalterliche *Bischofsstadt*. Sie wurde dem hl. Paulus geweiht und bewahrt in ihrem missverstandenen Beinamen die Erinnerung an die keltisch-römische Vergangenheit: Drei Schlösser gab es hier nie.

Besichtigung Neben den Resten seiner mittelalterlichen Befestigung hat St. Paul noch manch schönes Gebäude bewahrt. Stadtbildbeherrschend wirkt die um 1200 aus dem hellen Kalkstein der Gegend erbaute, mächtig aufragende **Cathédrale St-Paul**. Der *Haupteingang* der dreischiffigen Basilika befindet sich, von einer mächtigen Torhalle überwölbt, in der Mitte der Südseite. Das Tympanon mit der ›Anbetung der Weisen‹ (1561) wurde durch die Hugenotten zerstört. Rechts schließt sich die *Sakristei* an, 1460 als Kapelle erbaut. Hier wird heute der *Kirchenschatz* gezeigt. Die beiden Apsiden sind unmittelbar an das mächtig aufragende, blockhafte *Querhaus* angefügt; die größere in der Mittelachse wird durch Pfeilervorlagen polygonal rhythmisiert. Über der Vierung erhebt sich ein asymmetri-

Die Häuser von Saint-Paul-Trois-Châteaux bestehen zumeist aus hellem Kalkstein

scher *Glockenturm* mit großen, reich gegliederten Fensteröffnungen.

Im **Inneren** ist das *Gewölbe* beachtenswert: die schmalen Seitenschiffe sind mit Halbtonnen überwölbt, ein Verfahren, das in der Provence häufig Anwendung fand. Die mächtige Tonne des Mittelschiffs gliedern Gurtbögen. Sie ruhen auf kleinen, ornamentierten Halbsäulen, die, den Wandvorlagen vorgesetzt, hoch oben den Pfeilerkapitellen entwachsen. Außer dem Adel der Proportionen und der hohen Qualität der Bauskulptur, man beachte das **Jüngste Gericht** am Mittelpfeiler der Nordseite, sind insbesondere die Reste der **Wandmalereien** des 14. und 15. Jh. sowie der sehr schöne Orgelprospekt von 1704 (von Charles Bisselin aus Avignon) erwähnenswert.

Gegenüber der Kirche bietet die **Maison de la Truffe et du Tricastin** (Tel. 04 75 96 61 29, www.truffle-and-truffe.com, Kernöffnungszeiten Di–Sa 9–12 und 15–18 Uhr) vielfältige Informationen über den Tricastin und seine edelste gastronomische Spezialität, den schwarzen **Trüffel** (Tuber melanosporum). Der Trüffelmarkt der Gemeinde findet auf der Place de L'Esplan statt (Nov.–März So 10–12 Uhr).

ℹ Praktische Hinweise

Information

Office de Tourisme, Place Chausy, St-Paul-Trois-Châteaux, Tel. 04 75 96 59 60, www.office-tourisme-tricastin.com

Hotel

***L'Esplan**, Place de l'Esplan, St-Paul-Trois-Châteaux, Tel. 04 75 96 64 64, www.esplan-provence.com. Modern eingerichtetes, angenehmes Mittelklasse-Hotel mit Restaurant.

9 Saint-Restitut

Ein Musterbeispiel provenzalischer Romanik.

Das malerisch auf einer Anhöhe gelegene Saint-Restitut (1300 Einw.) ist für seine **Église romane** berühmt. Die *Legende* berichtet, man habe ihren Turm über dem Grab des Sidoine (ca. 430–479/486) errichtet, des ersten Bischofs des Tricastin, Er wird unter dem Namen *Restitut* verehrt.

Die Architektur des einschiffigen Gotteshauses ist von faszinierender Klarheit. Der *Portalbau* beeindruckt durch das Zusammenspiel der Nischen und Vorsprünge, der hierarchisch einander zugeordneten Bögen, der Quader und Tonnen und insbesondere des beinahe grie-

Jedes Gramm ist ein Vermögen wert: Trüffel auf der Goldwaage

chisch anmutenden Giebeldreiecks von klassischer Schönheit. Man spürt geradezu die ungebrochene Lebendigkeit der Antike – nicht zuletzt auch im eleganten, aus gallo-römischer Tradition erwachsenen *Baudekor*. Auffallend sind Motive orientalischer Provenienz, die wohl über die Lombardei in die Provence eingeführt wurden: Tierköpfe und Unheil abwendende Fabelwesen, die sich hauptsächlich an den Konsolen des polygonalen Chores und am Turmfries finden. Dieser **Turm**, das Grabmonument des hl. Restitut, ist zweifellos älter als die im 12. Jh. entstandene Kirche und stammt wahrscheinlich aus dem 11. Jh.

Im Norden der Stadt, an der Straße nach Saint-Paul-Trois-Châteaux, ist die achteckige **Chapelle du St-Sépulchre** einen Abstecher wert. Bischof Guillaume Adhémar ließ die Kapelle 1504 auf einer markanten Bergzunge erbauen, ein später Nachklang romanischer Bautradition mit herrlicher Aussicht.

Gaumenfreuden erlebt, wer an der **Université du Vin** (Tel. 04 75 97 21 34, www.universite-du-vin.com) im 8 km entfernten Suze-la-Rousse studiert. Im trutzigen Schloss über dem Ort können angehende Önologen große Weine verkosten. Als stilvolle Probierstube für die zweitägigen Seminare unter fachkundiger Anleitung dient die einstige Kapelle.

10 La Garde-Adhémar

Schloss, Michaelskirche und romanisches Quellheiligtum.

Nördlich von Saint-Paul-Trois-Châteaux grüßt von weitem sichtbar der Kirchturm von La Garde-Adhémar (1200 Einw.) über das Land.

Der hoch gelegene, sehr gepflegte Ort war im Mittelalter ein befestigter Sitz der einflussreichen Familie Adhémar, die darüber hinaus auch ein Schloss in Grignan besaß. Das einstmals mächtige, jedoch längst verfallene **Renaissanceschloss** im Osten des Ortes freilich erinnert an seinen zweiten Namensgeber, Antoine Escalin Baron de la Garde, der sich vom einfachen Hirten über den Militärdienst zum Botschafter und General hochgearbeitet hatte.

Neben malerischen Aspekten bietet der Ort manche architektonische Kostbarkeit. Die bedeutendste ist die 1105 erstmals erwähnte **Église St-Michel**. Das hohe Mittelschiff, das durch je eine Apsis im Osten und Westen auffällt, wird von zwei schmalen Seitenschiffen flankiert, ein Querhaus fehlt. Die edle Bauornamentik ist ebenso hervorzuheben wie zwei römische Altarsteine, die im Eingangsbereich aufgestellt wurden. Neben der Kirche lädt ein zauberhafter Garten zum Verweilen.

Ausflug

Zwei Kilometer östlich von La Garde-Adhémar (über die D 133) findet sich in einem kühlen, waldigen Tal ein Ort von bemerkenswerter spiritueller Ausstrahlung. Wieder handelt es sich um ein Quellheiligtum. Im **Val des Nymphes** (Tal der Nymphen) bewahrt die Ruine der **Chapelle Notre-Dame du Val-des-Nymphes** (12. Jh.) die kultische Tradition einer vorchristlichen Zeit. Landschaft und Architektur verbinden sich zur Einheit. Sehr schön ist die *Giebelfront*; die schlichte zweigeschossige Blendarkatur der Apsis gehört zu den stärksten Eindrücken romanischer Architektur der Provence. Zerstört wurde die Kapelle in den Religionskriegen des 16. Jh. Ein Vorgängerbau ist 1059 urkundlich belegt.

i Praktische Hinweise

Information
Office de Tourisme, Rue du marquis de la Baume, Tel. 04 75 04 40 10, www.la-garde-adhemar-ot.com

Restaurant
L'Absinthe, Place G. Perriod, La Garde-Adhémar, Tel. 04 75 04 44 38. Rustikales Gasthaus, Spezialität ist Ziegenkäse (Di geschl.).

11 Notre-Dame-d'Aiguebelle

Kloster der Trappisten von Aiguebelle.

Vom Rhônetal bis Nyons [Nr. 10] steigen die Berge rasch auf Höhen von 1000 m und mehr an. Das südfranzösische Voralpenland ist reich an landschaftlichen Schönheiten, bizarren Gebirgsformationen und lohnenden Ausblicken. Ausgedehnte, menschenleere Wälder wechseln mit duftenden Lavendelfeldern, uralte pittoreske Ortschaften türmen sich auf steilen Felsen, mächtige Ruinen künden von einer bewegten Vergangenheit.

Das über dem Ort thronende Château de Grignan war Inbegriff eleganten Adelslebens

In der Abgeschiedenheit von Notre-Dame-d'Aiguebelle (an der D 550 im Tal der Vence) leben die Mönche der **Abbaye d'Aiguebelle** (Tel. 0475 98 64 70, www.abbaye-aiguebelle.com). Die 1137 gegründete Abtei wurde 1791 in der Revolution aufgehoben, bereits 1815 aber wieder zu neuem Leben erweckt. Die Architektur von Kloster und Kirche spiegelt diese Geschichte wider. Das *Kloster* ist eines der wenigen heute noch bzw. wieder existierenden der strengen, reformierten Observanz der Zisterzienser von La Trappe, der sog. *Trappisten*.

Nicht zu verachten übrigens ist der Likör, der im Kloster verkauft wird. In dem kleinen *Lädchen* (Tel. 0475 98 64 73, Di–Sa 10–12 und 14.30–17, So/Mo 14.30–17 Uhr) im Eingangsbereich werden auch köstlicher Honig und andere Produkte der Gegend angeboten.

12 Grignan

Das Renaissanceschloss bewahrt die Erinnerung an Madame de Sévigné.

Kleine Sträßchen winden sich am Berghang durch Grignan (1500 Einw.) empor. Dabei passiert man zunächst das **Stadttor** (12. Jh.), das heute als Uhrturm dient, dann steht man unvermutet vor der **Église St-Sauveur**. Mit dem Bau der Kirche wurde 1535 begonnen, 1539 erhielt der Gründer, Jean Delance, die päpstliche Erlaubnis, hier ein Stift einzurichten. 1568 zerstörten die Protestanten die Kirche, 1680 wurde die *Terrasse* über ihrem Dach gebaut, die sie auf eigenwillige Weise in den Schlosskomplex eingliedert. Von hier hat man einen prachtvollen *Blick* zu den Bergketten im Nordosten, zum Mont Ventoux [Nr.17] und den Dentelles de Montmirail [Nr.15] im Südosten, auf die Ebene des Comtat und die Alpilles im Südwesten sowie die Berge des Vivarais jenseits der Rhône.

Die Kirche wurde zum Teil in den Felsen hineingebaut: Die Nordseite hat keine Fenster, der nördliche der beiden **Türme** ist in seinen unteren Teilen massiv. Man betritt den Kirchenraum durch ein schönes Renaissanceportal. Das **Innere**, ein mediterraner Saal im flamboyanten Stil, beherbergt einige schöne Gemälde und eine kostbare alte Orgel, die Mittelpunkt sommerlicher Konzerte ist. Im Chor erinnert eine einfache Marmorplatte an Marie de Rabutin-Chantal, **Marquise de Sévigné**, gestorben am 18. April 1696 bei einem Besuch im Schloss von Grignan.

Hoch über dem kleinen Ort, gestützt auf gewaltigen Substruktionen erhebt sich dieses von nah besehen sehr feingliedrige, fensterreiche **Château de Grignan** (Tel. 0475 91 83 55, www.ladrome.fr, April–Okt. tgl. 9.30–12 und 14–18 Uhr, Nov.–März Mi–Mo 9.30–12 und 14–18 Uhr). Führungen durch das 1545–58 erbaute Schloss, das 1668–90 erweitert wurde, machen mit seiner Geschichte und der der Familie Adhémar bekannt, die wohl schon im 11. Jh. hier

TOP TIPP

ansässig war. Zu sehen sind neben Ehren-
treppe und getäfelter Galerie die mit alten Möbeln und Wandteppichen pracht-
voll ausgestatteten Räume.

Ein Wallfahrtsort für Liebhaber der
französischen Literatur ist das *Kabinett
der Marquise de Sévigné*. Sie war 1626 in
Paris zur Welt gekommen und hatte mit
18 Jahren den ebenso verschwenderi-
schen wie leichtlebigen Marquis de Sévigné geheiratet, der 1651 bei einem Duell
ums Leben kam. Die erst 25-jährige Wit-
we heiratete nicht wieder. Dafür widmete
sie sich mit Hingabe der Korrespondenz
mit ihrer Tochter Françoise-Marguerite.
Diese hatte mit 19 Jahren den Comte de
Grignan geheiratet, den letzten Spross
der berühmten Familie Adhémar. Die
Briefe, die ihr die Marquise de Sévigné aus
Paris und der Normandie nach Grignan
schrieb, sind Meisterwerke der französischen Sprache.

ℹ Praktische Hinweise

Information

Office de Tourisme du Pays de Grignan,
12, Place du Jeu de Ballon, Grignan,
Tel. 04 75 46 56 75, www.tourisme-
paysdegrignan.com

Hotel

TOP TIPP ****Manoir de la Roseraie**, Route de
Valréas, Grignan, Tel. 04 75 46 58 15,
www.manoirdelaroseraie.com. Stil-
voller Luxus im Grünen: feines Landhaus
inmitten eines Parks. Mit Restaurant.

13 Valréas

Päpstliche Enklave in den Bergen.

Der Weg nach Nyons führt über Valréas
(10 000 Einw.) im Tal der Coronne. Die
heute quirlige kleine Industriestadt wurde im 14. Jh. eine *päpstliche Enklave*, die
Johannes XXII. vom Dauphin Johann II.
erwarb. Trotz weiterer Landkäufe gelang
es dem Papst jedoch nicht, seinen Besitz
zu arrondieren: Zwischen seiner nördlichen Enklave und der päpstlichen Grafschaft Venaissin klaffte bis zum Ende der
kirchlichen Herrschaft ein Streifen frem-
den Landes. 1791 wurde das Territorium
dann nach einer Volksabstimmung Frankreich angeschlossen. Valréas wird von einer prächtigen **Platanenallee** umschlos-
sen, die noch deutlich den Verlauf des
mittelalterlichen Befestigungsgürtels er-

kennen lässt. Als einziger Rest blieb von
ihm im Süden der Stadt die **Tour de Tivo-
li** erhalten.

Das Rathaus ist im zentral gelegenen
Hôtel de Simiane (8, Place Aristide Bri-
and, Tel. 04 90 35 00 45, Mo–Do 8.30–12
und 13.30–16, Fr 8.30–13 Uhr) untergebracht, einem repräsentativen Gebäude
des 18. Jh. mit Bauteilen aus dem 15. Jh.
Sehenswert sind die holzvertäfelte *Bibliothek* mit wertvollen Urkunden sowie ein
Saal mit Werken des österreichischen
Malers Viktor Scharf (1876–1943), der sich
in Valréas niedergelassen hatte.

Einen Besuch wert sind auch an der
Place Pie die romanische **Église Notre-
Dame-de-Nazareth** mit einem Südportal
aus dem 12. Jh., das schöne Archivolten
schmücken, und einer Orgel von 1506
sowie die **Chapelle des Pénitents Blancs**
(Kapelle der Weißen Büßer) mit ge-
schnitztem Chorgestühl und Kassetten-
decke aus dem 17. Jh.

ℹ Praktische Hinweise

Information

Office de Tourisme, Avenue Maréchal
Leclerc, Valréas, Tel. 04 90 35 04 71,
www.ot-valreas.fr. Auskünfte zur Besichtigung der Ölmühlen und der Kapelle.

Schwungvoll überbrückt die Pont-Roman von Nyons die Eygues

Markt

Gemüse- und Blumenmarkt im Stadt-zentrum Mi ca. 8–12 Uhr.

Hotel

**Grand Hôtel, 28, Avenue Général-de-Gaulle, Valréas, Tel. 04 90 35 00 26. Freund-liches, solides Haus mit Restaurant.

14 Nyons

Historisches Zentrum mit südlichem Flair vor imposanter Bergkulisse.

Die Altstadt von Nyons (7000 Einw.) liegt malerisch auf einer befestigten Kuppe. Die mächtigen Berge, die die Kulisse aus-machen, schützen die Stadt und garan-tieren so ein mildes Klima. Mediterrane Pflanzen gedeihen, Olivenhaine geben dem Ort ein südliches Gepräge. Interes-sant ist das kleine **Musée d'Olivier** (Allée des Tilleuls, Tel. 04 75 26 12 12, Mo–Sa 15–18 Uhr, Juni–Sept. zusätzl. 10–11 Uhr), das umfassend über Olivenöl-Herstellung in-formiert. In der Öl- und Weingenossen-schaft **Coopérative du Nyonsais** (Place Olivier-de-Serres, Tel. 04 75 26 95 00, www.coop-du-nyonsais.fr, Mo–Sa 9.30–12 und 14–18.30, So 10–12.30 und 14.30–18 Uhr) kann man die Herstellung von kaltge-presstem Öl miterleben. Sehenswert ist auch die überdachte Rue des Grands Forts, die zur Schlossruine hinauf führt. Man beachte die **Tour Randonne** aus dem 13. Jh. mit dem filigranen Turmauf-bau der 1863 darin eingerichteten Kapelle **Notre-Dame-de-Bon-Secours** und der bekrönenden Marienstatue sowie den aus dem 15. Jh. stammenden **Pont Ro-man**. Mit einem einzigen 40 m messen-den Bogen überspannt die ›Römerbrü-cke‹ die Eygues.

ℹ️ Praktische Hinweise

Information

Office de Tourisme, Place de la Libérati-on, Nyons, Tel. 04 75 26 10 35, www.pays denyons.com

Hotel

***Colombet, 53, Place de la Libération, Nyons, Tel. 04 75 26 03 66, Fax 04 75 26 42 37, www.hotelcolombet.com. Zentral gele-genes Komforthotel mit Restaurant (15. Nov.–10. Jan. geschl.).

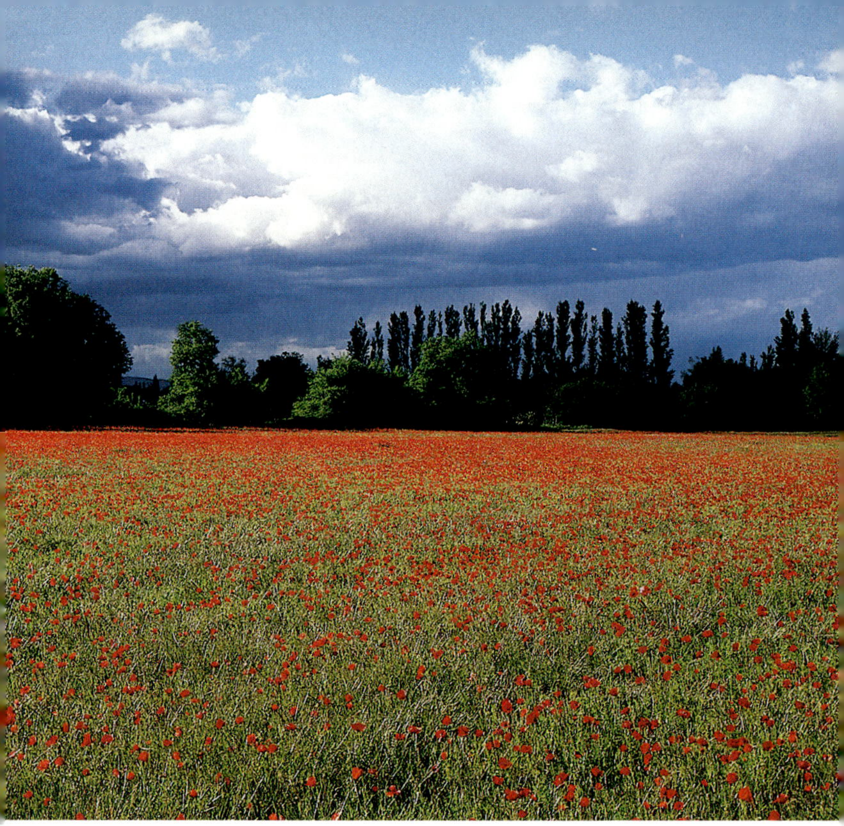

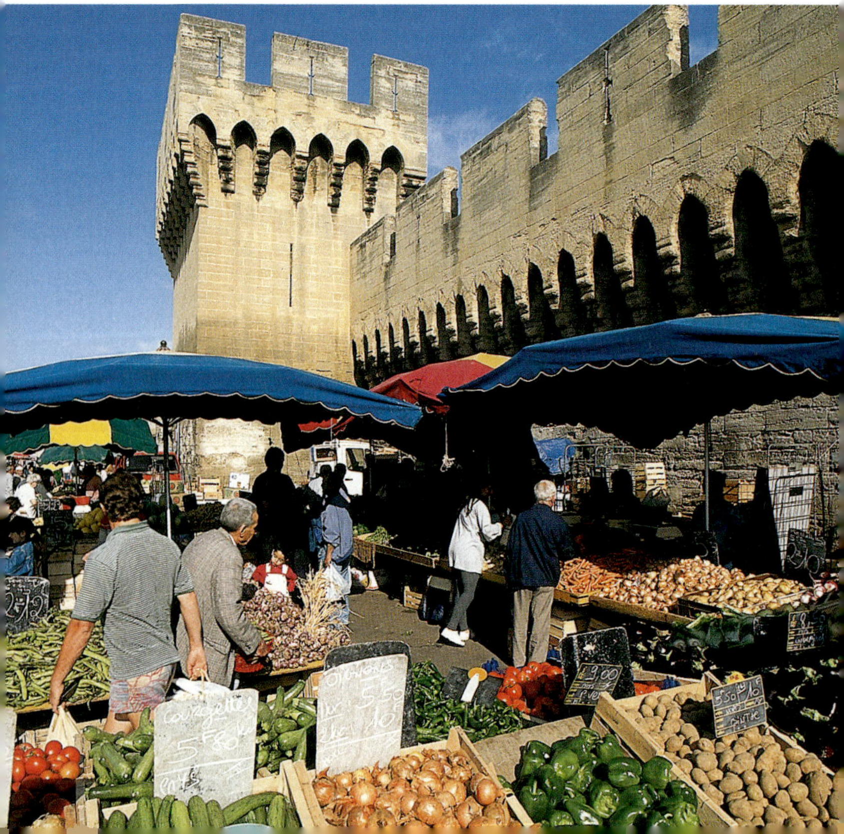
Courgettes
5F80
9,00

Im Comtat Venaissin – wo sich schon Römer und Päpste wohl fühlten

Der Comtat (Grafschaft) Venaissin umfasst die größte, fruchtbarste sowie von Klima und Vegetation her am südlichsten wirkende Ebene des Rhônetals. Künstlich bewässerte Kalkböden, die von den Flüssen Ouvèze, Sorgue und Durance durchzogen werden, haben eine weite und reiche **Gartenlandschaft** hervorgebracht, die ganz Frankreich mit Obst und Gemüse versorgt.

Dieser paradiesische, von markanten **Gebirgszügen** umzäunte Garten gehörte seit 1274 den *Päpsten*, die ihn nach den Albigenserkriegen aus tolosanischem Besitz übernommen hatten. Erst 1663 mussten sie ihn an Frankreich abtreten. Noch später, 1713, fiel die Enklave **Orange** an Frankreich, die bis dahin ein eigenständiges Fürstentum gewesen war, 1791 schließlich auch Avignon, womit die Annexion der Provence durch Frankreich ihren Abschluss fand. Die Grafschaft war also im Besitz des Heiligen Stuhls, lange bevor die Päpste **Avignon** zu ihrer Residenz machten. Die Wahl gerade dieser Stadt, die auf politischen Druck Frankreichs vollzogen wurde, hängt zweifellos damit zusammen, dass die Päpste hier eigenen Besitz hatten. Erst 1348 freilich gelang es Clemens VI., seine Residenzstadt von Johanna von Neapel, der Gräfin der Provence, zu erwerben, und damit das Territorium des ›Französischen Kirchenstaats‹ abzurunden. Hauptstadt des päpstlichen Venaissin war **Carpentras**.

15 Orange

Plan Seite 33

Lebendige Stadt mit gut erhaltenen Monumenten der römischen Vergangenheit.

Eingebettet in die Weinberge der Provence, verzaubert Orange (30 000 Einw.) seine Besucher. Schmucke Einkaufsstraßen und hübsche Cafés laden zum Besuch, und weithin sichtbar erhebt sich das römische Theater über die Häuser der Stadt.

Geschichte Im Jahr 105 v. Chr. tritt die keltische Siedlung Arausio erstmals ins Licht der Geschichte: In jenem Jahr erlitt Rom eine katastrophale Niederlage, als seine Armee vor durchziehenden Cimbern und Teutonen kapitulieren musste. Zum Glück für Rom wanderten die germanischen Stämme aber nicht weiter gen Italien, sondern nach Spanien. Rom blieb von einem Angriff verschont.

Ein halbes Jahrhundert später vollendete dann Julius Caesar die Unterwerfung Galliens. Im unmittelbar danach, im Jahre 49 v. Chr. beginnenenden römischen Bürgerkrieg, eroberte er das damals noch griechische, aber mit seinem Widersacher Pompeius verbündete Massalia, das heutige Marseille [Nr. 45]. Dabei gelang ihm in der vorentscheidenden Seeschlacht von Massilia ein besonderer Coup: Zwar waren seine im Landkampf trainierten Legionäre den Navigationskünsten der seefahrenden Griechen nicht annähernd gewachsen. Doch gelang es seinen Seeleuten, die Schiffe der Feinde so zusammenzudrängen, dass die Legionäre an Bord klettern und auf bewährtem ›festem‹ Boden die Griechen besiegen konnten.

Nach Kriegsende siedelte Rom Veteranen nahe des keltischen Arausio an, die neue Stadt erhielt den Namen *Colonia Iulia Secundanorum Arausio* und hatte

◁ **Oben:** *Malerische Farbenkraft – blühendes Mohnfeld bei Orange*
Unten: *Robuste Stärke – die alte Stadtmauer in Avignon*

damals etwa doppelt so viele Einwohner wie heute, d. h. über 50 000. Sie besaß alles, was zu einer römischen Colonia gehörte: Theater, Zirkus, Stadion, Tempel und Thermen. Zum Gedenken an den Sieg von Massilia verweisen, mitten im Land, verschiedenste Schiffsembleme auf Roms unbesiegbare Macht auch auf dem Meer.

Dank ihrer Lage an der wichtigen Heerstraße Via Agrippa, die durch das Tal der Rhône von Lyon über Orange nach Arles führte, blühte der Handel. Germanische Alemannen und Westgoten bereiteten 412 der römischen Blütezeit ein Ende. Karl der Große (768–814) unterstellte die Stadt einem örtlichen Grafengeschlecht, aus dem zumindest ein Name im Gedächtnis geblieben ist: Guillaume au Nez Court (›Wilhelm Kurznase‹), dessen Siege über die Sarazenen in den Epen ›Chansons de Geste‹ besungen werden.

Im 13. Jh. bildete sich in Orange als Enklave im Comtat Venaissin ein kleines **Fürstentum**, das über Les Baux und Chalon schließlich an das Haus Nassau kam. Das heutige niederländische Königshaus führt seinen Ursprung auf die Dynastie von Orange zurück. Sichtbares Zeichen dieser Verbindung ist noch heute die Trikotfarbe der holländischen Fußballnationalmannschaft. Orange selbst wechselte noch mehrmals seine Herren, bevor es 1713 im **Frieden von Utrecht** vom preußischen König endgültig an Frankreich abgetreten wurde. Seit 1939 ist Orange ein wichtiger Luftwaffenstützpunkt, und im Jahr 1984 stellte die UNESCO sie als Weltkulturerbe unter besonderen Schutz.

Besichtigung Im Norden der Stadt steht an der einstigen Via Agrippae, heute Avenue de l'Arc-de-Triomphe, der prachtvolle **Arc-de-Triomphe** ❶ (Renovierung bis 2010). Die neuere Forschung deutet ihn allerdings nicht als Triumphbogen, sondern als Stadtgründungsmonument des römischen *Arausio*, errichtet zwischen 21 und 26 n. Chr. Er folgt dem Schema dreitoriger römischer Triumphbögen, für das er eines der frühesten Beispiele darstellt. Allerdings hat sich das Bauwerk keineswegs so unversehrt erhalten, wie es heute scheint. Es wurde vielmehr häufig verändert, war zeitweilig Teil eines Wehrturms und wurde erst im 18. und 19. Jh. wieder in seinen ursprünglichen Zustand zurück versetzt. Das eindrucksvolle Programm der **Reliefs** plakatiert ein politisches Konzept: Sieg und Macht der Römer werden in dramatischen, realistischen Szenen dargestellt. Kämpfe zwischen *Galliern* und Legionären, gefesselte Gefangene, Trophäen aller Art, aber auch Zeichen der Befreiung, eines neuen Anfangs, Blumen und Früchte, füllen die Bildfelder, die durch einen klar definierten architektonischen Rahmen umgrenzt sind. Die gestaffelte Dreiergruppe der **Bögen**, die das mittlere Tor

Die Reliefs am Arc-de-Triomphe von Orange verherrlichen die römische Militärmacht

Schon seit der Antike überblickt die Statue des Augustus das Rund des Théâtre antique

krönende **Ädikula**, rhythmisch hervortretende Sockel, die korinthische Säulen tragen, Gebälk mit Figurenfries, Attika – in exemplarischer Reinheit und Harmonie steht das *architektonische System* vor uns, das über Renaissance, Barock und Klassizismus bis hin zur Postmoderne die abendländische Baukunst bestimmt.

TOP TIPP Neben dem Arc ist vor allem das **Théâtre antique** ❷ (Rue Madeleine Roch, Tel. 04 90 51 17 60, www.theatre-antique.com, Juni–Aug. tgl. 9–19 Uhr, April/Mai, Sept. tgl. 9–18 Uhr, März, Okt. tgl. 9.30–17.30 Uhr, Nov.–Febr. tgl. 9.30–16.30 Uhr) von herausragender Bedeutung. Es gilt als das schönste und

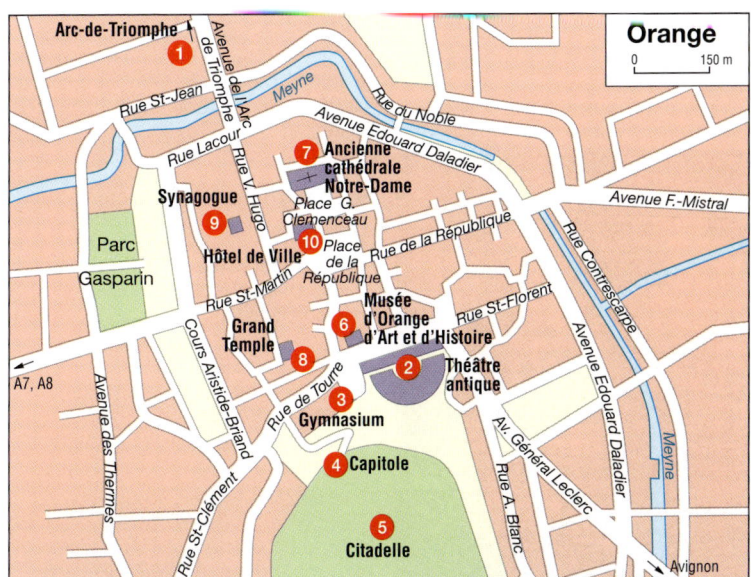

33

besterhaltene der römischen Welt. Nicht nur die teilweise in den Hang hinein gebauten Ränge sind noch zu sehen, sondern auch die **Bühnenwand**, deren 103 m lange und 37 m hohe Rückseite Ludwig XIV. als die »schönste Mauer seines Königreiches« bezeichnete. Natürlich war diese Wand – wie auch ihre Innenseite – kostbar mit Marmor inkrustiert. Ein Portikus empfing die Besucher, im oberen Bereich der Mauer sieht man noch die konsolenartigen Halterungen für die Stangen, an denen die gewaltigen Sonnensegel befestigt wurden. Seit 2006 überfängt wieder ein Dach das Bühnenhaus, nun allerdings aus Stahl und Glas.

Das **Innere** der Bühnenwand mit den Durchgängen, Nischen, Kammern und Kulissenräumen vermittelt heute noch eine Vorstellung von seiner einstigen Pracht. Steinerne *Figuren* bildeten den Hintergrund für die lebenden Akteure eines heiligen Spiels, in dessen Mittelpunkt steht, als einzige Skulptur der Schauwand erhalten, die *Statue des Kaisers*, die wohl den göttlichen Augustus darstellt. Heute ist das Theater im Sommer Bühne für Opernaufführungen.

Aus der Zeit des Augustus (31 v. Chr.–14 n. Chr.), einer Blütezeit des Friedens, der Prosperität und der Kultur gerade auch in der Provence, stammen sowohl das Theater als auch der mächtige **Tempel**, dessen Fundamente unmittelbar westlich des Theaters erhalten sind. Er gehörte zu einem heute großenteils überbauten riesigen **Gymnasium** ❸, einer antiken Sportstätte also, die eine Länge von 400 m aufwies. Die ebenfalls in den Berg-

Dinieren in gediegenem Ambiente: Restaurant Le Parvis in Orange

hang hinein gebaute apsidenartige Rundung ist noch gut zu erkennen. Hügelaufwärts befand sich das **Capitole** ❹. Folgt man dem Weg, der an der westlichen Außenmauer des Theaters entlang den Hügel Colline St-Eutrope hinauf führt, so gelangt man zur mächtigen **Citadelle** ❺. 1622 von Prinz Mauritz von Nassau erbaut, ließ sie Ludwig XIV. schon 1673 wieder zerstören, sodass heute nur noch Ruinen inmitten eines schönen Parks zu sehen sind. Vom Aufstieg sollte das nicht abhalten, ist die Aussicht über Organe doch ganz vorzüglich.

Das **Musée d'Orange d'Art et d'Histoire** ❻ (Öffnungszeiten wie Théâtre antique, s. o.) schräg gegenüber dem Eingang zum Theater bewahrt eindrucksvolle alte Ansichten einst imponierenden Anlage. Es ist in einem ehem. Stadtpalais untergebracht – man beachte das schöne Treppenhaus!

Einen Besuch wert ist die 1208 in Gegenwart des Grafen von Les Baux geweihte **Ancienne cathédrale Notre-Dame** ❼ (tgl. 8–17 Uhr). Hugenotten zerstörten sie im Jahr 1561, die Gemeinde baute sie im 17. Jh. jedoch wieder auf. Vom Typus her schließt sie sich an die Kathedrale von Saint-Paul-Trois-Châteaux [Nr. 8] an, die Einrichtung stammt aus dem 18./19. Jh.

In einer Seitenstraße der Rue St-Martin steht der sehenswerte **Grand Temple** ❽ der Protestanten aus 1698. Unter den Fürsten von Nassau war Orange ein Zentrum des Protestantismus. Heute dient das Gebäude als Konzertsaal. Interessant sind auch die **Synagogue** ❾, die im 19. Jh. im ehem. Hôtel de Raffaelis eingerichtet wurde, das **Hôtel de Ville** ❿ aus dem 14./15. Jh. und etliche *Hôtels particuliers* (Stadtpalais) des 17. und 18. h.

ℹ️ Praktische Hinweise

Information

Office de Tourisme, 5, Cours Aristide Briand, Orange, Tel. 04 90 34 70 88, www.otorange.fr

Hotels

*****Arène**, Place de Langes, Orange, Tel. 04 90 11 40 40, www.hotel-arene.fr. Sehr komfortables, ruhiges Altstadthotel (Nov. geschl.).

****Le Glacier**, 46, Cours Aristide Briand, Orange, Tel. 04 90 34 02 01, www.le-glacier.com. Angenehmes Hotel im Stadtzentrum, mit kostenlosem WLAN-Zugang.

Die Dentelles de Montmirail mit ihren eng an den Fels gebauten Dörfern wie La Roque Alric

Restaurants

Le Parvis, 55, Cours Pourtoules, Orange, Tel. 04 90 34 82 00. Gemütliches Gartenlokal (Nov. und Ende Jan. geschl.).

Le Yaca, 24, Place de Silvain, Orange, Tel. 04 90 34 70 03. Gutes, preisgünstiges Restaurant mit Gartenbewirtschaftung (Okt.–Juni Di abends und Mi geschl.).

16 Dentelles de Montmirail

Romanische Kapelle in romantischer Bergwelt.

Die Dentelles de Montmirail sind eine bizarr geformte, fast schon alpin anmutende Bergkette etwa 25 km westlich von Orange. Im Crête de Saint-Amand erreichen sie eine Höhe von 734 m. Schon bei der Annäherung üben sie eine besondere Faszination aus, je nach Standpunkt und Perspektive scheinen die Gipfel Höhe und Form zu verändern – von den unterschiedlichen Beleuchtungen und Färbungen je nach Tages- und Jahreszeit gar nicht zu reden. Eine **Wanderung** (Infos beim Office de Tourisme, s.u.) im Bereich der Dentelles ermöglicht großartige Aussichten und führt vorbei an duftender mediterraner Vegetation, die sich besonders schön zur Zeit der Ginsterblüte im Mai und Juni präsentiert.

Aber auch zu einem architektonischen Kleinod von besonderer Schönheit, der **Chapelle Notre-Dame d'Aubune** bei *Beaumes-de-Venise* lohnt der Weg. Die Kapelle liegt auf einer kleinen Terrasse oberhalb der D 81 und ist über einen Feldweg zu Fuß zu erreichen. Auf den Höhen darüber soll Karl Martell 732 ein Sarazenenheer vernichtend geschlagen und zum Dank die Errichtung der Kirche versprochen haben. Die Kirche zeigt einmal mehr die Klarheit der provenzalischen Romanik. Über der mittleren der drei *Apsiden* öffnet sich in lapidarer Einfachheit ein Rundfester. Von erlesener Schönheit ist der fein gegliederte *Turm*.

ℹ Praktische Hinweise

Information

Office de Tourisme, Place du Marché, Beaume de Venise, Tel. 04 90 62 94 39, www.ot-beaumesdevenise.com

Restaurant

La Table du Comtat, Séguret, Tel. 04 90 46 91 49, www.table-comtat.fr Unweit von Notre-Dame d'Aubune findet sich in dem wunderschön gelegenen Bergort dieses bemerkenswerte Gourmet-Lokal mit prachtvoller Aussicht. Anbei einige Gästezimmer (Anfang–Mitte Dez., Febr. sowie Di abend, Mi und So abend geschl., Juli/Aug. tgl. geöffnet).

Die Ruinen in Vaison-la-Romaine vermitteln einen Eindruck vom römischen Stadtleben

17 Vaison-la-Romaine

Die interessanten Ausgrabungen machen das Leben zu Zeiten der Römer anschaulich.

Vaison-la-Romaine (6300 Einw.) erstreckt sich am Fuße des Mont Ventoux, des weithin sichtbaren Wächters der Provence. Malerische Gassen durchziehen die mittelalterliche Oberstadt, über die eine Burg der Grafen von Toulouse wacht. Jenseits der Ouvèze, mit der Oberstadt durch eine pittoreske Römerbrücke verbunden, erstrecken sich das antike Vasio und das moderne Vaison-la-Romaine. Jeden Dienstag vormittag lockt ein provenzalischer Markt Gäste in die Stadt, im Sommer kann es dann sehr voll werden.

Geschichte Schon *Ligurer* wohnten hier, längst bevor die Römer ihre Herrschaft in Gallien etablierten. Im Mittelalter verließen die Einwohner die ausgedehnte **Römerstadt** an der Ouvèze und ließen sich jenseits des Flusses unterhalb der schützenden Burg nieder. So blieben Teile der alten Römerstadt unbeschadet, auch wenn die Menschen im 19. Jh. wieder hinunter ins Tal zogen und das moderne Vaison auf den inzwischen von Ackerland überzogenen römischen Ruinen errichteten. Doch genug Land blieb unbebaut, um bei Grabungen seit dem Beginn des 20. Jh. große Teile der einstigen Römer-

stadt freilegen zu können. Einen verheerenden Schicksalsschlag erlitt die Stadt im Jahr 1992, als die sonst so ruhig dahinfließende Ouvèze über die Ufer trat, die Unterstadt überflutete und über 30 Menschen ums Leben kamen.

Besichtigung Vor der Besichtigung der römischen Ausgrabungen lohnt ein Blick auf die romanische **Ancienne cathédrale de Notre-Dame-de-Nazareth** am Square de-la-Cathédrale aus dem 12. Jh. Sie ist ein dreischiffiger, von einer Spitztonne überwölbter Bau ohne Querschiff, mit einer polygonalen Vierungskuppel, die auf Trompen mit Evangelistensymbolen ruht.

Von außen kann man im unteren Bereich des **Chores** gut sehen, wie allerlei *Bauschutt der Römerzeit* – Säulenfragmente, Kapitelle, Gebälkstücke – zur Fundamentierung herhalten musste. Der Chor, von außen ein rechteckiger Block, umschließt im **Inneren** eine halbrunde Apsis mit umlaufender Bank und Bischofsthron in der Mittelachse. Auch bei der Ausstattung kamen ältere Bauelemente zur Wiederverwendung, z. B. antike Säulen und Teile von Chorschranken. Die Grabdenkmäler im Chor stammen aus dem 15. Jh., der stimmungsvolle Kreuzgang entstand im 11./12. Jh.

In der Nähe fällt die aus derselben Zeit stammende **Chapelle St-Quentin** (Avenue St-Quentin; Besichtigung auf Anfrage im Office de Tourisme) durch den ei-

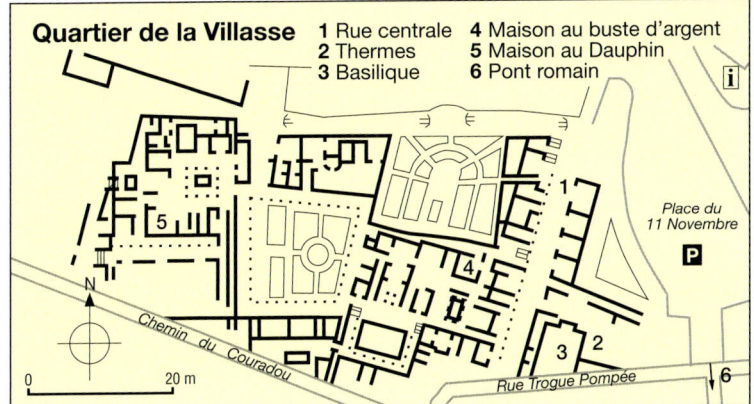

gentümlichen Grundriss ihres Chors auf. An das dreijochige Schiff (1630–36 im alten Stil erneuert) hat man ein massives Querhaus angefügt, in das ein trapezförmiges Chorjoch mit schräg ansetzenden Apsiden ›eingehöhlt‹ wurde. Auch die daran angeschlossene polygonale Hauptapsis tritt als solche nur im Innenraum in Erscheinung, außen dagegen wird sie von einem großen Dreieck umfangen.

Nur wenige Meter sind es von hier zur Place Burrus, wo sich die Zugänge zum ca. 13 ha großen Ausgrabungsgelände der **Ruines romaines** befinden. Es besteht aus zwei Bereichen, die durch die Avenue Général de Gaulle getrennt werden: Westlich von ihr befindet sich das Quartier de la Villasse, nordöstlich das Quartier de Puymin mit dem Museum und dem in den Hang hinein gebauten Theater.

Der Zugang zum **Quartier de Puymin** (Tel. 04 90 36 50 48, April–Sept. tgl. 9.30–18 Uhr, März, Okt. tgl. 10–12.30 und 14–17.30 Uhr, Nov./Dez., Mitte–Ende Febr. tgl. 10–12 und 14–17 Uhr, Jan.–Mitte Febr. geschl.) erfolgt von der Place Chanoine-Sautel aus. Sie ist benannt nach dem gelehrten Kanoniker, der 1907 mit den Grabungen begann. Man betritt zunächst die **Maison des Mesii** [1], ein luxuriöses Patrizierhaus mit Mosaikfußböden, um dessen Atrium (mit einem Sammelbecken für Regenwasser) sich verschiedene, in ihrer Funktion klar definierte Räume gruppieren, u. a. Empfangsraum, Arbeitszimmer, Küche und Bad. Es folgt der nur teilweise freigelegte, da von der Rue Burrus überbaute

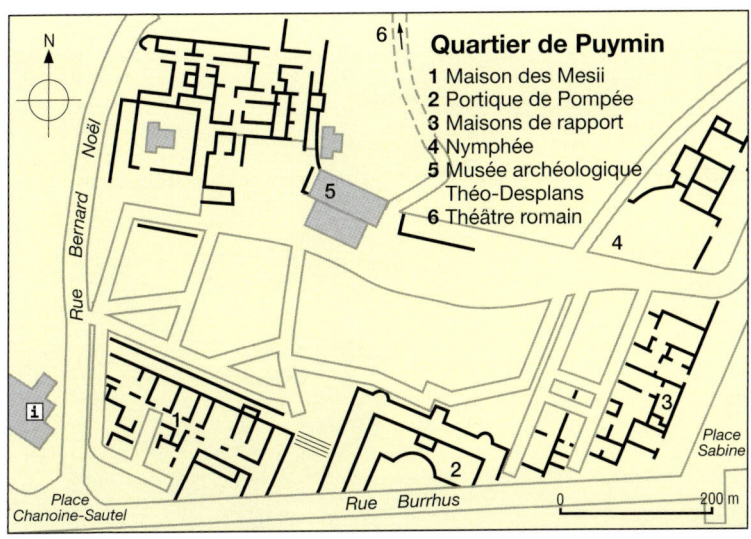

Portique de Pompée [2]. Der Säulenhof des Pompeius ist eine Art öffentlicher Park, in dem einst eine römische Kopie des berühmten ›Diadumenos‹ von Polyklet stand. Sie wurde im 19. Jh. an das British Museum in London verkauft und wurde ihrerseits durch eine Kopie ersetzt.

Es schließen sich die **Maisons de rapport** [3] an, Mietshäuser, deren Mauerstärke auf die ursprüngliche Bauhöhe mit mehreren Stockwerken hinweist, und weiter nördlich die Ruinen einer **Nymphée** [4], einer Quelle mit Resten eines Wasserturms (Nymphäum).

Bevor man auf dem Rundgang das **Musée archéologique Théo-Desplans** [5] (Tel. 04 90 36 50 48, Öffnungszeiten wie Quartier de Puymin) erreicht, zweigt rechts ein Weg mit Tunnel ab, der zum **Théâtre romain** [6] führt. Das römische Theater ist mit rund 7000 Plätzen etwas kleiner als das von Orange, entspricht diesem aber in der Gesamtanlage und vielen Details. Die Statue des Kaisers Tiberius, in dessen Regierungszeit (14–37 n. Chr.) es entstand, beherrschte das Bühnenhaus. Sie ist heute im Museum zu sehen, neben anderen, z. T. ganz hervorragenden Skulpturen und Gebrauchsgegenständen.

In der zweiten Ausgrabungsstätte, dem sog. **Quartier de la Villasse** (Tel. 04 90 36 50 48, Juni–Sept. tgl. 10–12 und 14.30–18.30 Uhr, März, Okt. tgl. 10–12 und 14–17.30 Uhr, April/Mai tgl. 10–12 und 14– 18 Uhr, Nov./Dez., Mitte–Ende Febr. tgl.

Seit der Römerzeit quert die Pont romain unbeschadet die Ouvèze

10–12 und 14–17 Uhr, Jan.–Mitte Febr. geschl. und Di vormittag geschl.) ist vor allem die **Rue centrale** [1] bemerkenswert. An ihrem Ende sind die **Thermes** [2] und die **Basilique** [3] zu sehen, weiter westlich die **Maison au buste d'argent** [4], das Haus der Silberbüste, ein weiteres vornehmes Atriumhaus mit Peristyl, Garten und Wasserbecken. Die hier gefundene Büste ist eine der Hauptattraktionen des Museums. Private Bäder (mit Abwasserkanal!) und die **Maison au Dauphin** [5], das Haus des Delfins, schließen sich an.

Beschließen kann man den Besuch in Vaison mit einem Abstecher in die malerische Oberstadt. Über die Avenue du Charles de Gaulle erreicht man den **Pont romain** [6]. Mit einem einzigen kühnen Bogen überspannt die römische Brücke die Ouvèze. Dann geht es hinein ins mittelalterliche Gassengewirr mit Galerien, Cafés und Restaurants und hinauf zur Ruine der alten Burg.

ℹ **Praktische Hinweise**

Information

Office de Tourisme, Place du Chanoine-Sautel, Vaison-la-Romaine, Tel. 04 90 36 02 11, www.vaison-la-romaine.com

Hotel

TOP TIPP *****Le Beffroi**, Rue de l'Evêché, Haute Ville, Vaison-la-Romaine, Tel. 04 90 36 04 71, www.le-beffroi.com. Hinreißend schönes Hotel in der Oberstadt in einem Bau des 16. Jh., mit Antiquitäten und prächtiger Aussicht. (Ende Jan.–Ende März geschl.).

Der Mont Ventoux ist weithin markanter Blickpunkt in einer lieblichen Hügellandschaft

Restaurant

Le Bateleur, Place Th.-Aubanel, Vaison-la-Romaine, Tel. 04 90 36 28 04. Kleines, gutes Restaurant am Pont romain (Sa mittag und Mo geschl.).

18 Mont Ventoux

TOP TIPP *›Berg der Winde‹ – der Hausberg der Provence.*

Der **höchste Berg** der Provence kann zwar mit den Gipfeln der voralpinen Haute Provence nicht konkurrieren, doch in Relation zur ihn umgebenden Landschaft setzt er mit 1909 m einen majestätischen Akzent. Von den verschiedenen Seiten her ergeben sich immer neue und unterschiedliche Perspektiven, gleichwohl beherrscht die gewaltige **pyramidale Spitze** das Bild. Im Winter bedeckt Schnee den Gipfel, im Sommer trägt der Berg oft eine kleine Wolke, die ihm das Aussehen eines Vulkans gibt.

Es gibt drei Auffahrten zum Gipfel. Die erste führt von Süden her über Bédoin, St-Estève und Chalet-Reynard, die zweite von Norden über **Malaucène**, die einstige Sommerresidenz Papst Clemens' V.,

die dritte von Osten über Sault. Der **Gipfel** selbst ist heutzutage ernüchternd mit seinen Skiliften und militärischen Anlagen, aber die **Sicht** reicht an klaren Tagen bis Korsika und bis zu den Pyrenäen.

Obwohl nicht regelmäßig auf dem Kalender der **Tour de France**, gehört der Berg doch zu deren berühmtesten Etappenzielen. So kommen die Rennradler von weither, um einmal diesen legendären Gipfel zu bezwingen. Die etwas leichtere Strecke beginnt in Sault (26 km, 1187 HM), Profis wählen den Anstieg ab Bédoin (21,5 km, 1610 HM).

Eine **Wanderung** zum Gipfel ist, namentlich im Frühsommer, wenn alles blüht, ein unvergessliches Erlebnis – nicht zuletzt wegen der hochinteressanten Flora, zu der mediterrane und in höheren Lagen arktische Moose und Flechten gehören, und wegen der überwältigenden Aussicht. Eine schöne Strecke beginnt am *Chalet Reynard* (20 km ab Sault), von dem es noch 500 Höhenmeter bis zum Gipfel sind.

Den Weg über Malaucène wählte der italienische Dichter *Francesco Petrarca*, als er 1336 den zu dieser Zeit gefährlichen Aufstieg wagte und seine Eindrücke in einem Bericht festhielt, der als erste Schil-

Die Gorges de la Nesque kann immer wieder mit erhabenen Ausblicken aufwarten

derung einer Bergbesteigung in die Literaturgeschichte eingegangen ist.

ℹ Praktische Hinweise

Information

Station Mont Serein, Mont Serein, Beaumont-du-Ventoux, Tel. 04 90 63 42 02, www.stationdumontserein.com. Hier erhält man Auskunft über den Straßenzustand und die Schneelage.

19 Sault und Gorges de la Nesque

Olivenhaine, Lavendelfelder, Schluchten und provenzalische Weihnachtskrippen.

Eine Rundfahrt um das Massiv des Ventoux bietet neben einem vielfältigen Panorama landschaftlicher Schönheiten auch manches Bemerkenswerte aus Geschichte und Kunst. Das Städtchen **Sault**, (1300 Einw.) ein regionales Zentrum des Lavendelanbaus sowie der Produktion von Honig und Nougat, liegt hoch über dem Tal der Nesque auf einem Felsvorsprung am nordwestlichen Rand des Plateaus von Vaucluse. Von hier oben genießt man eine prächtige Aussicht. Im Ort selbst ist die romanische **Église St-Sauveur** sehenswert mit ihrem tonnengewölbten Schiff (um 1200; die Seitenschiffe wurden später hinzugefügt), dem geschnitzten Chorgestühl (17. Jh.) und der typisch provenzalischen *Weihnachtskrippe*.

Unter den Schluchten, die die Flüsse der Provence in die Kalkplateaus eingegraben haben, gehören die **Gorges de la Nesque** zu den eindrucksvollsten. Vom *Roche du Cire* eröffnet sich ein grandioser Blick in die Tiefe, dann verengt sich das Tal, und die Straße (D 942 von Sault nach Carpentras) folgt in abenteuerlichen Windungen hoch über dem Abgrund dem Fluss.

Im Zentrum des Lavendelanbaus: Rund um Sault bezaubern lila leuchtende Felder

Information

Office de Tourisme,
Avenue de la Promenade, Sault, Tel.
04 90 64 01 21, www.saultenprovence.com

Hotel

***Hostellerie du Val de Sault**, Route-St-Trinit, Tel. 04 90 64 01 41, www.valdesault.com. 2 km von Sault entfernt liegt das sehr komfortable Hotel. Das Restaurant verfügt über einen Garten. Blick zum Mont Ventoux.

20 Carpentras

Die Hauptstadt des Venaissin mit der ältesten Synagoge Frankreichs.

Platanenalleen umgeben den Stadtkern von Carpentras (28 000 Einw.) und markieren den Verlauf der ursprünglichen Befestigung. Erhalten hat sich von dieser allerdings nur die mächtige **Porte d'Orange** aus dem 14. Jh. an der Rue de l'Auzon.

Auf die römische Vergangenheit verweisen hinter dem aus dem 17. Jh. stammenden **Palais de Justice** (Justizpalast, Place du Général de Gaulle) Reste eines Arc-de-Triomphe, eines Triumphbogens, der wohl wie der in Orange ein Stadtgründungsmonument war.

Mediterrane Gotik: Chor der Ancienne cathédrale St-Siffrein in Carpentras

Eindrucksvoller sind die Zeugnisse der päpstlichen Zeit, insbesondere die 1405 auf Veranlassung des Gegenpapstes Benedikt begonnene **Ancienne cathédrale St-Siffrein** (Di–Sa 10–12 und 14–18.30 Uhr). Die Kathedrale ist nach dem ersten Bischof von Carpentras benannt, der im

Ort der Heilung: Das imponierende Barock-gebäude des Hôtel-Dieu in Carpentras

ni orientierte Strahlenglorie des Holz-schnitzers Jacques Bernus sowie Gemäl-de von Mignard, Natoire und Parrocel.

Der größte Gebäudekomplex der Stadt ist das barocke **Hôtel-Dieu** (Place Aristide Briand, Tel. 04 90 63 00 78, Mitte Juni–Mitte Sept. Mo–Sa 9–13 und 14–19, So 9.30–13 Uhr, Mitte Sept.–Mitte Juni Mo–Sa 9.30–12.30 und 14–18 Uhr). Antoine d'Allemand entwarf das Krankenhaus, dessen Flügel sich um drei Höfe gruppieren. Sehens-wert sind die Kapelle und die alte Apo-theke mit ihrer Sammlung von histori-schen Fayencen.

TOP TIPP Nicht versäumen sollte man den Besuch der **Synagogue** (Place Mau-rice Charretier, Tel. 04 90 63 39 97, Mo–Do 10–12 und 15–17, Fr 10–12 und 15–16 Uhr; an jüdischen Feiertagen geschl.). Sie wurde 1741–43 an der Stelle eines Vorgän-gerbaus errichtet, der aus dem 14. Jh. stammte und Frankreichs älteste Syna-goge war. Hier im **Getto** von Carpentras lebten vor der Revolution rund 1200 Ju-den. Der eigentliche *Betraum* mit voll-ständig erhaltener Ausstattung befindet sich im 1. Stock, im Erdgeschoss hatte die Bäckerei für die ungesäuerten Brote ih-ren Platz, im Souterrain befanden sich die rituellen Bäder.

Es gab im Comtat Venaissin blühende *Judengemeinden*, und zweifellos ist es ein positiver Zug in der schillernden Biogra-fie des Avignoneser Papstes Clemens VI. (reg. 1342–52), dass er den verfolgten Ju-den in seinem ›französischen Kirchen-staat‹ Asyl und Wohnrecht gewährte.

6. Jh. den Vorgängerbau der heutigen Kirche errichten ließ. Diese selbst ist ein typisches Beispiel für die weiten, einfa-chen Räume der mediterranen Gotik, bemerkenswert sind ihr südliches Seiten-portal, die **Porte Juive** (1480) – so be-nannt, weil durch sie die bekehrten Ju-den zur Taufe geführt wurden –, sowie zwei Fensterverglasungen aus dem 15. Jh. im Chor, eine ›Marienkrönung‹ aus der Schule von Avignon (1480), eine an Berni-

In seinem Erhaltungszustand beeindruckend: Betraum der Synagoge von Carpentras

Wissenschaftler vermuten den Ursprung des Baptisteriums von Venasque im 6. Jh.

ℹ Praktische Hinweise

Information

Office de Tourisme, 97, Place du 25 août 1944, Carpentras, Tel. 04 90 63 00 78, www.ville-carpentras.fr

Hotel

**Fiacre, 153, Rue Vigne, Carpentras, Tel. 04 90 63 03 15, www.hotel-du-fiacre. com. Stilvolle Unterkunft in der ehem. Posthalterei.

21 Venasque

Der kleine Ort war Namensgeber für das Comtat Venaissin.

Von Carpentras führt die D 4 nach Südosten auf das Plateau von Vaucluse hinauf. Auf dieser landschaftlich außerordentlich reizvollen Route erreicht man nach 12 km wieder die Nesque und hoch über ihr das verwegene Bergnest Venasque (1100 Einw.). Der Name des römischen *Venasca* soll auf die Liebesgöttin Venus zurückgehen, der einst an der Stelle des späteren sog. Baptisteriums ein Tempel geweiht war. Nach Venasque, in die uneinnehmbare Bergwelt, flüchteten die Bischöfe von Carpentras, als die Franken im 5. Jh. die Provence eroberten, und auch im 6. Jh., als Sarazenen und Langobarden das Land überfielen. So blieb Venasque bis ins 10. Jh. Bischofssitz.

Anmutig ist der Ort mit seinen engen, verwinkelten Gassen und der **Église Notre-Dame** (13.–18. Jh.). Sehenswert sind in der zweiten Kapelle links ein Kreuzigungsbild der *Schule von Avignon* sowie im Chor ein barockes Tabernakelrelief mit Emmaus-Szene. Vermutlich war der Vorgängerbau dieses Gotteshauses die ehem. Kathedrale. Zu dieser gehörte das unmittelbar neben der Kirche liegende **Baptistère** (Mitte April–Mitte Okt. tgl. 9–12 und 13–18.30 Uhr, sonst 9.15–12 und 13–17 Uhr, Mitte Dez.–Anfang Jan. geschl.). Es gilt als eines der ältesten christlichen Bauwerke in Frankreich. Genau kennt die Wissenschaft sein Alter nicht, allerdings stammen einzelne Bauteile aus dem 6. Jh. Man vermutet, dass es sich damals wohl eher um eine Grab- als um eine Taufkapelle handelte. Das Baptisterium ist so in einen Komplex jüngerer Bauten einbezogen, dass es von außen nicht als eigenständige Architektur in Erscheinung tritt. Überraschend eindrucksvoll präsentiert sich das **Innere**. Der Grundriss ist ein unregelmäßiges griechisches Kreuz mit vier Apsiden, zwei davon sind hufeisenförmig und verweisen damit möglicherweise auf sarazenischen (oder westgotischen) Einfluss. Vier monumentale *römische Säu-*

len umstehen die Vierung, kleinere bilden Rundbogen-Arkaturen in den Apsiden. Die achteckige *Vertiefung* im Boden, die man lange Zeit für ein Taufbecken gehalten hat, scheint neueren Datums zu sein. Eine plausible Erklärung hierfür gibt es noch nicht, wie manches an diesem eigenartigen Bau noch immer ungeklärt ist. Ursprünglich hatte die Kapelle nur eine Holzdecke, im 13. Jh. überwölbte man sie mit einer Kuppel. Reste von dieser waren im 18. Jh. noch zu sehen. Bei der Wiederherstellung im 19. Jh. wurde ein einfaches Kreuzgratgewölbe eingebaut.

Es empfiehlt sich, den Weg nach Avignon über **Pernes-les-Fontaines** zu nehmen. Die Stadt, die bis 1271 dem Grafen von Toulouse gehörte, war zwischen 1274 und 1320, vor Carpentras also, Hauptstadt des Venaissin. Im 14. Jh. wurden ihre *Befestigungsanlagen* zum Schutz gegen die ›Grandes Compagnies‹ verstärkt, die damals ganz Frankreich unsicher machten. Im Zentrum der Stadt erhebt sich die *Tour Ferrande* (Führungen nach Vereinbarung mit dem Office de Tourisme), ein Wohnturm aus dem 13. Jh., in dem sich interessante *Fresken* erhalten haben.

ℹ️ Praktische Hinweise

Information

Office de Tourisme, Grande Rue, Venasque, Tel. 04 90 66 11 66, www.tourisme-venasque.com

Office de Tourisme, Place Gabriel Moutte, Pernes-les-Fontaines, Tel. 04 90 61 31 04, www.ville-pernes-les-fontaines.fr

Hotels

*****L'Hermitage**, 614, Grande Route de Carpentras, Pernes-les-Fontaines, Tel. 04 90 66 51 41, www.hotel-lhermitage.com. Komfortables Hotel mit Swimmingpool im Park.

****La Garrigue**, Route de l'Appié, Venasque, Tel. 04 90 66 03 40, www.hotel-lagarrigue.com. Gutes, ruhiges Hotel mit Halbpension.

Restaurant

Auberge Lafontaine, Place de la Fontain, Tel. 04 90 66 02 96, www.auberge-lafontaine.com. Immer wieder lässt sich der Chef hier neue Köstlichkeiten einfallen, die der französischen Küche zur Ehre gereichen.

22 Avignon *Plan hintere Umschlagklappe*

Die frühere Residenz der Päpste lockt mit Papstpalast und Brückentorso.

Stolz steht der provenzalische Name auf dem Ortsschild: **Avignoun** (92 500 Einw.). Der Name der Stadt geht auf eine keltische Bezeichnung zurück, **Aouenion** heißt etwa ›Herr der Wasser‹ und bezieht sich auf die unmittelbar an der Stadt vorbeifließende Rhône. Unter den Römern blühte **Avenio** – so die latinisierte Version des keltischen Namens – zu einem bedeutenden Handelsplatz auf. Später geriet die Stadt zwischen die Fronten divergierender Interessen, hatte unter Sarazeneneinfällen zu leiden und wurde Burgund und dem Comtat Venaissin angegliedert, war freie Reichsstadt und wurde in den Albigenserwirren zerstört, weil sie gegen den französischen König Partei ergriffen hatte. 1290 gelangte Avignon in den Besitz von *Karl II. von Anjou*. Wenig später folgte der eben in Perugia gewählte neue *Papst* bereitwillig der ›Einladung‹ seines Gönners, des fran-

zösischen Königs, sich doch anstatt in Rom im angenehmeren Avignon niederzulassen. 1995 ernannte die UNESCO die Altstadt von Avignon zum Weltkulturerbe.

Die Stadt und ihre Mauern

Die hervorragend erhaltene **Stadtmauer** war zur Zeit ihrer Entstehung fortifikatorisch bereits veraltet. Mit ihren 39 Türmen und 13 Toren – zusätzlich befestigt war der Zugang zur Brücke durch die Tour du Châtelet – wirkte (und wirkt) sie jedoch streng und abweisend.

Brücke und Kathedrale

Offiziell trägt die Brücke von Avignon den Namen **Pont St-Bénézet** ❶ (Rue Ferruce, Tel. 04 90 27 51 16, www.palais-des-papes.com, April–Okt. tgl. 9–19 Uhr, Nov.–März tgl. 9.30–17.45 Uhr). Einst querte sie, 900 m lang und über 22 Brückenbögen, die Rhône. Hoch, mächtig und elegant wölben sich die Bögen, zusätzliche Öffnungen sorgten dafür, dass der früher zu Zeiten mächtig anschwellende Strom möglichst wenig Widerstand fand.

Demonstration der Macht: Die trutzigen Mauern des Palais des Papes beherrschen bis heute das Stadtbild Avignons

Die kleine **Chapelle St-Nicolas** auf dem zweiten Pfeiler hat sich erhalten, sie ist dem hl. Nikolaus geweiht, dem Patron der Schiffer und Seefahrer. Das untere ihrer beiden Geschosse zeigt romanische Formen, das obere bereits gotische.

Die Brücke von Avignon, so erzählt die Legende, verdankt ihre Existenz dem jungen Hirten Bénézet, dem, als er im Jahre 1177 im Vivarais seine Schafe weidete, eine himmlische Stimme den Auftrag erteilte, eine Brücke über die Rhône zu bauen. Ein Engel führte Bénézet an die Stelle, an der sie errichtet werden sollte. Wunderbare Kräfte, die dem Jungen zuwuchsen – er hob mühelos einen gewaltigen Stein in die Höhe –, überzeugten die zunächst skeptischen Autoritäten.

Die Begeisterung für das große Vorhaben griff um sich. Eine *Bruderschaft der Brückenbauer* (›Frères Pontifes‹) wurde gegründet, und nach elf Jahren war das Werk schließlich vollendet. Bereits 1226

Viel besungen und von Legenden umrankt: die Rhônebrücke Pont St-Bénézet

wurde die Brücke zum ersten Mal zerstört, als Ludwig VIII. Avignon erstürmte, das sich in den Albigenserfeldzügen auf die Seite der ›Ketzer‹ geschlagen hatte. Nach mehrmaligem Wiederaufbau blieb die Brücke schließlich nach dem verheerenden Hochwasser von 1669 eine Ruine.

Ob man je, wie das berühmte Liedchen »Sur le pont d'Avignon ...« glauben macht, auf ihr getanzt hat, ist ungewiss, war sie dafür doch wahrscheinlich zu schmal. Getanzt hat man wohl eher auf der grünen Insel Barthelasse, über die einst die Brücke hinwegführte.

Oberhalb der Brücke mit ihrem befestigten Brückenkopf (Tour de Châtelet) erhebt sich die **Cathédrale Notre-Dame-des-Doms** ❷. Die Kathedrale ist im Kern ein charakteristischer Bau der provenzalischen Romanik (12. Jh.). Der mächtige **Westturm** prägt, neben Papstpalast und Tour de l'Horloge, entscheidend die Silhouette der Stadt. Seine oberen Teile sind Rekonstruktionen des 15. Jh., die bekrönende Marienfigur ist eine Zutat von 1859. Von besonderer Schönheit ist die klassisch-antik wirkende **Vorhalle**. Simone Martini hat die beiden *Tympana*, das halbkreisförmige über dem Eingang (›Madonna mit Engeln und Stifter Kardinal Stefaneschi‹) und das dreieckige des Giebels (›Engel beten den Erlöser an‹), mit Fresken geschmückt. Diese hat man nach schwieriger Restaurierung schichtweise abgetragen und in den Papstpalast [s. S. 48] gebracht, wo sie heute im Saal des *Konsistoriums* präsentiert werden.

Das Innere der einschiffigen Kathedrale ist ein höhlenartig dämmriger, von vielen Kerzen geheimnisvoll erhellter Raum, der später durch Kapellen erweitert wurde. Über den romanischen Kern haben sich mehrere Schichten jüngerer Ausstattung gelegt. Bemerkenswert sind die *Vierungskuppel* mit ihrer eleganten Laterne, ein marmorner Bischofsthron aus dem 12. Jh. und in der vierten Kapelle links das Grabmal Papst Johannes XXII. (Kirchenschatz: Ostern–Mai, Okt.–Allerheiligen tgl. 9–12 und 15–19 Uhr, Juni–Sept. 16.30–18.30 Uhr).

Place du Palais

Die Place du Palais gilt als einer der schönsten Plätze der Welt, sie ist eine Bühne für den Auftritt ganz unterschiedlicher Architekturen: Im romanischen Stil erbaut ist die Kathedrale, im gotischen der Papstpalast; aus dem 17. Jh. stammt das **Hôtel des Monnaies** ❸, die einstige Münze mit ihrer reich geschmückten, von einer Balustrade bekrönten Fassade. Man beachte die Embleme der Familie Borghese, Drachen und Adler. Schon seit 1860 ist hier ein Konservatorium für Musik zu Hause. Die Nordseite des Platzes begrenzt das **Petit Palais** ❹ (Tel. 04 90 86 44 58, www.petit-palais.org, Mi–Mo 10–13 und 14–18 Uhr) mit mittelalterlichem Zinnenkranz und Wehrtürmen sowie Fenstern im Stil der Renaissance. Es geht auf das Jahr 1317 zurück (Südfassade 1481) und beherbergte so berüchtigte und berühmte Gäste wie Cesare Borgia

(1498) oder die französischen Könige Franz I. (1533) und Ludwig XIV. Heute beherbergt er Avignoneser Kunst des 13.–16. Jh. sowie eine großartige Sammlung italienischer Malerei des 14.–16. Jh. präsentiert, darunter Werke von Botticelli und Carpaccio, sowie romanische Plastiken.

Östlich des Petit Palais erhebt sich der Felsenhügel **Rocher des Doms** ❺ mit schönen *Gärten*, die dort angelegt wurden, wo einst die berühmten Windmühlen des Papstes standen. Der Ausblick hinüber nach Villeneuve und auf das Rhônetal ist überwältigend.

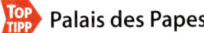

Palais des Papes   *Plan Seite 48*

Beim Papstpalast **Palais des Papes** ❻ (Tel. 04 90 27 50 73, www.palais-des-papes.com, April–Okt. tgl. 9–19 Uhr, Nov.–März tgl. 9.30–17.45 Uhr) dominiert der Charakter der Strenge, des Abweisenden, eine unübersehbare, fast drohende Gebärde der Macht. Dagegen ist vom viel beschriebenen Luxus der Päpste wenig zu spüren, da sich von der Ausstattung außer einigen bemerkenswerten Wandmalereien so gut wie nichts erhalten hat.

Der älteste, **nördliche Teil**, das Werk des Zisterzienserpapstes Benedikt XII. (1334–42), hat ausgesprochen asketisch-klösterlichen Charakter: Um einen monumentalen zweistöckigen Kreuzgang gruppieren sich verschiedene Räume, von denen der gewaltige Saal des Konsistoriums und der darüber angelegte große Speisesaal Grand Tinel besonders eindrucksvoll sind. Der jüngere, **südliche Teil** (1342–52) des Palastes geht auf den prachtliebenden Papst Clemens VI. zurück und zeigt eine reichere Formensprache. Schon von außen sind die beiden

Die Cathédrale Notre-Dame-des-Doms beeindruckt mit einer prunkvollen Ausstattung

ungleichen Teile des Palastes gut zu unterscheiden.

Man betritt die Papstburg durch die **Porte des Champeaux** [a] und gelangt zunächst in die Grande Cour de Palais Nouveau (Ehrenhof des Neuen Palastes), dessen nördlicher und östlicher Teil jedoch zum Alten Palast gehören. Der Hof wird heute für Aufführungen des **Festival d'Avignon** genutzt, das jeden Sommer Theater-und Tanzpremieren an verschiedenen Orten in der Stadt inszeniert. Schräg gegenüber vom Eingang erhebt sich der Engelsturm **Tour des Anges** [b], die Keimzelle des Palastes [s. S. 49]. Wir folgen jedoch zunächst der Führungslinie nach links und gelangen so in den geländebedingt asymmetrisch angelegten **Kreuzgang** des klösterlichen **Palais Vieux**. Benedikt XII. benutzte bei seinem Neubau Teile von Gebäuden, die bereits sein Vorgänger Johannes XXII. beim Umbau des ehem. Bischofspalastes hatte errichten lassen.

Im Südflügel des Kreuzganghofes befand sich das *Konklave* (Räume für die Papstwahl). Sie wurden 1970/76 restauriert und zusammen mit angrenzenden Sälen zum Kongresszentrum **Palais des Congrès** [c] ausgebaut. Die angrenzende **Aile des Familiers** [d] war engen Vertrauten des Papstes vorbehalten, die **Tour de la Campane** [e] im Nordwesten diente Verteidigungszwecken.

Im Osten folgt die **Chapelle de Benoît** [f] von 1335. Der Kapellenflügel dient als Archivraum und ist nicht zugänglich. Die in der Nordostecke zusammengefassten Türme **Tour de Trouillas** [g], **Tour de la Glacière** [h] und **Tour des Cuisines** [i] wurden im Sterbejahr Benedikts, 1342, begonnen und hatten ökonomische Funktionen, die beiden letzteren, in unmittelbarer Nachbarschaft des Großen Speisesaals, enthielten sinnvollerweise Küche und Toiletten.

Im angrenzenden **Aile de Consistoire** [k] von 1339, dem Konsistorium, beginnt die Innenbesichtigung. Im Erdgeschoss versammelte der Papst zu festlichen Anlässen die Kardinäle und hielt Empfänge ab. In diesem Saal sind heute die **Fresken Simone Martinis** (1284–1344) aus der Vorhalle der Kathedrale ausgestellt [s. S. 45]. Die Restaurierungstechnik macht es möglich, Einblick in die ›Werkstatt‹ des Künstlers zu nehmen, denn hier kann man die Vorzeichnungen und fertigen Fresken miteinander vergleichen. Der sensible, aus der ›Maniera Bizantina‹ seines Lehrers Duccio und den Neuerungen Giottos abgeleitete Stil dieses großen Sieneser Malers bildete die Grundlage einer Kunst, die sich in Südfrankreich ent-

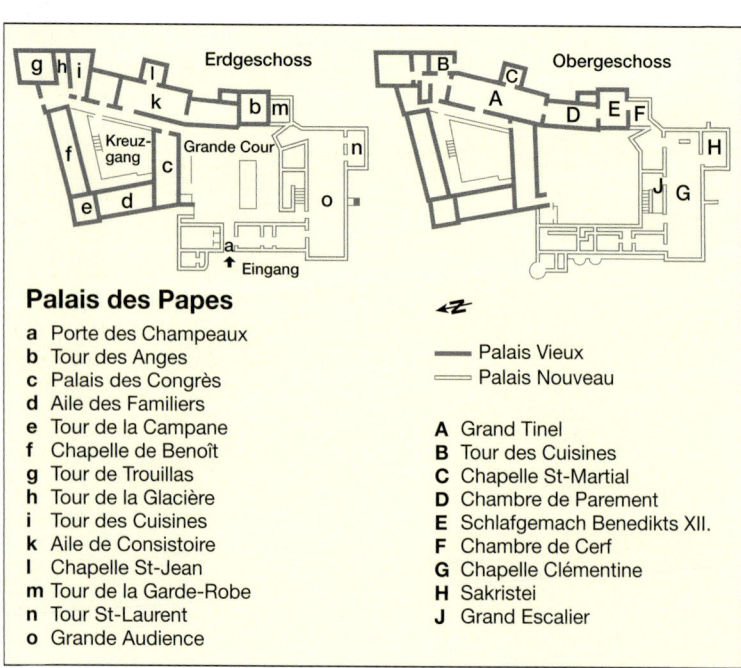

Palais des Papes

- **a** Porte des Champeaux
- **b** Tour des Anges
- **c** Palais des Congrès
- **d** Aile des Familiers
- **e** Tour de la Campane
- **f** Chapelle de Benoît
- **g** Tour de Trouillas
- **h** Tour de la Glacière
- **i** Tour des Cuisines
- **k** Aile de Consistoire
- **l** Chapelle St-Jean
- **m** Tour de la Garde-Robe
- **n** Tour St-Laurent
- **o** Grande Audience

━━━ Palais Vieux
═══ Palais Nouveau

- **A** Grand Tinel
- **B** Tour des Cuisines
- **C** Chapelle St-Martial
- **D** Chambre de Parement
- **E** Schlafgemach Benedikts XII.
- **F** Chambre de Cerf
- **G** Chapelle Clémentine
- **H** Sakristei
- **J** Grand Escalier

Imposantes Ensemble: Palais des Papes mit Tour de la Campane und Cathédrale Notre-Dame-des-Doms mit Westturm an der Place du Palais von Avignon

faltete und entscheidend zur Entwicklung der ›internationalen‹ europäischen Spätgotik beitrug.

Dem Saal östlich vorgelagert und von ihm aus zugänglich ist die von *Matteo Giovanetti* 1346–48 ausgemalte **Chapelle St-Jean** [I]. Ihrem Namen entsprechend sind Szenen aus dem Leben Johannes des Täufers und des Evangelisten dargestellt.

Über eine Treppe erreicht man das Obergeschoss mit Speise- und Festsaal **Grand Tinel** [A] sowie die angrenzende **Tour des Cuisines** [B]. Seinen Innenraum überwölbt eine hölzerne Spitztonne. Über der Johanneskapelle zeigt die angrenzende, ebenfalls von Matteo Giovanetti ausgemalte **Chapelle St-Martial** [C] Begebenheiten aus der Legende dieses französischen Heiligen, des Patrons des Limousin, der Gegend, aus der Clemens VI. stammte.

Die Ausmalung der beiden Kapellen und der folgenden Profanräume wurde erst von Clemens in Auftrag gegeben und verbindet so die Räume des Palais Vieux und des **Palais Nouveau** miteinander. Der erste dieser wegen ihrer Wandmalereien höchst bemerkenswerten Räume, das **Schlafgemach Benedikts XII.** [E], befindet sich im Obergeschoss der **Tour des Anges**, dem Wohn- und Tresorturm des Papstes. Man erreicht es über das Paramentenzimmer **Chambre de Parement** [D] und erlebt zum ersten Mal in diesem Palast so etwas wie eine wohnliche Atmosphäre. Den *Fliesenboden* zieren figürliche und geometrische Motive, die ornamentalen *Wandmalereien* zeigen vor leuchtend blauem Hintergrund dekorative, teppichartige Pflanzenranken, zwischen denen sich Vögel und andere Tiere verstecken. In auffallendem Kontrast zur Flächigkeit des Ganzen stehen perspektivische Abbildungen von Vogelkäfigen.

Auch die Malereien des benachbarten **Chambre de Cerf** [F], des Hirschzimmers, zeigen eine ähnliche charakteristische Ambivalenz von Lebendigkeit und heraldisch-flächiger Stilisierung. Das Hirschzimmer mit seinen Szenen zu Fischerei und Jagd befindet sich im dritten Stock der an den Altbau angrenzenden **Tour de la Garde-Robe** [m]. Dieser Turm gehört bereits zum **Palais Neuf**, jenem zweiten Gebäudekomplex, mit dem Clemens VI. die zisterziensisch karge Festung um zwei neue, in ihrer architektonischen Formensprache reicher und differenzierter gestaltete Flügel erweitern ließ. Die

Die Babylonische Gefangenschaft

In den Jahren 1309–76 residierten die Päpste in Avignon. Diese Epoche der ›Babylonischen Gefangenschaft der Päpste‹ war einerseits gezeichnet vom Chaos der Geschlechterkämpfe in **Rom**, das dem Papst einen Aufenthalt am Ort seiner traditionellen Residenz praktisch unmöglich machte, und andererseits vom höchst vitalen Interesse des französischen Königs, das Papsttum unter seine Kontrolle zu bringen. Die Päpste hatten Besitz in dieser Gegend, was lag also näher, als – wenn schon **ins Exil** – dann hierhin auszuwandern?

Der französische **Papst Clemens V.** (1305–14) machte den Anfang, gedrängt von König Philipp IV. dem Schönen, dessen jahrelanger Konflikt mit Papst Bonifatius VIII. als Hintergrund der Absicht gesehen werden muss, das Papsttum unter französische Kontrolle zu bringen. Nicht so sehr der unglaubliche **Luxus**, den Clemens am Hof von Avignon entfaltete, auch nicht sein hemmungsloser **Nepotismus** belasten sein Andenken als vielmehr die skrupellose und grausame Eliminierung des **Templerordens**, bei der sich der Papst zum keineswegs uneigennützigen Werkzeug der Machtpolitik Philipps des Schönen erniedrigen ließ.

Im Jahre 1314, einen Monat nachdem Jakob de Molay, der letzte Großmeister des Templerordens, aufgrund absurder Anschuldigungen mit päpstlicher Billigung auf dem Scheiterhaufen verbrannt worden war, starb Clemens. Sein Nachfolger war der Bischof von Avignon, **Papst Johannes XXII.** (1316–34). Der gebildete, wissenschaftlich interessierte und kulturell engagierte Papst legte mit seinem Pfründenschacher und seiner Steuerpolitik den Grundstein zur späteren **Reformation**: Während Rom verfiel, sammelte er Geld für den Neubau seines Palastes, denn bislang hatten die Päpste eher ›unstandesgemäß‹ im Palais der Bischöfe von Avignon residiert.

Papst Benedikt XII. (1334–42) schließlich begann mit dem Bau des **Palais des Papes** [s. S. 47]. Als Baumeister berief er seinen Landsmann **Pierre Poisson**. Bezeichnenderweise begann man mit der Anlage eines Tresorturms zur Aufbewahrung der aus aller Welt fließenden Gelder. Diese **Tour des Anges** (Engelsturm) wurde an der Stelle der alten Schatzkammer Johannes XXII. errichtet. Sie umfasste über dem Tresorraum die Wohnräume des Papstes sowie die des Kammerherrn, dem die päpstliche Finanzverwaltung unterstand, ganz oben befand sich die Bibliothek. Das Ganze war bewehrt mit 3 m dicken Mauern, Wurfschächten und Zinnen. Um diesen Kern herum entstanden weitere Gebäude.

Verschwendung und Nepotismus kehrten mit **Papst Clemens VI.** (1342–52) zurück. Immerhin bot er den verfolgten Juden Asyl, förderte **Petrarca** und kaufte schließlich der Königin Johanna I. von Neapel und Gräfin der Provence für 80 000 Florin die Stadt Avignon ab.

In jenen Tagen erhob sich eine erste massive **Opposition** gegen den Aufenthalt der Päpste in Avignon. Die hl. Birgitta von Schweden bedrängte den Papst mit ihren Visionen, in denen ein schreckliches Strafgericht angekündigt wurde. **Papst Innozenz VI.** (1352–62) räumte dann mit Nepotismus und Pfründenwucher auf. **Boccaccio**, der 1354 als Gesandter des Stadtstaates Florenz nach Avignon kam, bestärkte den Papst in seiner Absicht, nach Rom zurückzukehren, was, wenngleich nur vorübergehend, **Papst Urban V.** (1362–70) auch tat. Sein Nachfolger **Gregor XI.** (1370–78), der bisher letzte französische Papst, entschloss sich schließlich aufgrund des hartnäckigen Engagements der **hl. Katharina von Siena** zur Rückkehr nach Rom. Auch die Expansion des Mailänder Grafen Visconti auf päpstliches Gebiet in Italien dürfte Gregor zur Rückkehr getrieben haben. Die in Avignon zurückgebliebenen französischen Kardinäle wählten nach seinem Tod zwei **Gegenpäpste**, die in Avignon residierten: 1378 Clemens VII. und 1394 Benedikt XIII.

Auf die Zeit des Exils folgte die des **Großen Schismas**, der Kirchenspaltung. Erst 1449 konsolidierten sich mit **Papst Martin V.** (1417–31) und den Konzilen von Konstanz und Basel die Verhältnisse: Der Papst blieb in Rom, und Avignon, das bis 1791 päpstlicher Besitz war, wurde von päpstlichen Legaten verwaltet.

Erzählerische Kraft: Matteo Giovanetti, ein Meister der Freskotechnik, schuf die Wandmalereien in der Chapelle St-Martial mit Szenen aus dem Leben des hl. Martialis

Tour de la Garde-Robe erhielt ihren Namen von zwei übereinander liegenden *Kleiderkammern* (Garderobes, 1. und 2. Stock). Im Erdgeschoss war Platz für Bäder, Toiletten und eine neue Küche. Das Ganze bekrönt eine Kapelle, die dem hl. Michael geweiht war. All dies ist das Werk des genialen Architekten Jean de Louv-res; auf ihn geht auch der großartige Saal der **Chapelle Clémentine** [G] zurück, deren Gewölbeschub durch die **Tour St-Laurent** [n] und den mächtigen Strebebogen aufgefangen wird, der heute die Rue Peyrollerie überwölbt. Auch für die **Sakristei** [H] zeichnet er verantwortlich, von deren *Loggia* aus der Papst die im

Der Festsaal Grand Tinel ist der größte Raum im Palais Vieux des Papstpalastes

Ehrenhof versammelten Gläubigen segnete. Das Rosettenfenster ist Teil einer späteren Restaurierung. Die mächtige Treppe **Grand Escalier** [J], die zur zweischiffigen **Grande Audience** [o] hinunterführt, ist ebenfalls ein Werk Jean de Louvres. Bündelpfeiler und skulptierte Gewölbekonsolen geben diesem Großen Audienzsaal, der als Untergeschoss die Chapelle Clémentine trägt, eine würdevolle und harmonische Atmosphäre. Die Fresken in der *Salle des Gardes*, dem einstigen Wach- und heutigen Kassenraum, und in der benachbarten *Petite Audience* stammen bereits aus dem 17. Jh., der Zeit der Kardinallegaten.

Rue de la République

Cours Jean Jaurès und Rue de la République bilden – mit Geschäften und Straßencafés, Scharen von Flaneuren und Kolonnen von Autos – die Lebensader des touristischen Avignon, das am Bahnhof beginnt und seine Zentren an der Place de l'Horloge, der Place du Palais und am Palais des Papes hat. Folgt man dieser Achse vom Bahnhof aus, so stößt man rechts des Boulevards hinter der Cité Administrative auf den Komplex des **Couvent des Célestins** ❼, des ehem. Zölestinerklosters aus dem 14. Jh.

In der links des Boulevards verlaufenden Rue Violette präsentiert die **Collection Lambert en Avignon** ❽ (5, Rue Violette, Tel. 04 90 16 56 20, www.collection lambert.com, Juli/Aug. tgl. 11–19 Uhr, Sept.–Juni Di–So 11–18 Uhr) rund 350 Werke zeitgenössischer Kunst, darunter namhafte Vertreter wie Anselm Kiefer, Cy Twombly und Andres Serrano. Außerdem finden Wechselausstellungen statt.

Im weiteren Verlauf des Cours Jean Jaurès fällt die typisch römische Fassade der einstigen Jesuitenkirche auf. Das Kolleg wurde 1564 gegründet, die Kirche 1620 erbaut, die Fassade 1660 gestaltet. Heute beherbergt der Bau das **Musée lapidaire** ❾ (65, Rue de la République, Tel. 04 90 85 75 38, www.musee-lapidaire.org, Mi–Mo 10–13 und 14–18 Uhr). Es zeigt keltische und römische Funde aus der Region, darunter eine aus dem 3. Jh. v. Chr. stammende Skulptur des Ungeheuers ›La Tarasque‹ [s. S. 79].

Hinter dem Musée lapidaire befindet sich mit dem **Musée Angladon** ❿ (5, Rue Laboureur, Tel. 04 90 82 29 03, www.angla don.com, Di–So 13–18 Uhr) eine der bedeutendsten Sammlungen der Stadt. Es präsentiert neben Salons aus dem 18. Jh. eine hervorragende Kunstsammlung des 19./20. Jh. mit Gemälden von Boucher, Degas, Sisley, Modigliani und Picasso. Zu den Meisterwerken zählen das ›Stillleben mit Tontopf‹ von Paul Cézanne und Vincent van Goghs ›Eisenbahnwagen‹, das einzige in der Provence verbliebene Werk des Malers.

Von hier aus lohnen Abstecher in den östlichen Teil der Stadt, zu den gotischen Kirchen St-Didier und St-Pierre. **St-Didier** ⑪, 1356–59 erbaut, gilt als die schönste Kirche Avignons. Ihr einfacher, weit gespannter und von einer Spitztonne überwölbter *Saalraum* verkörpert in reinster Form die mediterrane Gotik zisterziensischer Prägung. Bedeutende *Fresken* italienischen Stils haben sich in der ersten Kapelle links erhalten (14. Jh.). In der ersten Kapelle rechts ist ein expressives Kreuztragungsretabel von 1478 beachtenswert, das von Francesco Laurana geschaffen wurde.

Die Kirche **St-Pierre** ⑫ (nur So vormittag geöffnet) aus dem 14./15. Jh. ist vor allem wegen ihrer prächtigen Türflügel bemerkenswert. Auf dem linken stellte Antoine Volard den hl. Hieronymus und den Kampf des Erzengels Michael gegen das Böse dar, auf dem rechten die Verkündigung (1551). Leider sind die geschnitzten Türflügel häufig mit schützenden Holzläden bedeckt.

Westwärts sind es nur wenige Schritte zur zentralen **Place de l'Horloge** mit ihren Straßencafés unter mächtigen Platanen. Hier findet sich im Schatten der *Tour de l'Horloge* (Uhrturm) aus dem 14./15. Jh., die dem Platz seinen Namen gegeben hat, das *Hôtel de Ville* (Rathaus, 19. Jh.) sowie das pompöse *Théâtre* im Stil Napoleons III.

Lebensgroße Figuren schlagen auf der Spitze der Tour de l'Horloge die Stunden

Beschauliche Ruhe: Kleiner Park am Rand des stets belebten Cours Jean Jaurès

Edles Plätzchen: Im angenehm schattigen Kreuzgang eines ehemaligen Klosters genießen die Gäste des Hotel Cloître St-Louis die Köstlichkeiten des Restaurants

Westlich der Rue de la République

Gen Westen führt der Weg über die Rue St-Agricol zu der reich ausgestatteten Kirche **St-Agricol** ⑬ aus dem 14.–16. Jh. Zu ihren schönsten Stücken gehören das Verkündigungstympanon und eine Trumeau-Madonna. Die von noblen Palais mit edlen Fassaden und stimmungsvollen Innenhöfen gesäumte *Rue Viala* erreicht man über die kleine Rue du Collège-du-Roure mit dem weitläufigen **Palais du Roure** ⑭ (Tel. 04 90 80 80 88, Führungen Di 15 Uhr oder nach Vereinbahrung), in dem heute das *Musée d'Atmosphère* eine bunte Mischung aus einem Deckengemälde aus dem 15. Jh., provenzalischen Möbeln des 18./19. Jh. und Gemälden des belgischen Symbolisten Henry de Groux (1867–1930) zeigt. Außerdem gibt es hier eine *Bibliothek* (Tel. 04 90 80 80 88, Mo–Fr 9–12 und 14–19.30 Uhr) mit Büchern über die Provence und italienischer Literatur des Mittelalters, u. a. Petrarca und Dante.

In der Rue Joseph-Vernet stößt man auf eine weitere bedeutende Sammlung. Das **Musée Calvet** ⑮ (65, Rue Joseph Vernet, Tel. 04 90 86 33 84, www.museecalvet.org, Juni–Sept. tgl. 10–18 Uhr, Okt.–Mai Mi–Mo 10–13 und 14–18 Uhr) befindet sich in einem vornehmen Hôtel aus dem 18. Jh. und ist allein schon seiner Architektur und Ausstattung wegen einen Besuch wert. Darüber hinaus bietet es einen guten Überblick über die Geschichte der französischen Malerei des 16.–20. Jh. Zu sehen sind u. a. Werke von Delacroix, Manet, Toulouse-Lautrec, Camille Claudel und Joseph Vernet. Bemerkenswert sind auch die geheimnisvollen mundlosen *Stelen* aus dem 2. Jh. v. Chr., eindrucksvolle Zeugnisse eines fernen Totenkults, oder das Relief einer Treidelfahrt auf der Durance aus gallo-römischer Zeit.

Nur wenige Schritte von diesem Museum entfernt bietet das Restaurant **La Compagnie des Comptoirs** ⑯ (83, Rue Joseph Vernet, Tel. 04 90 85 99 04, www.lacompagnie-restaurant.fr) innovative französische Küche. Der Innenhof ist malerische Kulisse für sommerliche Gourmeterlebnisse. Weiter westlich, nahe der Stadtmauer, präsentiert das **Musée Louis Vouland** ⑰ (17, Rue Victor Hugo, Tel. 04 90 86 03 79, www.vouland.com, Juli–Sept. Di–Sa 12–18, Nov.–Jan., März–Juni Di–Sa 14–18 Uhr, Febr. geschl.) französische Fayencen sowie Möbel und Alltagsgegenstände aus dem 18. Jh., darunter die Kasse eines Geldwechslers und ein Reisenecessaire der Gräfin Du Barry.

Östlich der Rue de la République

In den östlichen Stadtvierteln lohnen ausgiebige Spaziergänge. Gleich hinter dem Felsen *Rocher des Doms* ist in der Rue Banasterie die **Chapelle des Pénitents Noirs** ⑱, die Kapelle der Schwarzen Büßer, besuchenswert. Die schöne *Barockfassade* zeigt in feiner skulpturaler

Ausführung das Haupt Johannes des Täufers, das von Engeln auf einem Teller getragen wird. Im **Inneren** der Kirche verdienen beachtliche Schnitzereien und Gemälde Aufmerksamkeit. Der 1739 von Thomas Lainée grundlegend restaurierte Bau geht ursprünglich auf eine Gründung des Jahres 1591 zurück.

Die Bruderschaft der Schwarzen Büßer wurde in Avignon zwar erst 1586 gegründet, aber derartige Gemeinschaften gab es in Südfrankreich bereits seit dem 13. Jh. Es waren *Geißelbruderschaften*, die für die Missachtung der Sakramente durch die Häretiker Sühne leisteten. Die Gemeinschaften unterscheiden sich durch die Farbe ihres Habits, jenen Gewändern mit spitzen Kapuzen, die nur die Augen freiließen.

In der Nähe finden sich bemerkenswerte Profanbauten, z. B. in der Rue du Four das **Hôtel Galléans** aus dem 17. Jh. An der Place des Carmes erhebt sich die Kirche **St-Symphorien** ⑳, ein Bauwerk der Karmeliter aus dem 15. Jh., das Gemälde von Pierre Parrocel, Nicolas Mignard u. a. schmücken.

Über die Rue de la Carreterie und die Rue Paul-Saïn gelangt man zur belebten *Place Pie* mit den Markthallen **Les Halles** (www.avignon-leshalles.com, Di–So 6–13.30 Uhr), zur **Église de la Visitation** ㉑ (1638), der Kirche der Heimsuchung, und zur malerischen *Rue des Teinturiers*, der

Färbergasse, die an der Sorgue entlangführt. Hohe Wasserräder erinnern an die Färbereien, die hier bis Ende des 19. Jh. ansässig waren. Seit dem 18. Jh. wurde die zum Färben der meist indischen Baumwollstoffe (*Indiennes*) benötigte Färberröte in der Umgebung von Avignon angebaut. Unweit der sehenswerten **Chapelle des Pénitents Gris** ㉒, der aus dem 16. und 19. Jh. stammenden Kapelle der Grauen Büßer, zu deren schönsten Ausstattungsstücken ein Strahlenkranz aus Peru (17. Jh.) gehört, verschwindet das Flüsschen Sorgue unter dem Straßenpflaster.

ℹ️ Praktische Hinweise

Information
Office de Tourisme, 41, Cours Jean Jaurès, Avignon, Tel. 04 32 74 32 74, www.ot-avignon.fr

Schifffahrt
Mireio, Allée de l'Oulle, Avignon, Tel. 04 90 85 62 25, www.mireio.net. Ausflüge auf der Rhône.

Festival d'Avignon
Service réservation, Cloître St-Louis, 20, Rue du portail Boquier, Avignon, Tel. 04 90 27 66 50, Ticket-Tel. 04 90 14 14 14 (ab Mitte Juni), www.festival-avignon. com. Großes Tanz- und Theaterspektakel

In historisch-romantischem Ambiente serviert das Spitzenrestaurant Christian Etienne seine weithin berühmten Fischspezialitäten

*Die imposante Befestigungsanlage Fort
St-André mit ihren gewaltigen Mauern und
Rundtürmen thront machtvoll über dem
Städtchen Villeneuve-lès-Avignon* ▷

auf den Bühnen von Avignon jeweils in
den drei letzten Wochen im Juli.

Märkte

Blumenmarkt, *Marché aux fleurs*
(So 7–13 Uhr), und **Flohmarkt**, *Marché
aux puces* (So), jeweils Place des Carmes;
Antiquitätenmarkt (Di/Do vormittags),
Place Pie.

Hotels

********Cloître St-Louis**, 20, Rue du Portail
Boquier, Avignon, Tel. 04 90 27 55 55,
www.cloitre-saint-louis.com. Nobles
Hotel mit äußerst gepflegtem Restau-
rant, gleichzeitig gelungenes Beispiel
für die Revitalisierung eines historischen
Gebäudes, des Klosters St-Louis mit
Kreuzgang aus dem 16. Jh.

TOP TIPP ******Hôtel d'Europe**, 14, Place
Crillon, Avignon, Tel. 04 90 14 76 76,
www.heurope.com. Eines der
vornehmsten Häuser am Platz, mit kostbaren Möbeln des 16.–18. Jh., stilvoll in
einem Palais von 1799, Innenhof mit
Palmen, hervorragende Küche (Rest.
Mo mittags u. So geschl.).

**Blauvac, 11, Rue de la Bancasse, Avignon,
Tel. 04 90 86 34 11, www.hotel-blauvac.com.
Kleines, zentral gelegenes Hotel in der
Altstadt in einem Haus aus dem 17. Jh.

Lumani, 37, rue du Rempart, Tel.
04 90 82 94 11, www.avignon-lumani.com.
Ein reizendes Maison d'hôtes inmitten
der Altstadt mit fünf Gastzimmern und
drei ›Wohnzimmern‹ voller Bücher, die
allen Gästen offen stehen.

Restaurants

TOP TIPP **Christian Etienne**, 10, Rue de
Mons, Avignon, Tel. 04 90 86 16 50,
www.christian-etienne.fr. Dieses
Spitzenrestaurant, ganz in der Nähe des
Papstpalastes und der Place de l'Horloge, ist mit kostbaren Antiquitäten
eingerichtet und zu Recht berühmt
für seine delikaten Fischgerichte
(So/Mo außer im Juli geschl.).

Hiely-Lucullus, 5, Rue de la
République, Avignon, Tel. 04 90 86 17 07,
www.hiely-lucullus.com. Hervorragendes Restaurant mit mediterran inspirier-
ter Küche. Tischbestellung ist anzuraten.

23 Villeneuve-lès-Avignon

*Kartause und Fort St-André,
Stadtkirche und Altarbild des
Enguerrand Quarton.*

Dass die Rhône einerseits trennenden,
andererseits verbindenden Charakter
hat, wird nirgendwo deutlicher als im
Gegenüber von Avignon und Villeneuve
(12 500 Einw.). Diese ›Neustadt‹ auf der
anderen Seite des Stromes war Aus-
weichquartier für den päpstlichen Hof,
drüben auf dem Land errichteten die
Kardinäle Villen und Sommerresidenzen,
die sog. **Livrées**. Andererseits war Villeneuve aber auch befestigter Vorposten
des französischen Königs gegenüber
dem päpstlichen Territorium – und bevor
die Päpste in Avignon residierten, gegenüber dem kaiserlichen Ausland.

So befestigt und bewacht denn der
›Turm Philipps des Schönen‹, die **Tour**

Philippe le Bel (Tel. 04 32 70 08 57, April–Sept. Di–So 10–12.30 und 14–18.30 Uhr, Okt./Nov., März Di–So 10–12, 14–17 Uhr), den damaligen Zugang zur Brücke. Der Turm entstand 1293–1307, kurz bevor der Papst nach Avignon zog. Die oberen Geschosse sind Hinzufügungen des 15. Jh.

Die **Église Notre-Dame** (April–Sept. Di–So 10–12.30 und 14–18.30 Uhr, Okt.–März Di–So 10–12.30 und 14–17 Uhr) mit ihrem schönen Kreuzgang erreicht man vom Turm über die Straße Montée de la Tour. Kardinal Arnaud de Via, der Neffe des Papstes Johannes XXII. und Bischof von Avignon, ließ sie 1333 auf dem Gelände seiner Livrée errichten. Die mehrfach veränderte Kirche mit ihrem wehrhaften Turm verfügt über bemerkenswerte Ausstattungsstücke, darunter das Grab des Kirchengründers (2. Kapelle links), das Gemälde ›Der hl. Bruno‹ von Nicolas Mignard sowie eine ›Kreuzigung‹ von Reynaud Levieux über dem Choreingang.

Die ›Marienkrönung‹ von Enguerrand Quarton aus der Kartause von Villeneuve ist die bedeutendste Kostbarkeit des interessanten **Musée Pierre-de-Luxembourg** (3, Rue de la République, Tel. 04 90 27 49 66. April–Sept. Di–So 10–12.30 und 14–18.30 Uhr, Okt.–Jan., März Di–So 10–12 und 14–17.30 Uhr) neben der Kirche. Es befindet sich im ehem. Palast des Kardinals Annibale Caetani de Ceccano, der im 14. Jh. erbaut und im 17. Jh. verändert wurde. Das große Retabel hat Quarton 1453/54 für die Grabkapelle Innozenz’ VI. in der Kartause geschaffen. Die monumentale hölzerne Altartafel (1,83 x 2,20 m) war 1835 von Prosper Mérimée im Sprechzimmer des Spitals entdeckt und als »sehr bemerkenswertes Gemälde des 15. Jh.« erkannt worden. Das Museum zeigt außerdem Gemälde des 17. Jh. von Philippe de Champaigne, Nicolas Mignard und Reynaud Levieux, die großteils aus der Kartause stammen, sowie Kostbarkeiten

Enguerrand Quartons ›Marienkrönung‹

Die Forschung hat einiges über Enguerrand Quarton herausbekommen. Er muss zwischen 1415 und 1419 im Bistum Laon in der Picardie geboren worden sein und ließ sich um 1440 in der Provence nieder. Seit 1447 ist der Maler in Avignon bezeugt. Wir wissen von zahlreichen **Aufträgen**, die er von Adeligen, Geistlichen und wohlhabenden Bürgern erhielt.

1889 machte der Domherr Requin im Notorarchiv von Vaucluse eine sensationelle Entdeckung: Er fand den **Kontrakt**, der 1453 zwischen dem Künstler und einem Kanoniker der Kirche St-Agricol in Avignon, Jean de Montagnac, über die ›Marienkrönung‹ geschlossen wurde. Damit waren nicht nur die Entstehungszeit und Urheberschaft des Bildes geklärt, sondern es wurde auch in exemplarischer Weise deutlich, wie detailliert die inhaltlichen und formalen **Vorgaben** waren, an die sich zu jener Zeit ein Künstler zu halten hatte. Nicht minder aufschlussreich ist allerdings, dass Quarton dies nur bedingt tat und manche Angaben seines Auftraggebers sehr eigenwillig und frei interpretierte. Im Falle der ›Marienkrönung‹ waren die eigentlichen Auftraggeber wohl die **Kartäuser**, die einen Weltgeistlichen, ihren Förderer und Vertrauten de Montagnac, eingeschaltet hatten.

Auf der großartigen Tafel sind himmlische und irdische Sphäre streng geschieden, die letztere macht lediglich ein Viertel des Ganzen aus. Ein kompliziertes **theologisches Programm** repräsentiert das Erlösungswerk – eine zentrale, vermittelnde Position zwischen Himmel und Erde nimmt dabei das Kreuz Christi ein, das von einem Mitglied des Kartäuserordens ehrfürchtig verehrt wird. Die Toten stehen aus ihren Gräbern auf und werden zur Seligkeit oder in die Verdammnis geführt. Engel, Propheten und Heilige umgeben die in Gold und Rot erstrahlende Szene der Aufnahme **Mariens** in den Himmel und ihre Krönung, mit der die Erlösung des Menschen ihre Vollendung erfährt. Maria ist eingebunden in die Sphäre des Göttlichen, die sich in der **Dreifaltigkeit** manifestiert. Vater und Sohn sind – dies ist eine vergleichsweise altertümliche Darstellungsweise – als völlig gleiche Personen wiedergegeben, ihre Münder durch die Schwingen des Heiligen Geistes verbunden.

aus dem Stiftsschatz von Notre-Dame, darunter eine höchst elegante Elfenbeinmadonna und eine doppelgesichtige Marienstatue aus Alabaster, beides Arbeiten des 14. Jh.

Anschließend bietet sich ein Rundgang durch die **Chartreuse Pontificale du Val de Bénediction** (Tel. 04 90 15 24 24, www.chartreuse.org, April–Sept. tgl. 9.30–18 Uhr, Okt.–März Mo–Fr 9.30–17, Sa, So 10–17 Uhr) an. Für die Kartause sollte man sich viel Zeit nehmen, denn sie ist das größte **Kartäuserkloster** Frankreichs und eine der großartigsten Klosteranlagen dieses Ordens überhaupt. Die Anlage, heute teilweise Ruine, ist eine Gründung des *Papstes Innozenz VI.*, der 1352 durch die überraschende Intervention des Kardinals Elie Talleyrand de Perigord gewählt wurde. Zuvor hatten die im Konklave versammelten Kardinäle den heiligmäßigen Ordensgeneral der Kartäuser, Jean Birelle, favorisiert. Es scheint, dass Innozenz sich aufgrund dieser Ereignisse zeitlebens dem Orden der Kartäuser besonders verbunden fühlte. Er wurde seinem Wunsch entsprechend in dem geliebten Kloster beigesetzt. Sein **Marmorgrabmal** befindet sich seit 1963 wieder am ursprünglich dafür vorgesehenen Ort im Chor des südlichen Schiffs der Kirche.

Der Neffe des Papstes, Kardinal Pierre Selva de Montirac, vergrößerte später die Anlage und legte einen dritten Kreuzgang, den Cloître St-Jean (1372), mit Wohnungen für weitere zwölf Mönche an. Während der Französischen Revolution wurde das Kloster aufgehoben und in mehreren Teilen verkauft, seine Bauten zerfielen, Einrichtung, Bibliothek, Kunstwerke und Kostbarkeiten wurden in alle Winde zerstreut. Erst im 20. Jh. begann man mit Wiederherstellungsarbeiten, heute befindet sich hier ein *Kulturzentrum*.

Der **Rundgang** durch die Klosteranlage führt durch die Kirche in den **Kleinen Kreuzgang** mit Kapitelsaal und anderen angrenzenden Gebäuden, in den Kreuzgang des Friedhofs, **Cloître du cimetière**, mit den einzelnen Eremitagen der Priestermönche, von denen einige als Gästewohnungen dienen, vorbei an den Gemeinschaftsräumen der Laienbrüder, an Krankenstation, Wäscherei und Ökonomiegebäuden zur Totenkapelle. Man sieht auch das Refektorium und die angrenzende **Kapelle** mit den italienischen Wandmalereien. Schließlich gelangt man zum großen **Cloître St-Jean** mit schönem, tempiettoartigem Brunnengebäude.

Faszinierend ist die funktionale Ästhetik der **Wohngebäude** der Mönche, denen es offensichtlich nicht an Komfort mangelte: Bis hin zum Gärtchen, zu Werkstatt und Terrasse war alles vorhanden, was das beschauliche Leben im täglichen Wechsel des ›ora et labora‹, im Rhythmus von Gebet und Arbeit, lebenswert machte – mal in konzentrierter Einsamkeit, mal eingebettet in das größere Ganze der Klostergemeinschaft.

Nun geht es hinauf zum in der 2. Hälfte des 14. Jh. durch Johann den Guten und Karl V. errichtete **Fort St-André** (Tel. 04 90 25 45 35, www.fort-saint-andre.monuments-nationaux.fr, April–Sept. tgl. 10–13 und 14–18 Uhr, Okt.–März tgl. 10–13 und 14–17 Uhr). Die Befestigungsanlage gewann ihre besondere strategische Bedeutung aus ihrer Nähe zu kaiserlichem und päpstlichem Territorium. Zyklopische Mauern schützen die Festung, die nur durch ein einziges mächtiges *Tor* zugänglich ist. Noch heute wird es jede Nacht verschlossen.

Innerhalb der Mauern befand sich einst ein Benediktinerkloster aus dem 12. Jh. Die Kapelle Notre-Dame-de-Belvézet hat sich erhalten, die Klostergebäude selbst sind in Privatbesitz und nicht zugänglich. Wunderschön ist aber ein Spaziergang durch die durchsonnten, duftenden Klostergärten **Les Jardins de l'Abbaye St-André** (Tel. 04 90 25 55 95, April–Sept. Di–So 10–12.30 und 14–18 Uhr, Okt.–März Di–So 10–12.30 und 14–17 Uhr) sowie der unvergleichliche *Blick* von den Höhen des Forts auf Avignon, die Berge des Lubéron und die Alpilles.

ℹ Praktische Hinweise

Information

Office de Tourisme, 1, Place Charles David, Villeneuve-lès-Avignon, Tel. 04 90 25 61 33, www.villeneuvelesavignon.fr

Hotel

****Le Prieuré**, Place du Chapitre, Villeneuve-lès-Avignon, Tel. 04 90 15 90 15, www.leprieure.com. Feines Hotel in einem Gebäude von 1322 mit Park, Terrasse und Restaurant.

Restaurant

Le St-André, 4 bis Montée du Fort St-André, Villeneuve-lès-Avignon, Tel. 04 90 25 63 23. Köstliche provenzalische Gerichte zu günstigen Preisen.

In den Garrigues –
auf den Spuren der Römer

Von Villeneuve-lès-Avignon ist es nicht weit zur kleinen Herzogsstadt **Uzès**, zum dreistöckigen **Pont-du-Gard** und zur heute wie zur Zeit der Römer bunten, belebten und geschäftigen Stadt **Nîmes**.

Keiner, der sich für die römische Geschichte, Architektur und Kunst interessiert, wird auf diesen Abstecher zur westlichen Seite der Rhône verzichten wollen, haben sich doch in Nîmes und im Tal des **Gardon** Bauwerke von einzigartigem Rang erhalten. Abgesehen davon lohnt ein Ausflug zum kristallklaren Gardon auch wegen der eindrucksvollen **Landschaft**. Die Berge südlich des Gardon tragen den Namen, der auch den Bewuchs dieser Gegend charakterisiert: **Garrigues** (oder Garigues) leitet sich ab von ›Garoulia‹, einer Eichenart, und bezeichnet die niedrigen Strauchheiden des Mittelmeerraumes mit ihren aromatischen, immergrünen Gewächsen, mit Lorbeer, Thymian, Rosmarin und Myrte, mit Steineichen und dem typischen, unaufhörlichen Gesang der Zikaden.

`24` Pont-du-Gard

Der Aquädukt versorgte die Römerstadt Colonia Augusta Nemausus (Nîmes) mit Trinkwasser.

In der Nähe von Uzès entspringt die *Eure*, deren Wasser die Römer über eine Leitung von 50 km Länge bis nach Nîmes führten, um die Bäder und Brunnen der Stadt zu versorgen. Das grandiose Ingenieurwerk gipfelt in einem Monument von faszinierender Kühnheit: dem gewaltigen **Aquädukt** Pont-du-Gard (südöstlich von Uzès an der D 981), das als Weltkulturerbe unter dem Schutz der UNESCO steht. Er führt die Wasser der Eure in einer Höhe von 49 m über das Tal des Gardon hinweg.

Die gesamte, hervorragend erhaltene Anlage entstand um die Mitte des 1. Jh. n. Chr. In drei übereinander angeordneten **Arkadenreihen** quert der Aquädukt das Tal, sechs je 22 m hohe Bögen von 6 m Spannweite tragen eine zweite Reihe aus 11 nur geringfügig kleiner dimensionierten Rundbögen, die dritte Arkadenreihe, die den eigentlichen **Kanal** trägt, besteht aus 35 kleinen Bögen. Der Bau wurde aus tonnenschweren Sandsteinblöcken ohne Mörtel zusammengefügt, Kragsteine dienten zum Anbringen der Gerüste. Die mit Platten überdachte *Was-*

Meisterleistung der Römer: der Aquädukt Pont-du-Gard führt das Wasser der Eure über das Tal der Gard hinweg

serrinne wurde im gesamten Verlauf des Aquädukts mit Zement abgedichtet – in späteren Zeiten hat man Teile der **Wasserleitung** demontiert. Das durchschnittliche Gefälle betrug 34 cm pro Kilometer, die Leistung ca. 20 000 m³ Wasser pro Tag. Benutzt wurde sie bis ins 9. Jh.

Alle Facetten des Pont-du-Gard erläutern mehrere **Ausstellungen** (Tel. 04 66 37 51 10, www.pontdugard.fr, Mai–Sept. Mo 14–19, Di–So 9.30–19 Uhr, Okt., März/April Mo 14–18, Di–So 9.30–18 Uhr, Nov.–Dez. Mo 14–17, Di–So 9.30–17 Uhr) in unmittelbarer Nähe. Von den Parkplätzen am linken Ufer des Gardon aus führt der Weg zunächst zum *Ludo*, dessen Präsentation speziell auf Kinder ausgerichtet ist. Anschließend kommt man zum Kino, in dem ein Film über das Aquädukt gezeigt wird. Im eigentlichen *Museum* kommen dann Erwachsene auf ihre Kosten. Von ihm geht es hinauf zum Aquädukt selbst. Der Blick von dort ist ebenso großartig wie das Erscheinungsbild des Bauwerks in der Landschaft. Wer nun noch Zeit hat, der sollte der z. T. freigelegten Wasserleitung auf einem archäologischen Wanderweg (ca. 7 km) folgen, um so die Funktion des Baus im Zusammenhang besser zu verstehen. Herrliche *Wandermöglichkeiten* hat man auch von **Collias**

aus (ca. 5 km oberhalb des Pont): Wandern zwischen Fluss und Felsen in einer traumhaft schönen Landschaft. Der Ort ist außerdem ein guter Ausgangspunkt zum Schwimmen und Kanu oder Kajak fahren.

ℹ️ Praktische Hinweise

Information

Office de Tourisme du Pont-du-Gard, Place des Grands Jours, Remoulins, Tel. 04 66 37 22 34, www.ot-pontdugard.com

Hotels

TOP TIPP ****Le Vieux Castillon**, 10, Rue Turion Sabatier, Castillon-du-Gard, Tel. 04 66 37 61 61, www.vieuxcastillon.com. Wunderschönes Hotel in mittelalterlichen Gebäuden in einem malerischen Bergstädtchen 4 km nördlich vom Pont. Mit Schwimmbad. Das Restaurant zählt zu den besten der Gegend (Anfang Jan.–Anfang März geschl.).

***Hôtel Le Gardon**, 9, rue de Campchesteve, Collias, Tel. 04 66 22 80 54, www.hotel-le-gardon.com. Ein gepflegtes Hotel mit Restaurant und Pool. Idealer Ausgangspunkt für Wanderungen und Radtouren in die Umgebung.

**Le Colombier, Pont du Gard, Rive droite, Remoulins, Tel. 04 66 37 05 28, www.lecolombierdugard.com. Angenehmes, ruhiges Hotel mit guter Ausstattung, Garten und Restaurant am rechten Flussufer.

25 Uzès

Romanischer Glockenturm und Herzogpalast sind die herausragenden Sehenswürdigkeiten der Altstadt.

Uzès (8000 Einw.) liegt auf einem steilen Kalkplateau, von dem der Fels schroff ins Tal des Alzon abfällt. Die Befestigungen der alten Herzogsstadt schleifte der König während der Religionskriege, statt ihrer folgen heute platanenbestandene Boulevards dem Verlauf des Mauerrings.

Geschichte Die Stadt Uzès geht wohl auf keltische Ursprünge zurück. Schon im 5. Jh. residierte ein Bischof in der Stadt. So lag es nahe, dass die Karolinger seit dem 8. Jh. auch ihre weltliche Herrschaft über die Region von diesem Ort aus ausübten. Auf diese Epoche führt das Geschlecht der *Herren von Uzès* seine Ursprünge zurück. Sie gewannen zum Ende des 15. Jh. durch geschickte Hochzeitspolitik an Einfluss und mehrten ihn sogar, während in ihrer Heimatstadt ab 1560 die *Reformation* gepredigt wurde, was in der Folgezeit zu schweren Konflikten zwischen Anhängern der alten und der neuen Lehre führte. Im Jahr 1632, nach der Degradierung und Hinrichtung des Herzogs von Montmorency, avancierte das Oberhaupt derer von Uzès gar zum Ersten Herzog Frankreichs, dem *1er Duc et pair de France.*

Vornehm zurückhaltend: Die Einrichtung der Duché von Uzès stammt aus dem 18. Jh.

Just zu jener Zeit, 1661–62, lebte auch der damals 22-jährige *Jean Racine* in Uzès. Seine Eltern hatten ihn zu seinem Onkel geschickt, der Generalvikar an der Kathedrale war, um ihn von seinem geliebten Theater fern zu halten und auf den Priesterberuf vorzubereiten. Schon bald verließ der junge Poet die provenzalische Kleinstadt und kehrte nach Paris zurück. In seinen Abschiedsversen dichtet er: »Adieu Uzès, Stadt der guten Küchen, wo zwanzig Speisewirte zu leben fänden, aber ein einziger Buchhändler verhungern müsste.«

Als nach der Französischen Revolution die Zahl der Bischofssitze drastisch reduziert wurde, verlor Uzès' Kathedrale ihre Funktion als Bischofskirche. Seither hat die Stadt einiges an Bedeutung eingebüßt, doch mit ihren Geschäften und Schulen ist sie bis heute ein zumindest regional bedeutendes Zentrum.

Besichtigung Die **Cathédrale St-Théodorit** in der Rue de l'Èvêche ist ein nüchterner, aber wohlproportionierter Bau des 17. Jh. Die Fassade wurde im 19. Jh. erneuert. Eine Kostbarkeit stellt die *Orgel* (18. Jh.) dar, deren Pfeifen sich während der Passionszeit hinter zwei bemalten Flügeln verbergen. Vom romanischen Vorgängerbau der Kathedrale, der in den Religionskriegen zerstört worden war, ist die außerordentlich elegant gegliederte und mit unterschiedlich gestalteten Fensteröffnungen geschmückte **Tour Fenestrelle** aus dem 12. Jh. geblieben. In ganz Frankreich gibt es keinen zweiten zylindrischen Glockenturm wie diesen.

Neben der Kathedrale befindet sich das *Ancien palais épiscopale* (17. Jh.). In diesem ehem. Bischofspalast zeigt heute das **Musée Municipal Georges Borias** (Tel. 04 66 22 40 23, Juli/Aug. Di–So 10–12 und 15–18 Uhr, März/Juni, Sept./Okt. Di–So 15–18 Uhr, Nov./Dez., Febr. Di–So 14–17 Uhr) heimatkundliche Sammlungen, darunter Keramik aus lokaler Produktion.

Zurück zu den Anfängen des Christentums führt die **Crypte** (Juli/Aug. Di–So 10–12 und 14–18 Uhr, sonst nach Vereinbarung mit dem Office de Tourisme) in der Rue Boucairie. Bei dieser sog. Krypta handelt es sich um eine Kultstätte aus dem 2. Jh. n. Chr.

Am nördlichen Rand des Stadtzentrums erhebt sich das Herzogsschloss **Le Duché d'Uzès** (Place du Duché, Tel. 04 66 22 18 96, www.duche-uzes.fr, Juli/Aug. tgl. 10–12.30 und 14–18.30 Uhr, Sept.–

Juni tgl. 10–12 und 14–18 Uhr), ein Konglomerat aus Bauten verschiedener Epochen. Die ältesten Teile gehen auf das 11. Jh. zurück, so die *Tour Bermonde*, einer der insgesamt drei Türme, die das Stadtbild von Uzès bestimmen. Die anderen sind der Kathedralturm und die Tour de l'Horloge (Uhrturm, 12. Jh.). Der Ausblick von der Tour Bermonde lohnt die Mühen des Aufstiegs (148 Stufen). Bemerkenswert ist die edle *Renaissancefassade* des Schlosses, die Philibert Delorme 1550 schuf. Die *Ausstattung* stammt aus den Epochen Louis XV. und Louis XVI.

Wir gelangen über die Rue Entre-les-Tours und die Rue Pélisserie zur arkadenumstandenen **Place aux Herbes**, die jeden Samstag vormittag von einem großen Markt belebt wird. Ihre Westseite säumt das Hôtel d'Aigalièrs aus dem 17. Jh. Weiter geht es zum Boulevard Rue St-Étienne, wo die **Église St-Étienne** mit romanischem Turm und einer im 18. Jh. hinzugefügten Fassade mächtig den Hang überragt.

Das **Musée du Bonbon Haribo** (Pont des Charrettes, Tel. 04 66 22 74 39, Juli/Aug. tgl. 10–19 Uhr, Sept.–Juni Di–So 10–13 und 14–18 Uhr) an der Pont des Charettes im Osten von Uzès schließlich informiert über die Produktion der berühmten Gummibärchen.

ℹ Praktische Hinweise

Information

Office de Tourisme, Place Albert 1er, Chapelle des Capucins, Uzès, Tel. 04 66 22 68 88, www.uzes-tourisme.com

Über den Dächern von Uzès: Eng und verwinkelt zeigt sich der alte Stadtkern

Hotel

***Hôtel d'Entraigues**, Place de l'Evêché, Uzès, Tel. 04 66 22 32 68, www.hoteldentraigues.com. Man wohnt und speist im wunderschönen Ambiente eines komfortablen Hôtel particulier des 15. Jh.

26 Nîmes   *Plan Seite 64*

Lebendige Stadt mit hervorragend erhaltenen römischen Denkmälern.

Nîmes (137 000 Einw.), die Hauptstadt des Départements Gard, war ursprünglich der Hauptort eines keltischen Stammes. Die römische **Colonia Augusta Nemausus** wurde unter Augustus (31 v. Chr.–14 n. Chr.) Altersruhesitz für die Veteranen seiner Siege über Antonius und Kleopatra in Ägypten. An sie erinnert noch heute das *Stadtwappen*, ein an eine Palme gekettetes Krokodil. Franz I. (1515–47), der Nîmes dieses Wappen verlieh, hat die Stadt nach Phasen des Niedergangs entscheidend gefördert und damit einen *Aufschwung* eingeleitet, der bis in die Gegenwart anhält.

Im 5.–8. Jh. versuchten die Westgoten, in ihren Ländern westlich der Rhône die christliche Lehre des *Arianismus* einzuführen, im 13. Jh. ergriff die Stadt Partei für die Albigenser, bis sie Simon de Montfort zur Kapitulation zwang. 1389 wurden die *Juden* vertrieben, die seit dem 8. Jh. eine wichtige ökonomische und kulturelle

Rolle gespielt hatten. Viele von ihnen fanden im Comtat der Päpste Zuflucht.

Schließlich war Nîmes im 16. Jh. das Zentrum der *Reformation* im französischen Süden. Entsprechend hart hatte es häufig unter Verfolgungen und Zerstörungen zu leiden, die erst mit der Französischen Revolution ihr Ende fanden.

Seit den 1980er-Jahren investierte die Stadt viel Geld in moderne Architektur, so durfte Stararchitekt Philippe Starck eine Bushaltestelle an der Avenue Carnot/Ecke Rue Notre Dame gestalten, Jean Nouvel schuf den Apartmentblock Némaus (14, Rue Vistre im Süden der Altstadt) und Norman Foster das Museum Carré d'Art.

Der Nordwesten und das Zentrum

Die über den Pont-du-Gard geführte römische Wasserleitung erreicht Nîmes am **Castellum divisorium** ❶ zwischen Boulevard Gambetta und Rue Rouget de L'Isle. Von hier aus wurde das Wasser in die verschiedenen Stadtteile geleitet – die Anlage ist ein einzigartiges Zeugnis antiker Ingenieurkunst. 1687 wurde über dem Castellum eine Zitadelle erbaut, um das protestantische Nîmes zu sichern. Auf dem Weg nach Süden passiert man die **Maison natale d'Alphonse Daudet** ❷, das Geburtshaus des Dichters. Es ist heute in Privatbesitz und kann nicht besichtigt werden. Östlich davon gelangt man

zur **Porte d'Arles** ❸, auch Porte d'Auguste genannt, eines der beiden römischen *Stadttore*. Es ist in seinem unteren Bereich hervorragend erhalten – der Aufbau allerdings und die beiden flankierenden Türme fehlen. Zwei große Bögen sind für den Verkehr der Wagen in je eine Richtung vorgesehen, sie werden flankiert von niedrigeren Durchgängen für die Fußgänger. Die Mauertechnik ist ähnlich wie beim Pont-du-Gard [Nr. 24]. Große, präzise geschnittene Blöcke wurden ohne Mörtel an- und aufeinandergefügt. Die Inschrift konnte rekonstruiert werden: »Imperator Caesar Augustus (…) schenkt Tore und Mauern der Stadt«. Diese bemerkenswerte Schenkung des großen Wohltäters von Nîmes fand in den Jahren 16–15 v. Chr. statt.

Wir folgen dem Boulevard Amiral Courbet und gelangen zur **Chapelle des Jésuites** ❹. Die 1673–78 erbaute Kirche dient heute als Aula für Vorträge, Ausstellungen und Konzerte. Der durch die Tradition des Ordens bedingte italienische Einschlag ist an der dem römischen Barock verpflichteten *Fassade* zu erkennen. Nebenan zeigt das **Musée archéologique** (13, Boulevard Amiral Courbet, Tel. 04 66 76 74 80, Di–So 10–18 Uhr) seine Sammlungen, die interessante Einblicke in die prähistorische und antike Vergangenheit der Region vermitteln. Sein Gebäude diente einst als Jesuitenkolleg. Er-

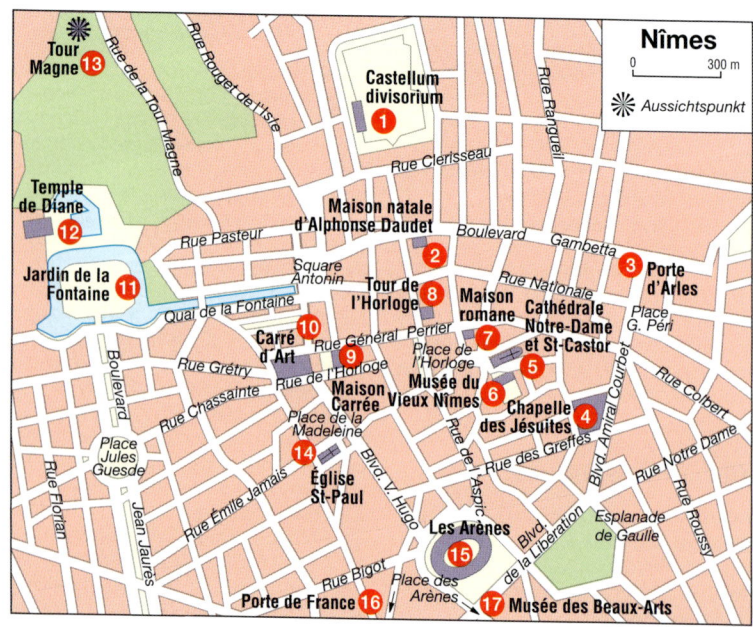

Glanzstück der Antike: Die Maison Carrée gilt als der besterhaltene römische Tempel

baut zwischen 1670 und 1743, ersetzte es ein älteres, von Franz I. gegründetes Institut mit paritätischer Besetzung – die eine Hälfte des Lehrkörpers war katholisch, die andere protestantisch.

Von hier aus ist es nicht weit zum *Zentrum* der mittelalterlichen Stadt mit der **Cathédrale Notre-Dame et St-Castor** ⑤ (So nachmittag geschl.) an der Place aux Herbes. Sie geht auf das 12. Jh. zurück – aus dieser Zeit stammen noch Teile der *Westfassade* mit interessanten Figurenfriesen –, ist aber in ihrer heutigen Substanz größtenteils das Resultat von Rekonstruktionsversuchen des 19. Jh. Im nahe gelegenen **Musée du Vieux Nîmes** ⑥ (Place aux Herbes, Tel. 04 66 76 73 70, Di–So 10–18 Uhr) kann man die Studien über die wechselhafte Geschichte der Stadt anhand von Dokumenten, Bildern, Gebrauchsgegenständen und Möbeln vertiefen.

Hier im Herzen der Altstadt stehen sehenswerte historische Bauten. In der Rue Madeleine Nr. 1 hat sich eine **Maison romane** ⑦ erhalten, in der Rue des Marchands steht ein prächtiges Renaissance-Palais (Nr. 17) neben einem spätgotischen Gebäude (Nr. 15), in der Rue de l'Aspic Nr. 14 aus dem 17. Jh. verdient das prunkvolle Treppenhaus Beachtung. Auch die **Tour de l'Horloge** ⑧ an der Place de l'Horloge wird man nicht übersehen, die eine späte Rekonstruktion (18. Jh.) des mittelalterlichen Stadtturms ist.

TOP TIPP Entlang der Rue de l'Horloge gelangen wir geradewegs zur **Maison Carrée** ⑨ (Tel. 04 66 67 81 99, www.

arenes-nimes.com, Juni–Aug. tgl. 10–19 Uhr, März 10–18.30 Uhr, April/Mai, Sept. tgl. 9–19 Uhr, Okt. 10–13 und 14–18.30 Uhr, Jan./Febr., Nov./Dez. tgl. 10–13 und 14–16.30 Uhr) an der Place de la Maison Carrée, einem Tempel aus augusteischer Zeit. Seinen außergewöhnlich guten Erhaltungszustand verdankt das wunderschöne Bauwerk seiner Nutzung zu verschiedensten Zwecken. Es war u. a. Rathaus, Pferdestall und Kirche und wurde schon im 19. Jh. gründlich restauriert. Die Maison Carrée, ursprünglich im Zentrum der Römerstadt gelegen und von Wandelhallen umgeben, war Teil des großzügig angelegten *Forums*. Die heute nicht mehr vorhandene Weihinschrift am Giebel wies sie als Heiligtum aus, das zu Ehren

Vor den Mauern des Amphitheaters Les Arènes laden Straßencafés zur Rast ein

der Enkel und Adoptivsöhne des Kaisers Augustus errichtet wurde. Diese Widmung erlaubt eine Datierung um Christi Geburt. Der Bau gilt als der besterhaltene römische Tempel überhaupt. Mittlerweile wird in seinem Inneren eine **3-D-Schau** zur Geschichte Nîmes gezeigt.

TOP TIPP Kunstbegeisterte zieht es gegenüber ins **Carré d'Art** ❿ (16, Place de la Maison Carree, Tel. 04 66 76 35 70, Di–So 10–18 Uhr), Frankreichs ersten Museumsbau für zeitgenössische Kunst außerhalb von Paris. Demonstrativ wird hier die *Gegenwartskunst* neben die Hinterlassenschaft der *Antike* gestellt. Der englische Stararchitekt *Norman Foster* spielt mit der filigranen glasdominierten Vorhalle der 1993 eröffneten Anlage auf das Architekturkonzept der Maison Carrée an. Neun Etagen, davon fünf unter der Erde, beherbergen Bibliothek und Museum. Die Sammlung konzentriert sich auf die Kunst des Mittelmeerraums. Schwerpunkte bilden die Werke der Neuen Realisten Yves Klein, César, Martial Raysse sowie Arbeiten von Tinguely oder Sigmar Polke. Skulpturen renommierter Gegenwartskünstler finden sich auch an markanten Stellen der Stadt.

Von hier lohnt ein Abstecher über den **Quai de la Fontaine** zu den zauberhaften Anlagen des **Jardin de la Fontaine** ⓫ (April–Sept. tgl. 9–19 Uhr, Okt.–März tgl. 10–17 Uhr) westlich des Stadtzentrums, die den Abschluss des prächtigen Boule-

Oben: *Die Arkaden der Arena von Nîmes bieten einen prächtigen Anblick*
Links: *Inmitten der Tour Magne schraubt sich die Treppe empor*

vard Jean Jaurès bilden. Der von Jacques-Phillipe Marechal ab 1745 am Fuß des Mont Cavalier angelegte *Park* birgt die berühmte **Quelle**, die der Ursprung der keltischen Stadt war. In römischer Zeit befanden sich hier u. a. Theater, Tempel und Thermenanlage. Erhalten haben sich von den zahlreichen Bauten allein die Reste des **Temple de Diane** ⓬. Er zeichnet sich durch eine eigenartige, tonnengewölbte Architekur von bemerkenswerter Qualität aus.

Auch die polygonale **Tour Magne** ⓭ (Tel. 04 66 21 82 56, www.arenes-nimes.com, Juni–Aug. tgl. 9.30–19 Uhr, April/Mai tgl. 9.30–18.30 Uhr, Sept. tgl. 9.30–13 und 14–18.30 Uhr, März, Okt. tgl. 9.30–13 und 14–18 Uhr, Nov.–Jan. tgl. 9.30–13 und 14–16.30 Uhr), eine Turmruine auf der Höhe des Hügels mit herrlicher Aussicht, stammt aus augusteischer Zeit. Sie sollte wohl die Stadtbefestigung verstärken, möglicherweise diente sie auch als Signalturm. Über den Boulevard Victor Hugo gelangt man vorbei an der **Église St-Paul** ⓮ aus dem 19. Jh. zur Arena.

Les Arènes

Das antike Amphitheater **Les Arènes** ⓯ (Place des Arènes, Tel. 04 66 21 82 56, www. arenes-nimes.com, Juni–Aug. tgl. 9–19

Uhr, April/Mai, Sept. tgl. 9–18.30 Uhr, März, Okt. tgl. 9–18 Uhr, Nov.–Febr. tgl. 9.30–17 Uhr, an Veranstaltungstagen geschl.) ist auch heute noch voll Leben. Neben Konzerten und anderen Darbietungen finden hier *Stierkämpfe* (Reservierung: 4, Rue de la Violette, Tel. 08 91 70 14 01, www.arenes denimes.com) statt, z. B. während der Pfingst- sowie der Weinlese-Feria im September, und zwar nicht die unblutigen, die in Südfrankreich Tradition haben, sondern solche spanischen Stils, die mit der Tötung des Stiers enden [s. S. 68]. Im Winter ist die Arena überdacht: Eine aufblasbare doppelwandige Membran mit Außenstahlring macht's möglich.

Die **Amphitheater** wurden grundsätzlich an den Rand der Städte gebaut, um so nach den beliebten Gladiatoren- und Tierkämpfen die anfallenden Leichen und Kadaver bequemer ›entsorgen‹ zu können. Unter den 70 erhaltenen römischen Amphitheatern nimmt die Arena von Nîmes der Größe nach lediglich den 20. Platz ein. Immerhin misst sie 131 x 100 m und fasst 21 000 Zuschauer. Das System ihrer Gänge und Ränge ist so angelegt, dass eine Füllung und Entleerung des Zuschauerovals in kürzester Zeit möglich ist. Imponierend ist die gleichmäßige Reihung der Arkaden im Außenbereich. Man beachte jedoch die feine Differenzierung der Bogenreliefs und die unterschiedlichen Gliederungselemente. Im Erdgeschoss werden die Bögen durch Wandpfeiler getrennt, im Obergeschoss durch mit der Wand verbundene Säulen. Oben am Gesims sind an einigen Stellen noch die Konsolen zu erkennen, an denen Stangen für die Sonnensegel befestigt wurden.

Im Mittelalter war das Amphitheater – wie viele andere – zu einer **Festung** um- und ausgebaut worden. 700 Menschen lebten damals innerhalb ihrer Mauern, es gab eine Ritterburg und zwei Kapellen. Das heutige Aussehen der Arena ist das Ergebnis ihrer **Auskernung** im 19. Jh.

Der Süden

Unweit der Arena, an der Ecke Rue de St-Gilles und Rue de la République, befindet sich das zweite erhaltene römische Stadttor von Nîmes, die **Porte de France** 16 , die aus einem einzigen großen Bogen besteht. Sie stammt ebenfalls aus der Zeit des Augustus; der Name leitet sich von einer alten Inschrift zu Ehren des französischen Königs ab, die im 17. Jh. das Tor schmückte. Die parallel verlaufende Rue Cité-Foulc führt von der Arena zum **Musée des Beaux-Arts** 17 (Rue Cité Foulc, Tel. 04 66 67 38 21, Di–So 10–18 Uhr), das neben einem eindrucksvollen römischen Mosaik Malerei der französischen, italienischen, flämischen und holländischen Schulen des 15.–19. Jh. zeigt – u. a. Gemälde von Giambono, Bassano, Rubens, Seghers, de Troy und Delaroche.

Ausflug

10 km südwestlich von Nîmes, erreichbar über die D 40, liegt das vermutlich in der

Von Gladiatoren und Stieren

In der Römerzeit kämpften in den Arenen Tiere gegeneinander, Menschen gegen Tiere und Menschen gegen Menschen. Die Größe der Bauwerke zeigt, welche Faszination von den blutrünstigen Schauspielen ausgegangen sein muss. Ein Orchester oder eine Orgel spielte zu diesen Volksbelustigungen auf, und Räucherpfannen sorgten für Wohlgeruch.

Mit dem Ende der Römerherrschaft und der Erstarkung des christlichen Glaubens um 404 wurden die Gladiatorenkämpfe verboten. Die gewaltigen

Amphitheater, soweit sie erhalten blieben wie etwa in **Arles** und **Nîmes**, änderten ihre Funktion, sie wurden zu **Burgen** ausgebaut. Nachdem man sie im 19. Jh. wieder in ihren ursprünglichen Zustand zurückversetzt hatte, fand man mit der Aufführung von **Stierkämpfen** eine Nutzung, die an die römische Tradition anknüpfte und sich kaum geringerer Beliebtheit als diese erfreute. Den ersten Stierkampf führte man 1853 durch.

Heute finden in Arles und Nîmes regelmäßig **Corridas**, Stierkämpfe spanischen Stils, statt. Tausende kommen Jahr für Jahr zur Oster-Feria **TOP TIPP** nach Arles und zu **La Fête des Vins** oder Pfingst-Feria nach Nîmes, wo die Weinlese mit Corridas in der Arena gefeiert wird. Von Juli bis September stehen in Arles Stierkämpfe spanischer und **provenzalischer** Tradition auf dem Programm. Die letzteren sind auch in anderen provenzalischen Städten beliebt, insbesondere an der Küste. Sie unterscheiden sich von den düster-rituellen Corridas durch ihren heiteren Volksfestcharakter. Junge Burschen setzen Witz und Geschicklichkeit gegen die Kraft des Stieres, der gejagt und gereizt, nicht aber verletzt und getötet wird. Ziel ist es, Kokarden, die dem Stier zuvor an die Hörner gebunden worden waren, zu entwenden.

In Nîmes' Arena präsentiert die Ausstellung *Couleurs des Corridas* Bilder und vor allem ausgesprochen farbenfrohe Kostüme zur Tradition des Stierkampfs.

Zeit um 800 v. Chr. entstandene keltische **Oppidum de Nages**, eines von mehreren Oppida, die der römische Gelehrte Plinius d. Ä. in seinen Reiseberichten erwähnt. Die Ausgrabungen zeigen Grundmauern von Reihenhäusern und Reste von Befestigungsanlagen. Funde und Modelle zeigt im benachbarten Nages das **Musée archéologique** (Tel. 04 66 35 05 26, Besichtigung auf Anfrage) im 1. Stock des Bürgermeisteramtes (Mairie).

ℹ **Praktische Hinweise**

Information

Office de Tourisme, 6, Rue Auguste, Nîmes, Tel. 04 66 58 38 00, www.ot-nimes.fr

Märkte

Wochen- und **Antiquitätenmarkt** (Mo), Bd. Jean Jaurès; **Biomarkt** (Fr), Bd. Jean Jaurès; **Blumenmarkt** (Mo), **Flohmarkt** (So), Parkplatz am Stade des Costières.

Hotels

****Vatel**, 140, Rue Vatel, Nîmes (4 km nördlich), Tel. 04 66 62 57 57, www.hotelvatel.com. Komfortables Haus mit Garten und hervorragendem Restaurant.

***New Hôtel la Baume**, 21, Rue Nationale, Nîmes, Tel. 04 66 76 28 42, www.new-hotel.com. Schönes Hôtel particulier in der Altstadt.

****Amphithéâtre**, 4, Rue des Arènes, Nîmes, Tel. 04 66 67 28 51. Preiswert, zentral und gut.

Plateau de Vaucluse – malerische Städtchen, uralte Dörfer und die Farbe Ocker

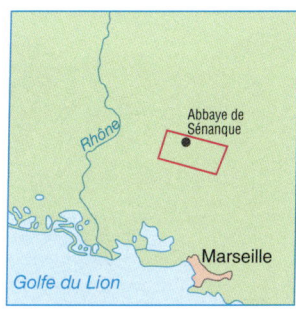

Das Bergland des **Plateau de Vaucluse** besteht aus mächtigen Kalkschollen. Es erhebt sich östlich der Rhône zwischen den Tälern der Nesque und dem Coulon. Sanfte Höhenzüge und weite **Ebenen**, kleine verträumte Täler mit kristallklaren Wasserläufen, duftende Lavendelfelder, malerische Städtchen und uralte Dörfer machen diese liebliche Landschaft zu einem Kleinod von besonderer Schönheit. Inbegriff eines provenzalischen Dorfes ist **Gordes** auf seiner Anhöhe, und **Roussillon**, Zentrum der Ockerverarbeitung, hat unter Künstlern einen magischen Klang. Der Name Vaucluse leitet sich übrigens von ›vallis clausa‹ ab und besagt soviel wie ›verschlossenes Tal‹.

27 L'Isle-sur-la-Sorgue und Fontaine-de-Vaucluse

Mittelalterliche Städtchen und die Quelle der Sorgue mit bisher unerforschten Tiefen.

Die für die Provence typischen platanengesäumten Straßen führen ins ›Landesinnere‹. **Le Thor** an der Sorgue, ein Zentrum des Obst- und Gemüseanbaus, noch in der Ebene gelegen, ist ein pittoresker Ort mit Resten der mittelalterlichen Befestigung, einem *Stadtturm* (Beffroi) und einer romanischen *Kirche* aus dem 13. Jh. Antikisierende (Portale) und lombardische Einflüsse (Apsiden) verbinden sich zu einem eindrucksvollen Ensemble. Das dunkle Kirchenschiff wird von einer frühen gotischen Tonne überwölbt.

Von Thor bietet sich ein Abstecher zur 1902 entdeckten, 3 km nördlich an der D 16 liegenden **Grotte de Thouzon** (Tel. 04 90 33 93 65, www.grottes-thouzon.com, April–Okt. tgl. 10–12 und 14–18 Uhr, Besichtigung nur im Rahmen einer Führung) an, die für ihre nadelfeinen Stalaktiten und farbigen Tropfsteinformen berühmt ist.

Die Église Notre-Dame-des-Anges in L'Isle-sur-la-Sorgue schmücken wertvolle Gemälde

Die Sorgue treibt bis heute manches Wasserrad in Fontaine-de-Vaucluse an

Am Fuß des Plateaus liegt **L'Isle-sur-la-Sorgue** mit seinen Brücken und Wasserrädern. Sie sind Relikte aus der Zeit, als das ansässige Handwerk – Webereien, Färbereien, Papier-, Getreide- und Ölmühlen – die Wasserkraft der Sorgue nutzte. Im Zentrum des von mehreren Armen des Flusses kühl umströmten, von Platanen beschatteten Städtchens, an der Place de la Liberté, befindet sich die *Église Notre-Dame-des-Anges*. Bemerkenswert ist die reiche Ausstattung aus dem 17. Jh. Wertvolle Gemälde von Mignard, Auvan, Vouet und Parrocel wetteifern mit kostbaren Schnitzereien. Im *Chor* bildet ein Himmelfahrts-Retabel von Reynaud Levieux den dominierenden Blickpunkt. Auffallend sind die in der Provence seltenen Kreuzrippengewölbe. Sie stammen wie das gesamte Langhaus der Kirche zwar erst aus dem 17. Jh., verweisen aber auf den Ursprung des Bauwerks, dessen Chor im 15. Jh. errichtet wurde.

Auch das Hospital, das *Hôtel de Dieu* (Rue Jean Théophile), am Sorgue-Ufer ist sehenswert. Es enthält schöne Ausstattungsstücke des 17./18. Jh., doch nur die Kapelle kann besichtigt werden.

In **Fontaine-de-Vaucluse** schließlich bietet sich ein eindrucksvolles Naturschauspiel: Am Fuße eines kahlen Felsens tritt die Sorgue als mächtige Karstquelle zutage. Die höhlenkundliche Ausstellung *Le Monde Souterrain* (Chemin de la Fontaine, Tel. 04 90 20 34 13, tgl. 11–12 und 14–18 Uhr) zeigt interessante geologische Funde, die der Höhlenforscher Norbert Casteret zusammengetragen hat. In der benachbarten Papiermühle *Moulin a Papier* (Chemin de la Fontaine, Tel. 04 90 20 34 14, www.vallis-clausa.com, Sept.–Juni 9–12.30 und 14–17.30 Uhr, Juli/Aug. 9–19.25 Uhr) zerkleinern von einem großen Wasserrad angetriebene Klöppel mit scharfen Messern Stoffreste zu einer weißen Masse, aus der nach traditionellem Verfahren handgeschöpftes Papier entsteht. Ein großartiges, wenn auch teures Mitbringsel.

Provenzalische Santons, Krippenfiguren, präsentiert das *Musée du Santon* (Place de la Colonne, Tel. 04 90 20 20 83, tgl. 10–18 Uhr) am Marktplatz von Fontaine-de-Vaucluse. Das *Musée bibliothèque Pétrarque* (Rive gauche de la Sorgue, Tel. 04 90 20 37 20, www.musee-du-santon. org, Mi–Mo 10–12 und 14–18 Uhr) im Zentrum erinnert an den 16-jährigen Aufenthalt Petrarcas. Der damals 33-jährige italienische Dichter *Francesco Petrarca* zog sich im Jahr 1337 nach Fontaine zurück, um sich dort ungestört seiner Dichtkunst hingeben zu können.

Von Fontaine führt ein halbstündiger Spaziergang zur Ruine der *Bischofsburg* von Cavaillon. Von dort bietet sich eine wunderschöne Aussicht auf den Ort. Ein Erlebnis ist auch eine Fahrt von Fontaine mit dem gemieteten *Kajak* auf der gemächlich fließenden Sorgue nach L'Isle-sur-la-Sorgue (oder umgekehrt).

Praktische Hinweise

Information

Office de Tourisme, Place de la Liberté, L'Isle-sur-la-Sorgue, Tel. 04 90 38 04 78

Office de Tourisme, Chemin du Gouffre, Fontaine-de-Vaucluse, Tel. 04 90 20 32 22, www.oti-delasorgue.fr

Märkte

L'Isle-sur-la-Sorgue: Markt (So) in der Altstadt, außerdem mehrtägige Trödelmärkte an Ostern und Pfingsten.

Hotel

**Cantosorgue, Cours Ferdinand Peyre, L'Isle-sur-la-Sorgue, Tel. 04 90 20 81 81, www.hotel-cantosorgue.com. Gutes, behindertengerechtes Hotel mit Schwimmbad, stimmungsvoll an einem Seitenarm der Sorgue gelegen.

Restaurants

La Prévoté, 4, Rue J.-J. Rousseau, L'Isle-sur-la-Sorgue, Tel. 04 90 38 57 29, www.la-prevote.fr. Ausgezeichnetes Restaurant mit Garten (Di/Mi geschl.).

Mas de Cure Bourse, 120 Chemin de la Serre, 3 km südöstlich von L'Isle-sur-la-Sorgue, Tel. 04 90 38 16 58, www.mas decurebourse.com. Ausgezeichnetes Restaurant mit Garten, Pool und schöner Aussicht (Mo geschl.).

Philip, Chemin Fontaine, Fontaine-de-Vaucluse, Tel. 04 90 20 31 81. Gutes Restaurant mit Garten am Fuß der Kaskade (Okt.–März geschl.).

28 Abbaye de Sénanque

 Zisterzienserkloster im Tal der Sénancole.

Vorbei an Gordes führt der Weg aufs Plateau de Vaucluse. Von der Straße (D 177) aus erblickt man die Abtei: einen leuchtenden Kristall unten im Tal, umgeben von Lavendelfeldern. Sénanque verkörpert – zusammen mit den beiden anderen provenzalischen Zisterzienserklöstern Silvacane und Le Thoronet – die Baukunst der provenzalischen Zisterzienser in denkbar reinster Ausprägung.

Geschichte 1090 gründete Robert von Molesme das benediktinische Reformkloster Cîteaux in Burgund. Der Zulauf hielt sich in Grenzen, bis 1112 der charismatische **Bernhard von Clairvaux** die ›Jeunesse dorée‹ seiner Generation für das neue Ideal gemeinsamer Spiritualität mobilisierte. Bereits zu seinen Lebzeiten gab es in Europa über 300 Zisterzienserklöster; kurz vor der Reformation waren es über 700. Hinzu kamen an die 900 Abteien der Zisterzienserinnen. Im Gegensatz zu den Benediktinern ließen sich die Zisterzienser in den Tälern nieder, lehnten jeden architektonischen und skulpturalen Prunk ab, verzichteten auf hohe Türme, farbige Ausmalungen ihrer Kirchen und bunte Glasfenster. Der Orden war straff organisiert und zentralisiert, jede Gründung wurde durch ein Mutterkloster betreut. Das letzte Wort hat bis heute die ›Zentrale‹ in Cîteaux.

Großartige Eremitage der Zisterzienser in einem stillen Tal: Abbaye de Sénanque

Malerisches Felsennest: Gordes ist wegen sei-
ner schönen Lage ein beliebtes Fotomotiv

So auch im Fall von Sénanque. Das Kloster wurde 1148 auf Initiative des Bischofs von Cavaillon durch Mönche aus Mazon im Vivarais gegründet. Im ehem. Refektorium geben Karten und Stammbaum genauere Auskunft. 1544 wurde die Abtei von den Waldensern zerstört, in der Französischen Revolution schließlich aufgehoben. Dreimal, 1854, 1926 und zuletzt 1988 kehrten die Mönche zurück, sodass heute wieder eine kleine Gemeinschaft im Kloster lebt.

Besichtigung Die sehenswerte **Klosteranlage** (Tel. 04 90 72 05 72, www.senanque.fr, Führungen auf französisch auf Anmeldung, Äußeres stets zugänglich) folgt präzise dem funktionalen Plan, der

Archaische Impressionen: Steinhütten in
uralter Bauweise im Village des Bories

für alle Klöster des Ordens verbindlich ist. Um einen **Kreuzgang** – den Bereich des Durchgangs und der Begegnung – sind die einzelnen Räume mit ihren unterschiedlichen Funktionen gruppiert. Der Rundgang beginnt im **Dormitorium** im Obergeschoss, dem Schlafsaal der Mönche. Über die große Treppe zogen sie Nacht für Nacht zum liturgischen Gesang in den Chor der **Kirche**. Diese ist eine Pfeilerbasilika mit Spitztonne im Mittelschiff und Halbtonnen in den Seitenschiffen, mit polygonaler Vierungskuppel (darüber der Dachreiter), Querschiff und fünf halbrunden Apsiden.

Der Kreuzgang führt zum **Kapitelsaal**. Nicht von ungefähr liegt dieser ›zweithöchste‹ in der Rangliste der Räume der Kirche am nächsten. Hier versammelte sich jeden Morgen die Mönchsgemeinde. Der Abt las und erläuterte ein Kapitel aus der Ordensregel und verteilte die anstehenden Arbeiten, hier wurden auch Ordensgelübde abgelegt und Verstöße gegen die Regeln geahndet. Es folgen der einzige heizbare Raum, die Latrinen über dem Bach im Obergeschoss, das **Refektorium** sowie die **Wirtschaftsgebäude**. Diese Bauten stammen fast alle aus dem 12. Jh.

29 Gordes und Village des Bories

Prähistorische Wohnungen und
neue Kunst im alten Schloss.

Das mittelalterliche Gordes (2200 Einw.), herrlich auf einem Hügel über dem Tal des Coulon gelegen, zählt mit seinen gepflasterten Gassen und kleinen Häuser zu den beliebtesten Dörfern der Provence. Ein *Château* aus dem 16. Jh. überragt den Ort. Dort befindet sich ein **Museum** (tgl. 10–12 und 14–18 Uhr) für den Künstler Pol Mara. Nahebei steht die einst romanische, im 18. Jh. aber umgebaute Kirche *Notre Dame*. Zwischen ihr und Gordes' Belvedere geht es hinab in die Unterwelt. Unter dem **Palais Saint Firmin** (www.cavessaintfirmin.com, Mai–Sept. Mi–Mo 11–19 Uhr) erstreckt sich – wie unter vielen anderen Häusern provenzalischer Bergdörfer – ein ausgedehntes Höhlensystem, das die Menschen einst errichteten, um Lagerraum und Werkstätten zu gewinnen.

 Etwa 2 km südlich des Ortes ist das Freilichtmuseum **Village des Bories** (Tel. 04 90 72 03 48, tgl. 9 Uhr bis

Sonnenuntergang) einen Besuch wert. Man erreicht es über die D 15. Wo sie auf die D 2 stößt, führt rechts ein ausgeschilderter Weg zu diesem in den 1960er-Jahren wieder hergestellten Dorf, das möglicherweise auf keltische Ursprünge zurückgeht. Vom Typus her repräsentieren die in der Provence zu findenden **Bories** eine elementare, seit prähistorischer Zeit unverändert praktizierte Bauweise. Höhlenartige Hütten werden aus ›trocken‹ – d. h. ohne Mörtel – übereinander geschichteten, sich konzentrisch nach oben verjüngenden Steinringen gebildet, sodass ein sog. *falsches Gewölbe* entsteht. Es gibt solche urtümlichen Bauten im ganzen Mittelmeerraum. In Apulien heißen sie Trulli, auf Sardinien Nuraghen.

Praktische Hinweise

Information

Office de Tourisme, Place du Château, Gordes, Tel. 04 90 72 02 75, www.gordes-village.com

Hotels

****La Bastide de Gordes**, Route Combe, Gordes, Tel. 04 90 72 12 12, www.bastide-de-gordes.com. Historisches Palais, elegant eingerichtet, mit Swimmingpool und Blick auf den Lubéron.

Das kahle Massiv des Mont Ventoux erhebt sich weit hinter Roussillon

***Le Mas des Romarins**, Route de Sénanque, Gordes, Tel. 04 90 72 12 13, www.hoteldesromarins.com. Komfortables Hotel mit Pool (Jan.–Mitte März geschl.).

Auberge de Carcarille, an der D2 zwischen Gordes und Les Sauvestres, Tel. 04 90 72 02 63, www.auberge-carcarille.com. Der Blick von den Balkonen geht direkt ins Grüne, die Einrichtung ist dezent französisch.

Restaurants

Les Cuisines du Château, Place du Château, Gordes, Tel. 04 90 72 01 31. Gutes Restaurant mit Garten.

L'Estellan, an der D2, Montée de Gordes, Les Imberts, Tel. 04 90 72 04 90, www.restaurant-estellan.com. Provenzalische Kochkunst, frisch auf den Tisch.

30 Roussillon

Der Ort des Ockers.

Bezaubernd ist die Lage von Roussillon (1300 Einw.) auf den Hügeln zwischen dem Plateau de Vaucluse und dem Coulon (östlich von Gordes), fantastisch die Aussicht von der Felsnase des einstigen **Castrum** (Rue de l'Arcade, vorbei an der Kirche; Orientierungstafel) zum Mont Ventoux und zu den Bergen des Lubéron. Und auch das Erscheinungsbild des ma-

Einzigartige Leuchtkraft: Ocker von Roussillon hat als Farbstoff eine lange Tradition

Steinzeitfarben

Faszinierend ist, wenn im Morgen- oder Abendlicht die Ockerfelsen aufglühen, die das Dorf Roussillon umgeben. Schon immer hat man hier Ocker abgebaut, bereits die Steinzeitmenschen verwendeten diesen Farbstoff für ihre Höhlenmalereien.

Ocker besteht aus einer Mischung von Tonerde und Eisenoxid. Je nach der Proportionierung der Anteile entsteht ein breites Farbspektrum, das von hellem Gelb – der Name leitet sich von der griechischen Farbbezeichnung her – bis Rostrot reicht. Das im Tagebau abgetragene Mineral wird zunächst zerkleinert und in Klärbecken ausgewaschen, die Ballaststoffe werden entfernt, und das so gewonnene **Pigment** wird nun getrocknet, gründlich zermahlen und gebrannt, wobei sich je nach Dauer und Temperatur weitere Farbnuancen herstellen lassen.

lerischen Ortes machte Roussillon berühmt. Doch die meisten Besucher kommen wegen seiner **Farbe**. Roussillon ist der Ort des Ockers, der hier seit dem Ende des 18. Jh. abgebaut wird. Die Landschaft und die aus dem heimischen Material erbauten Häuser schwelgen in Farben. In verschiedensten, zart abgestuften und intensiv leuchtenden Nuancen tritt das eisenhaltige **Mineral** auf, von strahlendem Gelb bis zu intensivem Rot reicht die Palette. Früher lebten etwa 1000 Menschen vom **Ockerabbau**, heute sind es – aufgrund der Konkurrenz durch die chemische Industrie – nur noch wenige Dutzend. Dennoch werden jährlich 2000 t Ocker gefördert und verarbeitet.

Ein wunderbarer Blick auf die Ockerbrüche im Feental **Aiguilles du Val des Fées** bietet sich, wenn man vom Castrum über die Place Pignotte bis zum Ende des Wehrgangs geht. Wer die Ockerbrüche zu Fuß erkunden will, der wählt den **Sentier des Ocres,** der, etwas außerhalb von Roussillon, am Parkplatz an der Avenue de la Burlière startet. Von dort geht es zunächst hinein ins Feental, dann weiter zu den steilen Klippen der *Chaussée des Géants* (Straße der Riesen). Die Aussichtsplattform bietet ein schönes Panorama.

Die traditionelle Verarbeitung von Ocker zu Farben kann man in der **Ancienne Usine Mathieu** (an der RD 104, 1,5 km ab Roussillon nach Apt, Tel. 04 90 05 66 69, www.okhra.com, Di–So 9–13 und 14–18 Uhr) verfolgen. Hier stehen noch die alten Ockermühlen, in denen der Stein gemahlen wird, und die Öfen, in denen er gebrannt wird.

ℹ Praktische Hinweise

Information

Office de Tourisme, Place de la Poste, Roussillon, Tel. 04 90 05 60 25, www.roussillon-provence.com

Restaurant

Bistro de Roussillon, Place de la Marie, Tel. 04 90 05 74 45. Etwas preiswerter als sonst in der Provence üblich speist es sich in diesem Bistro inmitten der Altstadt.

David, Place de la Poste, Roussillon, Tel. 04 90 05 60 13. Gutes Restaurant mit Garten und schöner Aussicht (Mitte Nov.–Mitte März geschl.).

31 Apt

›Welthauptstadt der kandierten Früchte‹ mit interessanter Kathedrale.

Apt (11 500 Einw.), die geschäfte Stadt am Coulon, ist pittoresk und alles andere als museal. Ihre Bewohner leben von der Herstellung kandierter Früchte und Marmeladen, von Lavendeldestillation und Trüffelverkauf, nicht zuletzt aber auch **TOP TIPP** von der Produktion von Farben aus Ocker. Berühmt ist der **Marché hebdomadaire**, der Wochenmarkt, der hier jeden Samstagvormittag abgehalten wird. Erzeugnisse der Region – kandierte Früchte, Lavendelhonig, Konfitüren, Ziegenkäse – werden dann im ganzen Ortszentrum auf einem der größten und lebendigsten Märkte der Provence angeboten.

Die Herstellung kandierter Früchte erklärt das **Musée de l'aventure industrielle** (Place du Postel, Tel. 04 90 74 95 30, Juni–Sept. Mo, Mi–Sa 10–12 und 15–18.30, So 15–19 Uhr, Okt.–Mai Mo, Mi–Sa 10–12 und 14–17.30 Uhr), interessant ist auch die umfangreiche Faïence-Kollektion. Kunsthistorisch spannend ist die Sammlung des **Musée archéologique** (Rue de l'Amphithéâtre, Tel. 04 90 74 95 30, nur nach Anmeldung für Gruppen ab 10 Personen), in dem auch ein Teil des Amphitheaters der antiken Römerstadt *Apta Iulia* konserviert wurde.

Vor allem aber verdient die **Ancienne Cathédrale Ste-Anne** (Tel. 04 90 04 85 44, www.apt-cathedrale.com, Mo–Fr 9–12 und 14.30–18, So 14.30–18 Uhr) mitten in der Altstadt einen Besuch. Der Bau stammt aus dem 12. Jh. und wurde bis ins 18. Jh. mehrfach verändert. Die Reliquien der hl. Anna werden in der prächtig ausgestatteten *Chapelle Ste-Anne* (1660) im nördlichen Seitenschiff verehrt. Sie wird auch Chapelle Royale genannt, da sich mit ihrem Bau Anne d'Autriche für die Geburt ihres Sohnes, des späteren Ludwig XIV., bedankte. Es war vor allem Kindersegen, um den man zur Mutter Mariens flehte. Das große *Büstenreliquiar* der Heiligen befindet sich über dem vergoldeten Altar. In der dazugehörigen Sakristei ist der interessante **Kirchenschatz** (Führungen Juli/Aug. tgl. 11 und 17 Uhr) zu besichtigen, der u. a. das Schweißtuch der Heiligen enthält und eine arabische Standarte, die beim 1. Kreuzzug im 11. Jh. erbeutet wurde. Interessant ist auch die zweistöckige *Krypta*. Ihre untere Etage ist vorromanisch, die obere romanisch. Ein antikes Kapitell trägt die Altarplatte. Vom Turm (16. Jh.) hat man einen faszinierenden Blick auf die Stadt und die Berge.

Apt ist ein idealer Ausgangspunkt für **TOP TIPP** Wanderungen und Radtouren sowohl in die Berge des **Plateau de Vaucluse** als auch in die reizvolle **Montagne du Lubéron**. Hinweise, Prospekte, Karten und Literatur gibt es im Office de Tourisme.

i Praktische Hinweise

Information

Office de Tourisme, 20, Avenue Philippe-de-Girard, Apt, Tel. 04 90 74 03 18, www.ot-apt.fr

Hotel

**Mas de la Tour, Gargas, zwischen Apt und Roussilon, Tel. 04 90 74 12 10, www.mas-de-la-tour.com. Landgut mit Pool in herrlicher Lage.

Wer kann da widerstehen? Kandierte Früchte aus Apt sind eine kunstvolle Verlockung

Petite Crau und Lubéron – ein Paradies für Wanderer und Kulturfreunde

Dem mächtigen Gebirge des **Lubéron**, der das Coulon-Tal von dem der Durance trennt, ist im Westen, im Dreieck zwischen Durance und Montagnette, die fruchtbare Ebene der Petite Crau vorgelagert. An der Rhône bildet die Doppelstadt **Beaucaire-Tarascon** das Tor zum königlichen Westen, zur Camargue. Im Süden trennen die bizarren Alpilles mit dem Felsennest **Les Baux** die Petite Crau von der großen Crau.

Die Landschaft des Lubéron gehört zu den eindrucksvollsten der Provence – ein Dorado für *Wanderer*, zumal die Wege gut markiert sind. Man kann zwischen Fernwanderungen und Kurzstrecken wählen. Tief haben sich die Flüsse in das Kalkplateau eingegraben. Zerklüftete Felsen und dramatische Schluchten, Pinienwälder und Lavendelfelder bestimmen das Bild dieser ruhigen, noch kaum vom Tourismus geprägten Gegend.

32 Beaucaire

Rhôneübergang, Grenzstation und Messestadt.

Das dramatische Gegenüber der Festungen von Tarascon und Beaucaire (15 000 Einw.) macht deutlich, dass sich hier jahrhundertelang zwei Mächte gegenüberstanden: Römisch-Deutsches Kaiser- und französisches Königreich. Gleichwohl war die Brücke zwischen den beiden Grenzfestungen immer auch ein Ort der Verbindung und des lebhaften Austauschs.

Geschichte 118 v. Chr. hatte Domitius Ahenobarbus bei Vienne die keltischen Allobroger und Averner besiegt und danach die erste römische Kolonie, die nach der keltischen Hauptstadt Narbonne benannte **Colonia Narbo Martius**, gegründet. Nach seinem Triumphzug in Rom (117 v. Chr.) widmete er sich vor allem dem Ausbau der uralten ›Straße des Herkules‹, die fortan **Via Domitia** hieß. Sie führte von Spanien über Narbonne nach Nîmes und von dort weiter nach Marseille und Rom. Bei Beaucaire (röm. Ugernum) überquerte sie die Rhône.

Die Stadt war unter den Merowingern und Karolingern Hauptstadt des *Pagus Argenteus* und kam mit diesem im 11. Jh.

Links: Einer der touristischen Höhepunkte der Provence: Felsennest Les Baux
Unten: Das Letzte Abendmahl: Der romanische Figurenfries an der Fassade der Église Notre-Dame-des-Pommiers von Beaucaire beeindruckt mit erzählerischer Qualität

in den Besitz der Grafen von Toulouse. Im 12. Jh. ließ Raymond VI. die **Burg** anlegen, und er war es auch, der 1217 in Beaucaire die größte **Handelsmesse** Westeuropas gründete. Jahr für Jahr im Juli brachte dieser *Foire de la Madeleine* bis zu 300 000 Besucher aus allen Ländern in die Rhônestadt an der Route zwischen Spanien und Italien. Erst die Eisenbahn, an die der Fluss seine Bedeutung als Verkehrsweg verlor, ließ die Messe von Beaucaire im 19. Jh. in Vergessenheit geraten.

In den **Albigenserkriegen** stand die Stadt auf der Seite Raymonds VII., den sie bei der Rückgewinnung seiner von den Kreuzrittern des Simon de Montfort eroberten Gebiete tatkräftig unterstützte. 1229 freilich unterwarf sich Raymond dem König, und 1271 verleibte sich Frankreich die Grafschaft Toulouse zusammen mit dem gesamten Languedoc ein. Fortan regierte in der Burg von Beaucaire ein königlicher Seneschall.

Besichtigung Von der Place du Château führt eine Treppe zu den Resten des **Château** (Mi–Mo 10–12 und 14–18 Uhr; Greifvogelschau), umgeben von einem malerischen Park. Richelieu ließ die Burganlage schleifen, erhalten blieb allein der noch immer auf hohem Felsen imponierend aufragende *Donjon* (Bergfried). Der Aufstieg lohnt der großartigen Aussicht wegen.

Neben der Burganlage befindet sich das **Musée Auguste Jacquet** (Mi–Mo 10–12 und 14–18 Uhr). Es bietet Einblicke in die lebhafte Vergangenheit der mittelalterlichen Messestadt.

Die Altstadt mit Gebäuden des 15.–18. Jh., darunter das noble Hôtel de Ville, überragt die **Église Notre-Dame-des-Pommiers** in der Rue Ledru-Rollin, ein klassisch-strenger Bau des 18. Jh. mit elegant geschwungener Fassade. An der Ostseite fasziniert ein fast 14 m langer romanischer *Figurenfries* mit Passionsszenen aus der 2. Hälfte des 12. Jh., der vom Vorgängerbau stammt.

ℹ️ Praktische Hinweise

Information
Office de Tourisme, 24, Cours Gambetta, Beaucaire, Tel. 04 66 59 26 57, www.ot-beaucaire.fr

Hotel
***Les Doctrinaires**, Quai du Général de Gaulle/Angle rue Rableais, Beaucaire, Tel. 04 66 59 23 70, www.hoteldoctrinaires. com. Gutes Hotel mit Restaurant, sehr stilvoll in einem Kollegiumsgebäude des 17. Jh. untergebracht (Restaurant Sa mittags geschl.).

33 Tarascon

Die Burg, die Heilige und das Ungeheuer.

Tarascon (13 400 Einw.) jenseitigen, ›kaiserlichen‹ Ufer der Rhône, ist bekannt

Wertvoller Wandschmuck: flämische Tapisserie im Audienzsaal des Château Tarascon

Die Heilige und das Biest

Mit Tarascon verbindet sich bis heute die Erinnerung an **La Tarasque**, jenen schrecklichen amphibischen Drachen, in dessen Bild wohl die unbändige, unberechenbare Gewalt der Rhône selbst personifiziert wurde. Der Drache, so weiß es die Legende, wurde von der **hl. Martha** bezwungen, die mit Lazarus und den drei Marien bei Les-Saintes-Maries-de-la-Mer [Nr. 40] an Land gegangen war und von dort nach Tarascon gelangte, wo das Ungeheuer damals sein Unwesen trieb. Martha bezwang es, nachdem es schon viele tapfere Ritter zerfleischt und verschlungen hatte, führte es am Halfter um die Stadt herum und gebot ihm, ins Wasser der Rhône zurückzukehren. Seitdem ward es nicht mehr gesehen. Allenfalls kann es als harmlose **Papiermaschee-Attrappe** beim jährlichen Folkloreumzug **Tarasque** am letzten Wochenende im Juni noch bewundert werden. Die Retterin Martha aber wird verehrt in der gotischen **Église Ste-Marthe**, die nach den Zerstörungen von 1944 wieder hergestellt wurde.

Das **Grabmal** der Heiligen in der Krypta besteht aus einem Sarkophag des 5. Jh. und einer qualitätvollen Figur der liegenden Toten aus dem 17. Jh. Rechts der Treppe verdient außerdem das Grabmal des Jean de Cossa Beachtung, des Seneschalls König Renés, ein

Eine starke Frau: Reliquienbüste der hl. Martha in der Église Ste-Marthe

Werk des aus Dalmatien stammenden Bildhauers **Francesco Laurana**, der an verschiedenen Höfen in Italien tätig war, bevor er sich 1476 in Avignon niederließ. Sein Wirken in der Provence war von entscheidender Bedeutung für die Entwicklung der Renaissance in Frankreich.

geworden durch *Alphonse Daudets* 1872 erschienenes ironisches Buch vom ›Tartarin von Tarascon‹. Dessen Protagonist ist ein sympathischer Maulheld, dessen Gutgläubigkeit ihn auf seinen ausgedehnten Reisen immer wieder in Schwierigkeiten bringt. Am letzten Junisonntag begehen die Bürger von Tarascon ein Fest zu Ehren ihres fiktiven Mitbürgers.

Im 13. Jh. wurde das **Château Tarascon** (Tel. 04 90 91 01 93, April–Aug. tgl. 10–18.30 Uhr, Sept.–März Di–So 10.30–17 Uhr) an der Stelle des römischen Castrum auf einem hohen, weit in die Rhône hinaus ragenden Felsen erbaut, 1399 jedoch von Raymond de Turenne, einem Herrscher aus dem Geschlecht der Grafen von Les Baux, zerstört. Der heutige Bau stammt aus dem 15. Jh. König René, der Tarascon zu seiner Lieblingsresidenz erwählt hatte, finanzierte ihn. Die architektonischen Formen der Burg sind von großer Klar-

heit, kraftvoll und elegant zugleich. In ihrem erstaunlich guten Erhaltungszustand ist sie ein eindrucksvolles Zeugnis mittelalterlicher Baukunst. Die viereckige Festung variiert mit Türmen an den Eckpunkten um einen Innenhof den uralten Typus des Kastells.

Im **Inneren** gelangen wir am Donjon vorbei in den Ehrenhof, zur spätgotischen *Kantorenkapelle* im Süden und durch ein zierliches Treppenhaus in den **Ostflügel** mit seiner gewölbten Galerie und den darüber befindlichen *Wohnräumen*. Diese stehen mit dem Uhrturm und der Palastkapelle in Verbindung, deren oberes Geschoss – der königlichen Familie vorbehalten – von den Wohnräumen aus erreicht werden konnte.

Im **Westflügel** (mit Artillerieturm unmittelbar an der Rhône) sind die *Repräsentationsräume* untergebracht: der Speisesaal im Erdgeschoss, der Festsaal

Als zauberhaftes historisches Kirchenensemble mit Burgenflair präsentiert sich die Abtei St-Michel-de-Frigolet

im ersten Stock, beide Räume mit prächtigen Holzdecken. Im **Südwestturm** befand sich das Privatgemach des Königs (mit Kamin und Tellerwärmer), im zweiten Stock liegen Audienz- und Beratungssaal. Die Gewölbe dieser mit kostbaren Tapisserien (flämisch, 17. Jh.) ausgestatteten Räume tragen die Terrasse. Von hier stürzten 1794, als die Royalisten im Süden Frankreichs kurzzeitig die Oberhand gewannen, Anhänger der Französischen Revolution in die Rhône.

Eine Spezialität von Tarascon sind die reich verzierten *Indiennes* oder *Souleïados* (Sonnenstrahl). Das **Musée Charles-Deméry** (Rue Proudhon, Tel. 04 90 91 50 11, Di–Sa 10–13 und 14–17 Uhr) zeigt diese kostbaren alten Druckstoffe sowie provenzalische Trachten des 18./19. Jh.

ℹ Praktische Hinweise

Information

Office de Tourisme, 59, Rue des Halles, Tarascon, Tel. 04 90 91 03 52, www.tarascon.org

Markt

TOP TIPP Dienstags bunter Markt an der **Rue des Halles** mit einer Vielzahl von Ständen, die Indiennes anbieten.

34 St-Michel-de-Frigolet

Romanik und Romantik im Schatten der Montagnette.

Die beschauliche Abtei St-Michel-de-Frigolet (Tel. 04 90 95 70 07, www.frigolet. com, Kirchen tgl. 7–12 und 14–19 Uhr, Klosterführung So 16.10 Uhr) liegt nordöstlich von Tarascon (an der D 81) inmitten von Pinien und Zypressen, duftendem Lavendel, Thymian und Rosmarin.

Mönche aus Montmajour [Nr. 43] gründeten das Kloster im 10. Jh. Sie hatten sich aus den Fiebersümpfen ihres Mutterklosters hierher zurückgezogen. Keimzelle war die Wallfahrtskapelle **Notre-Dame-du-Bon-Remède** (Unsere liebe Frau vom guten Heilmittel).

Die Revolutionsregierung schloss die Abtei, anschließend diente sie als Pensionat und beherbergte als solches einige Jahre lang auch den jungen Frédéric Mistral (1830–1914). In den 1850er-Jahren erwarb der Prämonstratensermönch Edmund Boulbon die Anlage. Er ließ eine exotisch anmutende, üppig ausgestattete Kirche errichten. Die alte Wallfahrtskapelle bildet seither die Apsis ihres linken Seitenschiffs. Bemerkenswert sind die vergoldeten Holzarbeiten und die darin gefassten Gemälde von Mignard, die Anna von Österreich 1638 zum Dank für die Geburt des Dauphin, des späteren Ludwig XIV., gestiftet hatte.

Ältere Teile, so die ursprüngliche Abteikirche **St-Michel**, ein einfacher Bau des

11. Jh., sowie Kapitelsaal und Refektorium, bezog Edmond ebenfalls in das romantische Mittelalter-Ensemble ein.

Edmonds *Prämonstratenser* wurden 1880 wieder vertrieben. Sie mussten noch mehrmals das Kloster verlassen, kehrten aber jedesmal wieder zurück, zuletzt nach dem Ersten Weltkrieg, während dem im Kloster ein Gefangenenlager eingerichtet worden war.

Die Weiterfahrt in Richtung Les Baux führt über *Fontvieille* mit der nahe gelegenen **Moulin de Daudet** (Juni–Sept. tgl. 9–19, Okt.–Mai tgl. 9–12 und 14–18 Uhr). Die Mühle mag *Alphonse Daudet* (1840–1897) zu seinen ›Briefen aus meiner Mühle‹ inspiriert haben, wenn er, wie er es gerne und häufig tat, in Fontvieille Ferien machte. Gewohnt hat der Dichter freilich niemals in dieser Mühle. Die Briefe und Geschichten, die sich auf jene beziehen, entstanden am Schreibtisch im fernen Paris. Bemerkenswert ist der *Blick* vom Mühlenhügel über das Land, und einen Besuch wert ist auch das kleine *Museum* in der Mühle zu Ehren des Schriftstellers.

Kräuterlikör und Sündenablass

Von den Mönchen des Klosters St-Michel-de-Frigolet weiß Alphonse Daudet (1840–1897) die charmante Geschichte des Père Gaucher zu erzählen, dessen berühmter Kräuterlikör der armen Abtei zu unvermutetem Wohlstand und ihm selbst zu manch süßer Sünde verhalf. Die Klosteroberen waren nachsichtig mit dem armen Sünder, denn nur Pater Gaucher kannte das geheime Rezept, war in der Lage, den kostbaren Likör zu destillieren, in dessen Feuer die Kraft provenzalischer Kräuter nicht nur im Magen wohltuend ihre Wirkung entfaltete.

Der Likör ist bis heute das Kapital der Abtei, und es versteht sich, dass man es seinem Erfinder nachsah, wenn er mitunter nur schwankend das Chorgestühl erreichte und wenn sein Gesang oft gar nicht dem feierlichen Ernst gregorianischer Gepflogenheit entsprach.

35 Les Baux

Stimmungsvoller Bergort, Treffpunkt der Touristen.

Vergangenheit und Gegenwart prallen in **Les Baux** (460 Einw.) hart aufeinander. Das einstmals mächtige Felsennest ist heute überwiegend eine gigantische *Ruine*, in der sich Menschenwerk und Natur zu dramatischer Einheit verbinden. Und im Sommer wird diese interessante, einzigartige Kulisse überflutet von Besuchern. Entsprechend schrill ist die Ausstattung des Ortes mit Kneipen, Boutiquen und Souvenirläden.

Inmitten einer bizarren Felslandschaft liegt Les Baux mit seiner imposanten Burg

Geschichte Die Felsen von Les Baux waren seit prähistorischer Zeit besiedelt. Das mächtige Geschlecht der **Edlen von Baux**, die die Burg errichten ließen, lässt sich bis ins 8. Jh. zurückverfolgen. Die **Legende** greift freilich noch darüber hinaus: Sie leitet die Herkunft des Geschlechts von **Balthasar** ab, einem der Heiligen Drei Könige.

Vom 11.–13. Jh. gehörten den Edlen von Baux insgesamt 79 Städte, befestigte Orte, Burgen und Schlösser, doch wichtiger als die politische Machtentfaltung erweist sich im Rückblick die kulturelle Ausstrahlung. Les Baux war ein **Cours d'Amour**, einer jener Höfe, von denen eine neue, verfeinerte Kultur ausging, die bald ganz Europa in ihren Bann schlug. Im galanten Wettstreit der Dichter und Sänger um die Gunst einer angebeteten Frau entfaltete sich die Kunst der **Troubadours**, entwickelten sich Sprache, Musik und ritterliches Ethos. Als Lohn winkten dem siegreichen Troubadour eine Krone aus Pfauenfedern und ein Kuss der unerreichbaren Geliebten. Zahllos sind die ruhmreichen, zärtlichen, tragischen und grausamen Geschichten, die die Erinnerung an jene glanzvollen Tage bewahren.

Dass der Ort schließlich zerstört wurde, hat nichts mehr mit der berühmten Familie Les Baux zu tun. Nach dem Tod der Prinzessin Alix wurde das Herrschaftsgebiet dem Territorium der Provence einverleibt und kam mit dieser 1486 an Frankreich. Aus der stolzen Seigneurie wurde eine bescheidene Baronie, die in den Konfessionskriegen noch einmal von sich reden machte.

Damals avancierte Les Baux unter der Ägide der Familie de Manville zum Stützpunkt der protestantischen Opposition. Zur Strafe ließ Ludwig XIII. Mauern und Burg des Ortes abtragen. Ein später errichtetes Schloss der Prinzen Grimaldi von Monaco wurde schließlich während der Französischen Revolution zerstört.

1821 entdeckte Pierre Berthier in Les Baux jenes Material, das später als Ausgangsmaterial für Aluminium Weltbedeutung gewinnen sollte – es trägt seither nach dem ersten Fundort den Namen **Bauxit**. Die Entdeckung für den Tourismus kam noch einmal ein Jahrhundert später: Im Jahr 1945 eröffnete Raymond Thuiliers am Fuße des Berges seine Maison de Baumanier, ein Luxusrestaurant und Hotel, das bis heute nichts von seiner Anziehungskraft eingebüßt hat.

Besichtigung Die zentrale Place St-Vincent bestimmen **Église St-Vincent** und der **Chapelle des Pénitents Blancs** (17. Jh.). In der Kirche wird jedes Jahr in der Christnacht das Fest der Hirten, *Fête des bergers*, gefeiert, bei dem Hirten aus der Umgebung in malerischen Trachten zusammenkommen und dem neugeborenen Christuskind ein Lamm überreichen.

Das **Hôtel de Manville** in der Grand Rue mit einer Fassade aus dem 16. Jh. beherbergt heute das Rathaus. Den Ratssaal im 1. Stock ziert ein großer Kamin. Im Erdgeschoss werden Ausstellungen gezeigt. Am höchsten Punkt des Felsens von Les Baux erhebt sich schließlich das **Château des Baux** (Tel. 04 90 54 55 56, www.chateau-baux-provence.com, Frühjahr tgl. 9–18.30 Uhr, Sommer tgl. 9–20.30 Uhr, Herbst tgl. 9.30–18 Uhr, Winter tgl. 9.30–17 Uhr) mit seinen Türmen und der Burgkapelle. Von den Wehrmauern genießt man einen unvergleichlichen Ausblick über Montmajour, Arles und die Ebene der Crau bis hinüber zur Camargue. In der Nähe befindet sich das sog. **Kolumbarium**, eine Stätte, die zur Aufbewahrung von Urnen diente. Im Sommer bieten ›Ritter‹ farbenprächtige Historienspiele.

Etwa 3 km von Les Baux entfernt, im beschaulichen Maussane-les-Alpilles, verkauft die **Coopérative Jean Marie Cornille** (Rue Charloun Rieu, Tel. 04 90 54 32 37, www.moulin-cornille.com, Führungen Juni–Sept. Di, Do 11 Uhr) ihre exquisite Olivenöle. Bei Führungen erlebt man den ganzen Produktionsprozess des Öls.

ℹ️ Praktische Hinweise

Information

Office de Tourisme, in der Maison du Roy, Rue Port Mage, Les Baux, Tel. 04 90 54 34 39, www.lesbauxdeprovence.com

Hotels

*****Oustaù de Baumanière**, Les Baux, Tel. 04 90 54 33 07, www.oustaudebaumaniere.com. Stilvoll eingerichtetes Spitzenhotel in historischem Gebäude. Das Restaurant serviert ausgezeichnete provenzalische Küche.

****La Cabro d'Or**, Carita (1 km südwestlich an der D 27 Richtung Arles), Tel. 04 90 54 33 21, www.lacabrodor.com. Viel Komfort, mit Terrasse, Blumengarten und Schwimmbad. Zimmer und Restaurant sind vorzüglich (Restaurant Nov.–März Mo sowie Di mittags geschl.).

La Riboto de Taven, Vallon de la Fontaine (Le Val d'Enfer, nordwestlich von Les Baux), Tel. 04 90 54 34 23, www.riboto-de-taven.fr. Individuelles Hotel mit guter Küche.

36 St-Rémy-de-Provence, Les Antiques und Glanum

Vielfältige Stätten der Erinnerung im Herzen der Provence.

Die Ebene der Petite Crau breitet sich sich südlich von Avignon, zwischen der Durance und den Ketten der Montagnette und der Alpilles, aus. Sie ist der Obstgarten der Provence, hier wachsen Kirschbäume und Aprikosen Im Zentrum dieser Landschaft erinnert der Ort **Maillane** an den Dichter *Frédéric Mistral*, der 1830 in unmittelbarer Nähe geboren wurde, hier lebte, arbeitete und 1914 starb. Ein Museum (Avenue Lamartine, Tel. 04 90 95 84 19, April–Sept. Di–So 9.30–11.30 und 14.30–18.30, Okt.–März 10–11.30 und 14–16.30 Uhr) an den Nobelpreisträger von 1904. Wie kein anderer hat er sich um das Wiedererstarken des provenzalischen Selbstbewusstseins verdient gemacht. Er entriss zusammen mit Gleichgesinnten, den *Félibres*, das lange unterdrückte Provenzalisch der Vergessenheit. Es ging Mistral nicht um politischen Separatismus, sondern um eine *kulturelle Renaissance*, die zweifellos Früchte getragen hat, auch wenn nicht alles erreicht werden konnte, wovon ihre Initiatoren träumten.

St-Rémy-de-Provence

St-Rémy hat eine hübsche Altstadt. Hier stehen das Geburtshaus des Nostradamus (1503–1566) bei der Église St-Martin und das um 1550 entstandene *Hôtel Mistral de Mondragon* an der Place Favièr, in dem heute das **Musée des Alpilles** (Tel. 04 90 92 68 24, Juli/Aug. Di–Sa 10–12.30 und 14–19 Uhr, März–Juni, Sept./Okt. Di–Sa 10–12 und 14–18 Uhr, Nov.–Jan. Di–Sa 14–17 Uhr) untergebracht ist. Die volkskundliche Ausstellung dokumentiert den Wandel der Lebensumstände in der Region in den vergangenen Jahrhunderten. Das **Musée Archéologique** (Rue du Parage, bis 2013 geschl.) im einstigen Hôtel de Sade bewahrt antike Fundstücke aus

Zu Ehren der Enkel des Augustus: antikes Mausoleum von Les Antiques

Glanum, darunter Vasen, Bronzen und Münzen.

Die meisten Besucher kommen wegen des **Ancien monastère St-Paul-de-Mausole** (Avenue van Gogh, Tel. 04 90 92 77 00, www.cloitresaintpaul-valetudo.com, April–Sept. tgl. 9.30–19 Uhr, Okt.–März tgl. 10.30–17 Uhr) nach St-Rémy. Das Augustinerkloster aus dem 12. Jh. mit schönem romanischem Kreuzgang ging 1605 in den Besitz der Franziskaner über und wurde von diesen im 18. Jh. umgebaut. Seit 1807 diente es als Heilanstalt. Hier verbrachte Vincent van Gogh (1853–1890) das Jahr, das seinem Selbstmord unmittelbar vorausging. In Phasen leidenschaftlichen Schaffensdranges, die immer wieder unterbrochen waren von Wochen der Resignation und Internierung, zog er in die Felder und Berge hinaus und malte hier etliche seiner ausdrucksstärksten Bilder.

Les Antiques

Nahe beim Augustinerkloster (an der D 5) begegnet dem Besucher gleich mehrfach und allemal eindrucksvoll die römische Vergangenheit. Da erhebt sich, nur fragmentarisch erhalten, ein mächtiges **Stadt-** oder **Triumphtor**, eines der ältesten Galliens, entstanden um Christi Geburt, und daneben das 30 v. Chr. errichtete **Mausoleum**, ein ebenso monumenta-

Glanum

1 Kybele-Heiligtum
  (Sanctuaire de Cybèle)
2 Maison des Antes
3 Springbrunnen (Vasque)
4 Thermenanlage (Thermes)
5 Maison du Capricorne
6 Maison d'Atys
7 Forum
8 Kanal
9 Tempel (Temple)
10 Brunnen (Vasque)
11 Stadttor (Porte fortifiée)
12 Heilige Quelle (Nymphée)
13 Herkules-Tempel
   (Autel d'Hercule)
14 Terrassenheiligtum
   (Sanctuaire gaulois)

ler wie eleganter, hervorragend erhaltener mehrgeschossiger Turmbau mit reichem skulpturalem Schmuck. Im Kuppeltempietto finden sich figürliche Darstellungen der kaiserlichen Prinzen Caius und Lucius, die früh verstorbenen Enkel und Adoptivsöhne des Kaisers Augustus, denen damals im ganzen Reich Ehrendenkmäler errichtet wurden. Szenen aus der ›Ilias‹, etwa der Kampf zwischen Griechen und Trojanern, verweisen symbolisch auf die Taten der ruhmreichen Toten. Lange Zeit hielt man das Monument wegen dieser Darstellungen für ein solches Ehrendenkmal. Jüngste Forschungen haben jedoch erwiesen, dass es sich dabei um das Grabmal einer wohlhabenden einheimischen Familie handelt.

Glanum

In der Nähe bewahren die ausgedehnten Ausgrabungen von Glanum (Route des Baux-de-Provence, Tel. 04 90 92 23 79, http://glanum.monuments-nationaux.fr, April–Aug. tgl. 9.30–18.30 Uhr, Sept.–März Di–So 10.30–17 Uhr) Zeugnisse aus unterschiedlichen Epochen. Man nimmt an, dass der Ort keltoligurischen Ursprungs ist, dass aber spätestens im Laufe des 3. Jh. v. Chr. *Griechen* hier ein Handelszentrum (Glanon) errichteten. Das *Quellheiligtum*, das wohl den Ausgangspunkt der Besiedelung bildete, war dem keltischen Gott Glan geweiht (Glanum I: ca. 6. Jh.– 120 v. Chr.). In den Kämpfen zwischen Marius und den Teutonen wurde die Stadt zerstört. Der Wiederaufbau lässt sich anhand der veränderten Mauertechnik gut rekonstruieren (Glanum II: ca. 120–49 v. Chr.). Mächtig blühte die Stadt nach dem Fall von Marseille (49 v. Chr.) auf, in der Zeit der Romanisierung der Provence. Damals entstanden Forum, Tempel, Theater und Thermen (Glanum III: 49 v.–270 n. Chr.). Doch gegen Ende des 3. Jh. n. Chr. wurde Glanum zerstört und nie wieder besiedelt.

Es lohnt sich, die freigelegten Siedlungsspuren zu entziffern. Der hier abgebildete Plan zeigt zunächst die Reste eines **Kybele-Heiligtums** [1], dann links ein aufwendiges Peristylhaus mit Impluvium aus dem 2. Jh. v. Chr., die sog. **Maison des Antes** [2]. Anten sind Wandvorsprünge, die vor allem bei antiken Tempeln die Säulenreihe der Front seitlich begrenzen. Offensichtlich fand das Architekturmotiv auch bei Profanbauten Verwendung. Ganz im Norden, am Ende der Rue des Thermes, befand sich ein **Springbrunnen**

Tempelruinen von Glanum, der in römischer Zeit mächtigen und blühenden Stadt

[3], jenseits der Straße eine **Thermenanlage** [4] mit Schwimmbecken. Links der Straße liegt die **Maison du Capricorne** [5], benannt nach dem Steinbockmotiv ihrer Mosaiken, rechts die **Maison d'Atys** [6], ein griechisches Wohnhaus mit Innenhof, benannt nach der Reliefdarstellung des Gottes Atys, die hier gefunden wurde. Sie stammt vermutlich aus einer späteren Phase nach dem Umbau des Hauses zu einem Kybele-Heiligtum. Atys war einer der Geliebten der phrygischen Göttin.

Gut zu erkennen sind links die Reste des römischen **Forums** [7] mit Basilika, rechts davon ein mit Platten gedeckter **Kanal** [8]. Er verlief unter der Hauptstraße von Glanum mit zwei **Tempeln** [9] (rechts; wahrscheinlich Caius und Lucius geweiht) und einem **Brunnen** [10] sowie dem befestigten **Stadttor** [11]. Die Straße führt zum ältesten und heiligsten Bereich der Stadt: Links markieren die Ruinen eines *Nymphäums* die Stelle, an der die **Heilige Quelle** [12] entsprang. Die Anlage wurde um 20 v. Chr. von Agrippa renoviert. Aus dieser Zeit stammen die Stützbogen und der Valetudo-Tempel (Göttin der Gesundheit). Daneben stand ein **Herkules-Tempel** [13], gegenüber ein altes, zur aufgehenden Sonne hin orientiertes keltisches **Terrassenheiligtum** [14].

ℹ️ Praktische Hinweise

Information

Office de Tourisme, Place Jean Jaurès, St-Rémy-de-Provence, Tel. 04 90 92 05 22, www.saintremy-de-provence.com

Hotels

******Domaine de Valmouriane**, Petite Route des Baux (4,5 km westl. St-Rémy), Tel. 04 90 92 44 62, www.valmouriane. com. Komfortables, ruhiges Hotel mit Restaurant und Park.

******Hostellerie du Vallon de Valrugues**, Chemin Canto Cigalo (D 99 A östl. St-Rémy), Tel. 04 90 92 04 40, www.vallondevalrugues.com. Hotel mit Pool, Aussichtsterrasse und vorzüglichem Restaurant.

Restaurant

Croque Chou, Place Lucien Pellegrin, Verquière (11 km östl. St-Rémy), Tel. 04 90 95 18 55, www.le-croque-chou.fr. Spitzenrestaurant (Mo/Di geschl.).

37 Cavaillon

Melonen, romanische Kathedrale und eine barocke Synagoge.

Vor der prächtigen Kulisse der Bergwelt des Luberon liegt Cavaillon (26 000 Einw.), das Zentrum des provenzalischen Melonenanbaus.

Hoch über dem Ort thront die wunderbare **Chapelle St-Jacques** aus dem 12. Jh., die im 16. und 17. Jh. verändert wurde. Man erreicht sie zu Fuß von der Place François-Tourel, die ein **Arc romain**, ein römischer Triumphbogen, schmückt, oder mit dem Auto über die D 938 (50 m hinter der Kreuzung links abbiegen; großartige Aussicht, Orientierungstafel). Im Stadtzentrum an der Rue Diderot erhebt sich die **Ancienne cathédrale Notre-Dame-et-St-Véran** (sommers Mo–Fr 8.30–12 und 14–18 Uhr, winters Mo–Fr 9–12 und 14–17 Uhr), zu deren Gestalt vom 12. bis zum 18. Jh. alle Epochen etwas beigetragen haben. Zu ihrer kostbaren *Ausstattung* gehören schöne Gemälde von Pierre und Nicolas Mignard sowie von Charles Parrocel und Jacques Daret, ein prächtig geschnitztes Chorgestühl (1585) und ein herrlicher romanischer Kreuzgang.

Einen Besuch wert ist die versteckt in der Rue Hébraique liegende, 1772 erbaute **TOP TIPP** *Synagogue* mit ihrem eleganten Schnitzwerk und dem **Musée Juif-Comtadin** (Tel. 04 90 76 00 34, April–Okt. Mo–Sa 9.30–12.30 und 14.30–18.30, Nov.–März Mo/Mi–Fr 9–12 und 14–17 Uhr), zu dem auch eine Bäckerei für die rituellen, ungesäuerten Brote gehört. Die Synagoge erinnert daran, dass auch Cavaillon zur Grafschaft der Päpste (Venaissin) gehörte, die den anderswo verfolgten Juden bereitwillig Asyl gewährten.

Gemütliche Straßencafés laden in Lourmarin schon zur Vorsaison zu einer Pause ein

ℹ Praktische Hinweise

Information

Office de Tourisme, 79, Place François-Tourel, Cavaillon, Tel. 04 90 71 32 01, www.cavaillon-luberon.com

Restaurant

Prevot, 353, Avenue Verdun, Cavaillon, Tel. 04 90 71 32 43, www.restaurant-prevot.com. Hervorragende provenzalische Küche (So abends und Mo geschl.).

38 Montagne du Lubéron

Durch die Berge des Lubéron zur Zisterzienserabtei Silvacane im Tal der Durance.

Eine Fahrt in die faszinierende Bergwelt des Lubéron führt zunächst durch violettblauen, außerhalb der Blütezeit silbergrauen *Lavendelfeldern* entlang der Durance, dann hinauf in dichte *Wälder* und bald auch in Sichtweite der alpinen Berge der Haute-Provence.

Auf dem Weg nach Ménerbes lohnt ein Abstecher zu dem traumhaft gelegenen **Oppède-le-Vieux** (von Cavaillon über die D 2 Richtung Apt, nach ca. 7 km auf die D 29). Viele Häuser des Dorfes sind zu malerischen Ruinen verfallen, nur einige wenige Häuser sind noch bewohnt. Vorbei an einem kleinen Café am Marktplatz erreicht man auf kopfsteingepflastertem Pfad und nach kurzem Aufstieg die verwunschene Burgruine. In Oppède können passionierte Wanderer in den

Landschaftsidyll mit Schafherde im Angesicht der Hügel- und Bergketten des Lubéron

Weitwanderweg GR 97 einsteigen, der hinauf in die Bergwelt des Lubéron führt.

Von Oppède aus ist es nicht weit nach **Ménerbes**, das als einer der schönsten Orte in Frankreich gilt. Der pittoreske, auf steiler Höhe wehrhaft befestigte Bourg war in den Religionskriegen erbittert verteidigter Zufluchtsort der Protestanten. Die Burg stammt aus dem 13., die Kirche aus dem 14. Jh.

Wir folgen der D 109 nach Lacoste. Unterwegs führt ein holpriger Pfad (Hinweisschild) in die Wildnis zur **Abbaye de St-Hilaire**. Die Reste des Klosters, ursprünglich eine Gründung der Karmeliter (13. Jh.), kamen nach wechselhafter Geschichte in Privatbesitz und wurden wieder hergestellt. Jedes Jahr am 15. August wird eine Messe in der Klosterkirche zelebriert.

Lacoste ist seit dem Jahr 2001 Schauplatz eines veritablen Kulturkampfes. In jenem Jahr erwarb der französische Modezar Pierre Cardin (*1922) die Schlossruine über dem Dorf und kauft seither jedes Haus am Ort, das auf den Markt kommt. Sein erklärtes Ziel: Lacoste in ein Saint-Tropez der Kultur zu verwandeln. Alteingesessene Dorfbewohner fürchten angesichts dieses Planes um die Seele ihrer Heimat. Allerdings hat Cardin die Macht des Geldes auf seiner Seite, und so etab-

lierte sich mittlerweile das sommerliche *Festival de Lacoste* (www.festivaldelacos te) in der Schlossruine.

Mit diesem Schloss verbindet sich auch der Namen einer der schillerndsten Figuren der neueren Kulturgeschichte: mit Donatien-Alphonse-François, dem *Marquis de Sade* (1740–1814), der insgesamt 27 Jahre seines Lebens wegen seiner provozierenden Ausschweifungen, politischen Delikte und skandalösen Veröffentlichungen im Gefängnis zubrachte. Lacoste war seit 1716 der Stammsitz seiner Familie und des Marquis' Lieblingsschloss. Hier verbarg er sich immer wieder vor der Polizei, bis schließlich 1778 seine Schwiegermutter dafür sorgte, dass er in der Bastille in Gewahrsam genommen wurde. Zwar wurde er während der Revolution wieder entlassen, doch 1803 unter Napoleon entgültig ins Irrenhaus verbannt.

Wir queren den Lubéron und halten noch einmal in **Bonnieux**. In der Umgebung gibt es einige *Bories*, am südlichen Rand der Altstadt das Bäckereimuseum *Musée de la Boulangerie* (12, Rue de la République, Tel. 04 90 75 88 34, Juli/Aug. Mi–Mo 10–13 und 14–18 Uhr, April/Juni, Sept./Okt. Mi–Mo 10–12.30 und 14.30–18 Uhr). Die alte, von Zedern umgebene Kirche *Église Vieille* im hoch gelegenen Ortskern bezeugt das Wirken des 12.–18. Jh.

Würdevolle Strenge: Die Abbaye de Silvacane wurde von den Zisterziensern gemäß den asketischen Richtlinien der Ordensarchitektur im 12. Jh. errichtet

Etwas weiter südlich ist das **Château de Lourmarin** (Tel. 04 90 68 15 23, www.chateau-de-lourmarin.com, Juli/Aug. tgl. 10–18 Uhr, Sept.–Juni tgl. 10–11.30 und 14.30–16 Uhr) Anziehungspunkt, da es als Kulturzentrum für Ausstellungen und zahlreiche sommerliche Konzerte fungiert. Von der Terrasse genießt man einen großartigen Blick hinunter ins Tal der Durance. Im Süden wird die von Paul Cézannes Bildern her vertraute Montagne Ste-Victoire sichtbar. Das Schloss besteht aus einem älteren Teil (Château vieux, 15. Jh.) und einem edel gegliederten Renaissancebau (Château neuf). Auf dem Friedhof des Ortes liegt *Albert Camus* (1913–1960) begraben.

Wir folgen der D 943 hinunter ins Tal der Durance. Ziel ist das ehem. Zisterzienserkloster **Abbaye de Silvacane** (Juni–Sept. tgl. 10–18, Okt.–Mai Mi–Mo 10–13 und 14–17 Uhr, Fei geschl.). Es geht zurück auf ein bereits im 11. Jh. von Mönchen von St-Victor in Marseille [s. S. 121] im feuchten Ries (›Sylva cana‹) des Durancetals gegründetes Kloster, das sich im 12. Jh. dem Zisterzienserorden anschloss. 1147 schenkten Guillaume de la Roque und Raymond de Baux der Abtei ausgedehnte Ländereien. Sie stand bis 1357 in Blüte, wurde danach durch Brand zerstört, 1443 vom Kapitel St-Sauveur in Aix erworben, in der Revolution profaniert und schließlich im 19. Jh. restauriert und wieder zugänglich gemacht. *Grundriss* und *Anlage* folgen weitgehend dem Vorbild der Abbaye de Sénanque [Nr. 28], diese Übereinstimmung ist charakteristisch für das strenge Reglement der Ordensarchitektur. Allerdings sind die *Apsiden* in Sénanque halbkreisförmig, die der 1175 begonnenen *Klosterkirche* Silvacane dagegen rechteckig geschlossen. In der nördlichen Kapelle sind Reste vom *Grab des Bertrand de Baux*, des Erbauers der Kirche, und eines Enkels des Klostergründers, zu sehen. Das prächtige *Refektorium* stammt aus dem 15. Jh., die Gebäude der Laienbrüder sind nicht erhalten.

ℹ Praktische Hinweise

Information

Office de Tourisme, 9, Avenue Philippe de Girard, Lourmarin, Tel 04 90 68 10 77, www.lourmarin.com

Hotels

***De Guilles**, 2 km außerhalb Lourmarins, inmitten von Weinbergen gelegen, über die D 56, Route de Vaugines, Tel. 04 90 68 30 55, www.guilles.com. Ehemaliges Landhaus mit Park und Schwimmbad sowie einem Restaurant.

Le Paradou, 1 km auf der Route Apt, Lourmarin, Tel. 04 90 68 04 05, www.hostellerieleparadou.com. Nettes Hotel in angenehmer Lage mit Terrasse. Die Zimmer sind preiswert. Das Restaurant serviert thailändische Küche.

Camargue – im Delta der Rhône

Südlich von Beaucaire und Tarascon verzweigt sich die Rhône zu einem gewaltigen Mündungsdelta, einem beinah gleichschenkligen Dreieck. Die westliche Seite des Dreiecks wird durch die *Petit Rhône* gebildet, die kurz vor Arles nach Westen abzweigt, und den *Canal du Rhône à Sète*, der von Beaucaire über **St-Gilles** nach **Aigues-Mortes** führt, zum lange Zeit einzigen Mittelmeerhafen des französischen Königs. Die östliche Begrenzung bildet die *Grand Rhône* die, sich immer weiter verzweigend, von Arles nach Port-St-Louis fließt. Auf der östlichen Seite wird sie vom *Canal de Marseille* begleitet, der bei der Industriestadt Fos in den **Golfe de Fos** mündet.

Dazwischen breitet sich das weite, dünn besiedelte **Sumpfland** der Camargue aus, eine von Gräben und Wasseradern durchzogene amphibische Landschaft. Weite Bereiche der Camargue sind fast oder ganz unbewohnt. Im Norden erstrecken sich weite **Reisfelder**. Ursprünglich zur Entsalzung des Bodens angelegt, bilden sie heute eine wichtige Erwerbsgrundlage. Im Süden, vor allem im Bereich des Etang de Vaccarès mit seinen kleineren Lagunenseen, sind größere Areale als **Naturschutzgebiet** (Réserve naturelle) ausgewiesen und daher nur mit besonderer Erlaubnis zugänglich.

39 St-Gilles

Die romanische ›Schaubühne‹ des hl. Aegidius – Wallfahrtszentrum im Mittelalter.

Im Süden von St-Gilles-du-Gard (13 000 Einw.) verzweigt sich die Petit Rhône und bildet das weite Sumpfland der Camargue. Der Ort selbst verfügt mit der Fassade der *Église St-Gilles* über eine bedeutende Sehenswürdigkeit. Ihre Schönheit verweist auf die große Bedeutung, die dieser kleine Ort im Mittelalter hatte.

Geschichte Kirche und Ort St-Gilles gehen auf eine Einsiedelei des **hl. Aegidius** (franz. Gilles) zurück, der, aus Athen kommend, sich im 8. Jh. hier in der Wildnis niedergelassen hatte. Eine Hindin (Hirschkuh) soll ihn mit Nahrung versorgt haben; sie ist das Attribut des heiligen Einsiedlers, der – nicht nur in Frankreich – sehr häufig dargestellt wird, denn er zählt aufgrund zahlreicher ihm zugeschriebener Wundertaten zu den **Vierzehn Nothelfern**, die im Mittelalter außerordentliche Verehrung erfuhren.

Die Legende berichtet, dass die Jäger des Westgotenkönigs Wamba den Einsiedler fanden, als sie seiner Hindin nachstellten. Am Ort der Eremitenklause wurde daraufhin ein Kloster gegründet und Aegidius zu dessen erstem **Abt** ernannt. Die Namen bedeutender Persönlichkeiten verbinden sich mit St-Gilles und seinem Kloster: Im 10. Jh. kam der Ort in den Besitz der Grafen von Toulouse; der wohl bedeutendste von ihnen, **Raymond IV.**, einer der Anführer des 1. Kreuzzuges (1096–99), wurde wahrscheinlich hier geboren. Er nannte sich ›von St-Gilles‹ und machte die Stadt nicht nur zum *Stammsitz* seiner Familie – vom Schloss ist leider ebensowenig erhalten wie von den bedeutenden Kreuzritterzentren der Johanniter und der Templer –, sondern zugleich zu einem blühenden Knotenpunkt des Handels. Die Seemächte Pisa und Genua schlugen hier ihre Stützpunkte auf und sie brachten italienische Geldwechsler mit. Im 12./13. Jh. war St-Gilles mit seinen rund 40 000 Einwohnern bereits eine der größten **Hafenstädte** am Mittelmeer.

Keineswegs nur in Südfrankreich führte im 11./12. Jh. die Unzufriedenheit mit der offiziellen Kirche, ihrem Reichtum und ihrem seit dem Investiturstreit mit Nachdruck verfochtenen Machtanspruch zum Entstehen neuer Lehren, die vom Klerus erbittert bekämpft wurden. 1136 wurde vor den Toren von St-Gilles ein erster Scheiterhaufen entzündet: Der Prediger **Petrus Brusius** (Pierre de Bruis) musste dafür, dass er die Gottheit Christi und die Autorität des Papstes in Frage gestellt hatte, mit dem Leben büßen.

Der Tod des Häretikers wirkt im nachhinein betrachtet wie ein Fanal: Die strenge, manichäisch beeinflusste, auf die Polarität von Gut und Böse konzentrierte Lehre der *Katharer* (griech. die Reinen) hatte sich im Einflussbereich der toleranten Grafen von Toulouse ungehindert verbreitet. Nach einem ihrer Zentren, Albi, wurden die Anhänger dieser aus Osteuropa kommenden Religion auch **Albigenser** genannt. Die Kirche versuchte

Wallfahrtsorte und Pilgerwege

Die **Wallfahrt** zum Grab des hl. Gilles war im Mittelalter gleichbedeutend mit denen zu den großen religiösen Zentren von Rom, Jerusalem oder Santiago de Compostela. Neben der geografisch günstigen Lage am Schnittpunkt wichtiger Straßen und an einem schiffbaren Nebenarm der Rhône trug zum Wachstum und zur Bedeutung der Abtei wesentlich bei, dass St-Gilles nicht nur selbst ein bedeutender Wallfahrtsort war, der zahlreiche Pilger anzog, sondern zugleich Etappenstation an einer der großen Wallfahrtsstraßen nach **Santiago de Compostela** im spanischen Galizien.

Es gab in Frankreich vier **Chemins de St-Jacques** (Jakobswege), die bereits auf mittelalterlichen Landkarten verzeichnet waren und an denen Kirchen, Klöster und Hospize den Pilgern Rast und Unterkunft boten. St-Gilles lag am Arles-Weg, der **Via Tolosana**, die von Arles nach Toulouse und von da über den Somportpass nach Puente de la Reina führte.

Aber es gab noch eine andere Wallfahrtsroute, die im Volksmund **Chemin de St-Gilles** genannt wurde: Von Paris aus (man traf sich bezeichnenderweise vor der Kirche St-Leu-St-Gilles) führte sie über das Massif Central, die alte Via Regordana entlang, zur Hafenstadt St-Gilles, von wo aus man sich dann nach Rom einschiffte.

zunächst, durch Predigten und Disputationen die ›Irrgläubigen‹ auf den rechten Weg zurückzuführen – insbesondere der hl. Dominikus und seine **Dominikaner** widmeten sich dieser Aufgabe.

Die Ermordung des päpstlichen Legaten Pierre de Castelnau verschärfte 1209 die Situation. Papst Innozenz III. (1198–1216) rief zum **Kreuzzug** auf, nun nicht gegen ›Ungläubige‹ im fernen, sondern gegen Häretiker im eigenen Land. Raymond VI. wurde der Mittäterschaft bezichtigt und exkommuniziert, seine Ländereien wurden als Prämie ausgesetzt. Er unterwarf sich 1209 vor den Portalen von St-Gilles der Kirche, doch er konnte den Kreuzzug nicht mehr abwenden, der schließlich nach 20-jährigen Kämpfen 1229 mit der Angliederung des gesamten rechts der Rhône gelegenen Midi an Frankreich endete.

Besichtigung Nicht nur mit Papst Innozenz III., sondern auch mit einem seiner Nachfolger ist St-Gilles eng verbunden: Clemens IV. (1265–68) soll in der **Maison romane** (Tel. 04 66 87 40 42, Juli/Aug. Mo–Sa 9–12 und 15–19 Uhr, Sept.–Dez., Febr.–Juni Mo–Sa 9–12 und 14–17 Uhr, Jan. geschl.), dem romanischen Haus an der Place de la République, geboren worden sein. In dem Gebäude aus dem 12. Jh. (im 19. Jh. stark restauriert) sind ein Sarkophag der Schule von Arles (3. Jh.), Skulpturenfragmente aus der Abteikirche sowie alte Geräte provenzalischer Küfer, Wein- und Olivenbauern etc. zu sehen.

Clemens IV. hat St-Gilles mehrfach besucht, vor ihm hatten schon zahlreiche Päpste am Grab des hl. Aegidius gebetet. Einer von ihnen war Urban II., der bei einem seiner Besuche, 1095/96, die Abteikirche **Église St-Gilles** weihte. Von diesem Neubau, der *Basilica nova*, die damals noch keineswegs vollendet war, ist heute nicht mehr allzu viel erhalten. Immerhin sind die Fundamente des *Umgangschors* mit fünf Radialkapellen noch zu erkennen. Vom 1562 in den Religionskriegen zerstörten *Langhaus* sind nur noch Reste erhalten, ein Teil der westlichen Querhauswand und die zugehörige *Vis de St-Gilles* (Vis = Wendeltreppe) mit ihrem gewundenen Tonnengewölbe, einer technischen und ästhetischen Meisterleistung. Sehr bemerkenswert ist die großangelegte dreischiffige **Krypta** unter dem Langhaus, die möglicherweise als Übernachtungsquartier der Pilger diente. Eine Inschrift am ersten südlichen

Die Portalanlage der Abteikirche St-Gilles begeistert mit ihrem lebendigen Bildprogramm

Strebepfeiler nennt als Datum des Baubeginns das Jahr 1116. Älter ist wohl das Joch der *Confessio* (11. Jh.), das früher das Heiligengrab enthielt, jünger dagegen die flache Kreuzrippenwölbung des Mittelschiffs, die als eine der frühesten Anwendungen dieses Architekturmodells in Frankreich gelten darf.

Während der Religionskriege zerstörten bilderstürmende Protestanten 1562 auch Teile der *Portalfiguren*, und das Kloster diente den Reformierten vorübergehend als Festung. 1622 konnte das königliche Heer gerade noch den Abriss der **Fassade** verhindern. Diese gilt, wiewohl nur in ihrem Untergeschoss erhalten, neben der von St-Trophime in Arles [s. S. 100] als das bedeutendste Beispiel romanischer Skulptur in Südfrankreich.

Der Aufbau der Fassade orientiert sich formal an der Schauwand eines antiken Theaters, das Programm repräsentiert das Himmlische Jerusalem. Die beiden *äußeren Bogenfelder* konfrontieren Anbetung (Heilige Drei Könige, links) und Leiden (Kreuzigung, rechts) miteinander. Das *mittlere* zeigt die Wiederkunft des thronenden Christus (Majestas Domini, 17. Jh., anstelle des verlorenen Originals). Die *Relieffriese* unterhalb der Bogenfelder beschreiben Szenen aus dem Leben Jesu, u. a. Einzug in Jerusalem, Letztes Abendmahl und Kreuzigung. In der darunter liegenden Zone der *Säulen und Pilaster* bilden wehrhafte Engel (links Michael, rechts Kampf mit dem Satan) die Eckpfeiler. Dazwischen sind die Repräsentanten der Kirche und die Garanten der Lehre aufgereiht, die z. T. an ihren Attributen erkennbaren Apostel Matthäus, Bartholomäus, Thomas, Jakobus d. Ä., Paulus u. a. In der nur fragmentarisch erhaltenen *unteren Zone* sind Szenen der Gewalt, des Kampfes dargestellt, z. B. die Ermordung Abels durch Kain. Auf dieser ›irdischen‹ Basis baut sich das Heilsgebäude auf, dessen Szenen Inhalte herausgreift und betont, die damals Gegenstand der Auseinandersetzung mit den Ketzern waren. So findet sich im *rechten Bogenfeld* (Kreuzigung) eine Fülle von Anspielungen auf die Kreuzzugsidee, denn die eigentlich römischen Soldaten sind hier als christliche Ritter dargestellt.

Nicht nur in der **Gesamtkonzeption** der Fassade sondern auch in den skulpturalen Details ist der Einfluss der *Antike* unübersehbar. So erinnern z. B. die ausdrucksstarken Passionsszenen an Reliefs antiker Sarkophage. Die **Entstehungszeit** der Arbeiten ist um 1150 anzusetzen.

ℹ️ Praktische Hinweise

Information

Office de Tourisme, Place Frédéric Mistral, St-Gilles-du-Gard, Tel. 04 66 87 33 75, www.ot-saint-gilles.fr

Turmgeschichten

Die mächtige **Tour de Constance** mit ihren schönen Räumen lässt das Leid nicht ahnen, das hier über Jahrhunderte hinweg Menschen angetan wurde: In diesem Turm harrten achtzig **Tempelherren** drei Jahre lang ihrer Hinrichtung – Opfer jener brutalen und verleumderischen Aktion, mit der 1312 Philipp IV. dem mächtigen und wohlhabenden Ritterorden den Garaus machte und dessen Vermögen, denn nur um dieses ging es ihm, einzog [s. S. 50].

Später, im 18. Jh., wurden hier standhafte **Protestanten** gefangen gehalten. Dem Hugenottenführer Abraham Mazel gelang es 1705 mit Hilfe zusammengeknoteter Decken, aus dem Turm zu fliehen. 16 Mithäftlinge entkamen, beim 17. rissen die Decken, 14 weitere Glaubensgenossen blieben zurück. Auch **Marie Durand** (1712–1776) schmachtete hier. Sie war mit 18 Jahren ihres hugenottischen Glaubens wegen inhaftiert worden und weigerte sich, ihrer Überzeugung abzuschwören. 1768 schließlich wurde sie mit ihren zehn Genossinnen vom Gouverneur des Languedoc freigelassen – nach 38-jähriger Gefangenschaft.

Gefängnis mit Lichtblick: der Wehrturm Tour de Constance in Aigues-Mortes

Hotel

Le Cours, 10, Avenue François Griffeuille, St-Gilles, Tel. 04 66 87 31 93, www.hotel-le-cours.com. Gutes Hotel mit Restaurant.

40 Aigues-Mortes

Mittelalterliche ›Retortenstadt‹ am Mittelmeer.

Das von wehrhaften Mauern umgebene Aigues-Mortes (7100 Einw.) liegt inmitten einer landwirtschaftlich geprägten Region.

Geschichte Die Geschichte der Machtentfaltung des französischen Königtums ist auch eine Geschichte der Expansion nach Süden. Zwar waren die Grafen von Toulouse und andere Dynastien des Languedoc längst Lehensträger des Königs, doch er selbst besaß kein Land am Mittelmeer. Um eine Rolle im internationalen Handel spielen zu können – hier gaben im 13. Jh. noch Pisa und Genua den Ton an –, aber vor allem, um eine Basis für den geplanten Kreuzzug zu haben, war ein solcher *Stützpunkt* jedoch dringend erforderlich. 1240 gelang es Ludwig IX., dem ›Heiligen‹, ein Stück öden Marschlandes von der einstmals berühmten, heute spurlos verschwundenen Abtei Psalmodi zu erwerben. Ein mächtiger Turm, die *Tour de Constance*, wurde errichtet, ein schiffbarer Kanal angelegt und bis Beaucaire [Nr. 31] geführt, eine Stadt nach streng rationalem Schachbrettplan angelegt – eine von rund 400 ›Bastides‹, die im 13./14. Jh. entstanden.

Doch die **Retortenstadt** Aigues-Mortes in den Fiebersümpfen der ›Toten Wasser‹ hatte keine große Zukunft. Das Klima war ungesund, der Hafen der Lagune versandete bald, viele Bewohner verließen die Stadt, deren mittelalterliches Ambiente folglich weitgehend erhalten blieb. Aigues-Mortes lebt heute vom **Tourismus** und von der **Salzgewinnung**. Salzteiche und Pyramiden aufgeschütteten Salzes säumen die Ausfallstraßen.

Besichtigung Der Grundriss ist ein nahezu regelmäßiges Viereck, die Straßen verlaufen rechtwinklig. Auf der kleinen zentralen *Place St-Louis* wurde 1849 das eiserne *Standbild* des Stadtgründers Ludwig IX. von Pradier aufgestellt. Streng umschließt die komplett erhaltene **Mauer** die Stadt, und streng rhythmisiert die

![Aigues-Mortes mit Wehrmauer und Tour de Constance]

Beeindruckendes Zeugnis mittelalterlichen Städtebaus ist Aigues-Mortes mit seiner Wehrmauer und der imposanten Tour de Constance (links)

alternierende Folge der fünf kleineren und fünf größeren **Tore** dieses wehrhafte Korsett. In einer Ausbuchtung der Stadtmauer erhebt sich 34 m hoch die vorgelagerte **Tour de Constance** (Tel. 04 66 53 61 55, Mai–Sept. tgl. 10–19 Uhr, Okt.–April tgl. 10–12 und 14–17 Uhr). Den Turm sollte man unbedingt besteigen, denn der Blick von oben ist informativ und imponierend zugleich. Die Tour hat 6 m dicke Mauern, ihre Tore waren durch Fallgitter und Wurfschächte gesichert, doch im Inneren dominieren Maß und Eleganz. Vom *Untergeschoss* des Turms mit seiner *Salle des Gardes* führt eine Wendeltreppe ins erste Obergeschoss mit dem *Oratoire-de-St-Louis*, in der ein bemerkenswerter Kamin steht, und der *Salle des Chevaliers*, in der einst Hugenotten gefangen gehalten wurden. Sternförmige Rippengewölbe schließen die beiden *Turmgeschosse*, eine enge Treppe führt hinauf zum im 14. Jh. aufgesetzten Wachtürmchen, auf dem ein Leuchtfeuer brannte.

Dem Turm zu Füßen lag der **Hafen**. Von seinen längst versandeten Becken aus brachen die Ritter des Königs Ludwig zu ihren Kreuzzügen 1248 und 1270 auf.

Ein Besuch der **Salins du Midi** (Route du Grau du Roi, Tel. 04 66 73 40 02, www.salins.com, Führungen am Haupteingang, März tgl. 14.30, April/Mai tgl. 10, 11, 14.30, 16, 17, Juni tgl. 10, 14.30, 15.30, Juli/Aug. tgl. 10–17.50, Sept./Okt. tgl. 10.30, 11, 14.30, 15, 16 Uhr) macht mit der Produktion von Meeressalz vertraut, das hier schon seit Jahrhunderten gewonnen wird.

La Grande Motte

Nur 13 km westlich entstand Jahrhunderte nach Aigues-Mortes mit La Grande Motte (www.ot-lagrandemotte.fr) eine zweite, nicht weniger künstliche Stadt. In den späten 1950er-Jahren wollte die Pari-

Salz für die Suppe: die Salines du Midi

Zug der Säbelschnäbler: Die Camargue ist ein reich bevölkertes Vogelparadies

Das Naturschutzgebiet Camargue

Große Teile der Camargue, des sumpfigen, von zahlreichen Wasserläufen durchzogenen Mündungsgebiets der Rhône, sind seit 1928 Naturschutzgebiet. Der heutige **Parc Naturel Régional de Camargue** (www.parc-camargue.fr) besteht aus der **Lagune des Etang de Vaccarès** und **Les Impériaux**. Hier befinden sich ausgedehnte Brutgebiete von Wasservögeln. Um der Gefährdung durch den zunehmenden Tourismus zu begegnen, wurden 1970 das gesamte Rhônedelta und das Gebiet um Aigues-Mortes zum Naturschutzgebiet Camargue (Réserve naturelle) erklärt.

Ein guter Ausgangspunkt für die Erkundung der Camargue ist das **Besucherzentrum** (21 km südlich von Arles, Tel. 04 90 97 00 97, www.reserve-camargue.org, April–Sept. tgl. 9–13 und 14–18, Okt.–März Mi–Mo 9–13 und 14–17 Uhr) der Réserve Nationale de Camargue in La Capelière am Ufer der Lagune von Vaccarès. Von ihm führen gut beschilderte Lehrpfade hinein in die Landschaft. Auch mehrere Tierobservatorien gibt es. Man sollte sich, um die einzigartige Flora und Fauna dieses amphibischen Naturgebietes nicht zu gefährden, unbedingt an die Bestimmungen halten – Schilder markieren präzise die Grenzen des betretbaren Areals.

Einen guten Einblick in Fauna und Flora sowie in die landwirtschaftliche Nutzung und das Brauchtum der Camargue gibt das im Mas du Pont de Rousty nahe Albaron eingerichtete **Musée Camarguais** (Tel. 04 90 97 10 82, April–Sept. tgl. 9–18 Uhr, Okt.–März Mi–Mo 10–17 Uhr), zu dem auch ein interessanter Natur- und Landwirtschaftslehrpfad gehört.

Auch ohne verbotenerweise in das Naturschutzgebiet einzudringen besteht gute Gelegenheit, faszinierende Beobachtungen zu machen: Die schwarzen **Stiere** und weißen **Pferde** sind unschwer auszumachen, auch die prächtigen **Flamingos** wird man zu Gesicht bekommen. Darüber hinaus kann man mit etwas Glück verschiedenste Reiher, Möwen- und Entenarten, Kormorane, Sturm- und Brachvögel, Kraniche, Bienenfresser, Milane und Geier sehen.

ser Regierung dem wirtschaftsschwachen Süden zu Wirtschaftswachstum verhelfen. So verfiel man auf die Ide, in einem gigantischen Bauvorhaben die Küste touristisch zu erschließen. Der Architekt Jean Balladur schuf pyramidenartige Hotelanlagen, die eines gemeinsam haben: Ihre schiere Größe, und den Blick aufs Meer. Urlaub sollte hier freilich nur machen, wer ein ungezwungenes Verhältnis zum Massentourismus hat.

ℹ️ Praktische Hinweise

Information

Office de Tourisme, Place Saint-Louis, Aigues-Mortes, Tel. 04 66 53 73 00, www.ot-aiguesmortes.fr

Erlebnislandschaft Camargue: Den Naturpark durchstreifen Besucher zuweilen sogar auf dem Rücken der berühmten weißen Pferde

Hotel

**Croisades, 2, Rue Port, Aigues-Mortes, Tel. 04 66 53 67 85, www.lescroisades.fr. Preiswerte Unterkunft.

Restaurant

Les Arcadea, 23, Boulevard Gambetta, Aigues-Mortes, Tel. 04 66 53 81 13, www.les-arcades.fr. Gutes Restaurant in einem stilvollen Gebäude des 16. Jh.

41 Les-Saintes-Maries-de-la-Mer

Stadt der Marien.

Hauptort der Camargue, rund 20 km südöstlich von Aigues-Mortes gelegen, ist der Wallfahrtsort Les-Saintes-Maries-de-la-Mer (2300 Einw.) mit seiner zum Schutz vor Seeräubereinfällen trutzig befestig-

Strandvergnügen im Wallfahrtsort: In Les-Saintes-Maries-de-la-Mer verbinden sich alte religiöse Reiseriten mit modernem Tourismus

ten Kirche. Das *Einkaufs-* und *Marktzentrum* der südlichen Camargue ist als Ausgangspunkt für Ausflüge in die reizvolle Landschaft und wegen seiner einladenden *Sandstrände* ein in der Sommersaison überaus belebter Touristenort.

Die **Église Notre-Dame-de-la-Mer** im Zentrum (Place de l'Église), zwischen 1140 und 1180 erbaut, ist nicht allein für die Marienverehrung von Interesse. Ihr dunkler, höhlenartiger Innenraum ist die klassische Verkörperung des Raumideals provenzalischer Romanik. **Außen** gibt sich die Kirche geschlossen, kompakt und wehrhaft. Man wird seine Gründe dafür gehabt haben, denn diese Küsten waren nie sicher vor mordenden und plündernden Seeräubern, die es auf die Schätze von Klöstern und Wallfahrtskirchen abgesehen hatten. Man sollte das steinerne *Dach* der zinnenbewehrten Kirche besteigen – der Rundblick lohnt die geringe Mühe. Der Wehrgang entstand bereits in der zweiten Hälfte des 14. Jh., die Turmanlage wurde nach 1448 errichtet. Im **Inneren** der 15. Jh. um zwei Joche verlängerten Kirche umfängt den Besucher zunächst irritierendes Dunkel. Acht wunderbare Kapitelle tragen die *Chorarkaden*. Zwei von ihnen zeigen figürliche Darstellungen: Die Menschwerdung Jesu wird dem Opfer Isaaks gegenübergestellt. In der **Krypta** begegnen wir der Schwarzen Sara, der Patronin aller

Sinti und Roma. Hier sind wir dem Geheimnis dieses Ortes ganz nahe – einem Geheimnis, das weitaus älter ist als die liebenswürdige Geschichte der drei Marien und ihrer schwarzen Dienerin.

Denn Sara, keine Frage, war längst da, bevor die Marien kamen. Ihre Verehrung fügte sich lediglich problemlos in den christlichen Kult ein. Von weither kommen die fahrenden Leute zu Tausenden am 24. und 25. Mai zur **Pèlerinage des Gitanes**, eigentlich dem Fest der Maria Jakobäa, und verehren ihre (nicht kanonisierte) Sara, die ›Bohèmiens‹, die ›Roms‹, die Roma und Sinti, begleitet von Heerscharen von Touristen und Schaulustigen, die sich dieses Datum vorgemerkt haben: Sie feiern den Tag der heidnisch-christlichen Heiligen Sara mit klerikalem und folkloristischem Pomp, mit Glaube und Aberglaube, mit Erzbischof und Rummelplatz.

ℹ️ Praktische Hinweise

Information

Office de Tourisme, 5, Avenue Van-Gogh, Les-Saintes-Maries-de-la-Mer, Tel. 04 90 97 82 55, www.saintesmaries.com

Hotels

***Des Rièges**, Route Cacharel, Les-Saintes-Maries-de-la-Mer, Tel. 04 90 97 85 07, www.hoteldesrieges.com.

Die Marienkirche von Les-Saintes-Maries-de-la-Mer ist Mittelpunkt des berühmten Sinti- und Roma-Festes Pèlerinage des Gitanes für die Heiligen Maria Jakobäa und Sara

Bei der Prozession der Gitanes tritt das religiöse Engagement der Teilnehmer deutlich zutage – von so manchem auf Video gebannt

Die drei Marien

Rund 20 km südöstlich von Aigues-Mortes gingen, ein knappes Jahrzehnt nach Jesu Tod, einige seiner Verwandten und engsten Freunde an Land. So zumindest weiß es die **Legende**. Hier an der Stelle, die später nach ihnen benannt wurde, landete das Schiff der drei Marien: Maria aus Magdala (Magdalena), die die Legende mit Maria aus Bethanien identifiziert, Maria Jakobäa und Maria Salome. Dabei waren Magdalenas Geschwister Martha und Lazarus, der vom Tod Erweckte, sowie Sara, ihre schwarze Dienerin. Sie waren nicht freiwillig gekommen, sondern gerade mit knapper Not einer **Christenverfolgung** entronnen, die in ihrer Heimat wütete. Man hatte sie auf ein Schiff ohne Segel und Ruder gebracht und so

dem Untergang überlassen. Nach ihrer Errettung trennten sich dann die Wege der Heiligen. Zwei der Marien blieben mit ihrer Dienerin Sara in Les-Saintes-Maries, Lazarus wurde Bischof von Marseille, Martha ging nach Tarascon und besiegte den Drachen, Maria Magdalena, die Büßerin, verbrachte den Rest ihres Lebens in der Grotte von St-Maximin-la-Ste-Baume.

Die **Gebeine** der beiden Marien wurden 1448 ›wieder entdeckt‹ und in einen kostbaren Schrein umgebettet. Alljährlich an den beiden Festtagen (24. Mai für Marie Jacobé und 22. Oktober für Marie Salomé) werden sie in der Wallfahrtskirche feierlich den Gläubigen gezeigt. Die angeblichen Überreste Saras liegen in der Krypta.

Gepflegtes, ca. 1 km außerhalb gelegenes Haus mit Swimmingpool im Garten.

**Mirage, 14, Rue Camille-Pelletan, Les-Saintes-Maries-de-la-Mer, Tel. 04 90 97 80 43, www.lemirage.camargue. fr. Gutes Hotel mit Abendrestaurant.

Restaurants

Hostellerie du Pont de Gau, Route d'Arles, Les-Saintes-Maries-de-la-Mer (5 km nordöstlich), Tel. 04 90 97 81 53, www.pontdegau.camargue.fr. Das empfehlenswerte Restaurant bietet z. B. Lamm in Karamell.

Alpilles, Crau und Marseille –
von berühmten Städten und Künstlern

Das Dreieck Aigues-Mortes–Avignon–Aix-en-Provence wird aus Kleiner und Großer Rhône und ihrem Nebenfluss **Durance** gebildet, einzelne Gebirgsblöcke und -ketten ›reliefieren‹ dieses Bild: Montagnette und Alpilles im Norden, die Chaîne d'Estaque im Süden, die Montagne Ste-Victoire im Osten. Nördlich der bizarren **Alpilles** wird die **Petite Crau** von Zypressenhecken und mit Bambus eingezäunten Feldern geprägt, auf denen Paprika, Auberginen, Obst, Blumen gezogen werden. An den Hängen der Alpilles sieht man Ölbäume, Ginster, Pinien, schließlich nur noch schroffe, nackte Felsen. Jenseits der Berge dann die öde, viele Meter tief mit aus den Alpen herbeigeführtem Geröll vollgepackte Crau, das einstige Mündungsgebiet der Durance. Am Schnittpunkt so verschiedenartiger Landschaften liegt Arles. Von dort führt eine schnurgerade Straße durch die Crau nach **Salon-de-Provence**, dann aber Szenenwechsel: Berge ringsumher, darunter die von Paul Cézannes Bildern her so bekannte **Montagne Ste-Victoire**. Am Rande der Provence schließlich die Stadt, die jahrhundertelang ihr Verwaltungszentrum war: **Aix-en-Provence**, und im Süden, dem Meer zugewandt, breitet sich die Großstadt **Marseille** aus.

---

42   # Arles   *Plan Seite 101*

Arena, Thermen, Kathedrale prägen die kleine Weltstadt mit großer Geschichte.

Im 7. Jh. v. Chr. war die Arles (52 000 Einw.) ein keltisches Oppidum mit Namen *Theline*, das handelspolitisch vom griechischen Massalia (Marseille) abhängig war. 535 v. Chr. zerstörten es die keltischen Saluvier und gründeten statt dessen *Arelate*. Nach der Zerstörung des Saluvier-Zentrums Entremont durch Caius Sextius Calvinus im Jahre 123 v. Chr. und der Einnahme von Massalia bauten die Römer Arles zu einem bedeutenden Knotenpunkt des Handels und des Verkehrs aus.

Im Jahre 104 v. Chr. legte der römische Konsul und Feldherr *Marius* einen Kanal an, der Arles mit Fos verband und so einen direkten Zugang zum Mittelmeer ermöglichte. 46 v. Chr. siedelte *Caesar* die Veteranen seiner 6. Legion in Arles an. Die so gegründete und mit römischem Stadtrecht ausgestattete **Colonia Iulia Paterna Arelate Sextanorum** wurde 308 n. Chr. unter Konstantin kaiserliche Residenz und zwischen 395 und 400 an-

Gemächlich fließt die Rhône an den Häusern von Arles vorbei

stelle von Trier, das durch die Germanen-einfälle gefährdet war, sogar Verwaltungszentrum ganz Galliens (mit Spanien und Britannien).

471 eroberten die Westgoten, 536 die Franken das Gebiet um Arles. Während in den merowingischen Reichsteilungen Aix, Avignon und Marseille *Austrien* zugesprochen wurden – hier bereitete sich die Weichenstellung vor, die die Provence später dem Heiligen Römischen Reich Deutscher Nation zuteilen sollte –, kam Arles an das ›Mittelreich‹ *Burgund*. 879 ließ sich Graf Boso zum **König der Provence** wählen und machte Arelate zu seiner *Hauptstadt*. Ab 1032 war das Königreich zwar dem Deutschen Kaiserreich unterstellt, tatsächlich aber blieben die Grafen und Herzöge der Provence selbstständig.

Als im 12. Jh. die Provence in drei Grafschaften aufgeteilt wurde, fiel Arles an die Grafen von Barcelona. Versuche der reichen und selbstbewussten Stadt, nach italienischem Vorbild eine republikanische Verfassung durchzusetzen, blieben Episoden. 1239 war bereits wieder der Graf von Barcelona Herr der Lage, 1251 eroberte dann **Karl von Anjou**, der Bruder Ludwigs IX., die Stadt, und die Provence blieb unter der Herrschaft seiner Familie, bis sie 1481 an Frankreich fiel.

Arles kunst- und kulturhistorische Bedeutung unterstreicht auch die Aufnahme seiner römischen und romanischen Baudenkmäler in die Weltkulturerbeliste der UNESCO im Jahr 1981. Alljährlich im Juli findet in Arles die Fotoschau **Les Rencontres Internationales de la Photographie** (www.rencontres-arles.com) statt.

Cathédrale und Cloître St-Trophime

Nach ihrem ersten Bischof Trophimus, der im 3. Jh. lebte, ist die **Cathédrale St-Trophime ❶** benannt. Der heutige Bau stammt aus der Zeit zwischen 1078 und 1152, Teile einer älteren, dem hl. Stephan (St-Etienne) geweihten Basilika, zu deren Bau man die Steine des nahe gelegenen römischen Theaters verwendete, wurden in den Neubau einbezogen. Der Vierungsturm und der Kreuzgang entstanden um 1170.

Womöglich vollendeten die Steinmetze die großartige **Portalanlage** pünktlich zum Besuch Kaiser Barbarossas, der sich 1178 hier – wie später noch einmal Kaiser Karl IV. – zum König der Provence krönen ließ, um seinen Anspruch vor Ort zu bekräftigen. Sie ist neben dem von St-Gilles [s. S. 91] das bedeutendste Beispiel für monumentale Portalskulptur in der Provence. Der *Aufbau* erinnert an römische Triumphbögen und variiert das Ädikula-

Die Chathédrale St-Trophime ist ein begeisterndes Exempel provenzalischen Kunstschaffens

Schema in der Verbindung von Bogen, Fries, Säulen und Giebel.

Es zeigt im Tympanon Christus als *Weltenrichter*, darunter in faszinierender Reihung die Züge der Seligen und der Verdammten; in der Mitte, unter der Mandorla mit den vier Evangelistensymbolen, die thronenden Apostel. Das Programm umfasst weiterhin Szenen aus dem *Leben*

Das Portal von St-Trophime – hier Paulus und Andreas – ist ein Meisterwerk des 12. Jh.

Christi und Darstellungen von Heiligen – es war eher dazu angetan, den mittelalterlichen Menschen erschauern zu lassen als ihn zu erbauen.

Die herbe, elementare Kraft des hohen dunklen **Innenraumes**, einer dreischiffigen *Basilika* mit Spitztonne über dem Hauptschiff und Halbtonne über den Seitenschiffen, Querhaus, Vierungskuppel und Obergadenfenstern, ist imponierend. Ein Kranzgesims mit antikisierenden Akanthusmotiven akzentuiert den Übergang zur Gewölbezone. Von der *Ausstattung* sind verschiedene Gemälde von Ludovicus Finsonius (†1617) zu erwähnen, außerdem die Orgelempore von 1760, die Tapisserien aus Aubusson im nördlichen Seitenschiff (Marienleben, 17. Jh.), Grabmonumente des 17. Jh. und reliefierte Sarkophage des 4. Jh. Die aufwendige, geräumige *Choranlage* (fünfseitiger Abschluss mit Umgang und drei Kapellen) ist späteren Datums. Sie wurde 1454–65 an der Stelle der ursprünglichen gebaut, um Platz für die Gläubigen zu schaffen, die zum Grabe des 1450 verstorbenen Kardinals *Louis Aleman* pilgerten. Der *Hochaltar* stammt von 1848, an seiner Rückseite sind drei Marmortafeln des 12. Jh. angebracht.

Das *Querhaus* wurde nach Süden verlängert (dort Sakristei und Schatzkammer), um einen Zugang zum **Cloître St-Trophime** ❷ (Nov.–Febr. tgl. 10–16.30 Uhr, März/April, Okt. tgl. 9–17.30 Uhr, Mai–Sept. tgl. 9–18.30 Uhr) zu schaffen. Dieser Kreuzgang, um den sich Kapitelsaal, Refektorium und Dormitorium der Domkanoniker gruppieren (heute Dommuseum und Räume für Wechselausstellungen) gilt als der schönste der Provence. Nord- und Ostflügel sind romanisch (1183 und 1188), Süd- und Westflügel gotisch (14. Jh.). Die Kapitelle des *Westflügels* zeigen (von Norden gesehen): Pfingsten, Marienkrönung, Maria Magdalena zu Füßen Jesu, Martha mit dem Drachen Tarasque, Simson und Dalila, Steinigung des Stephanus sowie verschiedene Tierdarstellungen. Die Kapitelle des *Südflügels* zeigen Maria mit Kind und Szenen aus der Legende des hl. Trophimus. Man beachte die verschiedenen Wölbformen der beiden Kreuzgangteile. Im romanischen sind es Tonnengewölbe, im gotischen Kreuzrippen. Einzigartig in der Provence ist das **Skulpturenprogramm** der romanischen *Nord*- und *Ostflügel*, sowohl was den inhaltlichen Reichtum, als auch, was die künstlerische und handwerkliche Qualität der Details betrifft. Jeweils vier Bogenöffnungen sind zu einer Arkadengruppe zusammengefasst, reich skulptierte Pfeiler alternieren mit schlanken Doppelsäulen.

Die Betrachtung beginnt beim *nordwestlichen Eckpfeiler*. Zentrale Figur ist der hl. Trophimus zwischen den Aposteln Petrus und Johannes, die Szenen dazwischen beziehen sich auf die **Auferstehung**: das leere Grab, die Frauen bei den Salbenhändlern. Die *drei folgenden Kapitelle* setzen Szenen des Alten und Neuen Testamentes in Beziehung zueinander: Erweckung des Lazarus, Opfer Abrahams, Bileam und der Esel.

Am *folgenden Pfeiler* ist die **Emmaus-Geschichte** dargestellt, bei der der auferstandene Christus zwischen zwei Jüngern erscheint. Es folgen *zwei Kapitelle* mit Szenen, die die Emmaus-Thematik ergänzen und interpretieren: die drei Männer bei Abraham und die Predigt des Paulus auf dem Areopag.

Auf dem *nächsten Pfeiler* zeigt Jesu seine Wundmale. Er wird flankiert von den Aposteln Jakobus und Thomas. Die *folgenden Kapitelle* greifen dieses **Offenbarungsthema** anhand einer typologischen Gegenüberstellung mit dem Alten Testament auf: Moses empfängt die Gesetzestafeln, Gott offenbart sich im brennenden Dornbusch.

Der *Eckpfeiler* ist als Pendant des Auferstehungspfeilers am Beginn der Arkadenreihe zu sehen: Dem dort aufgestellten Apostel Petrus entspricht hier Paulus, dem Kirchenpatron Trophimus der Pa-

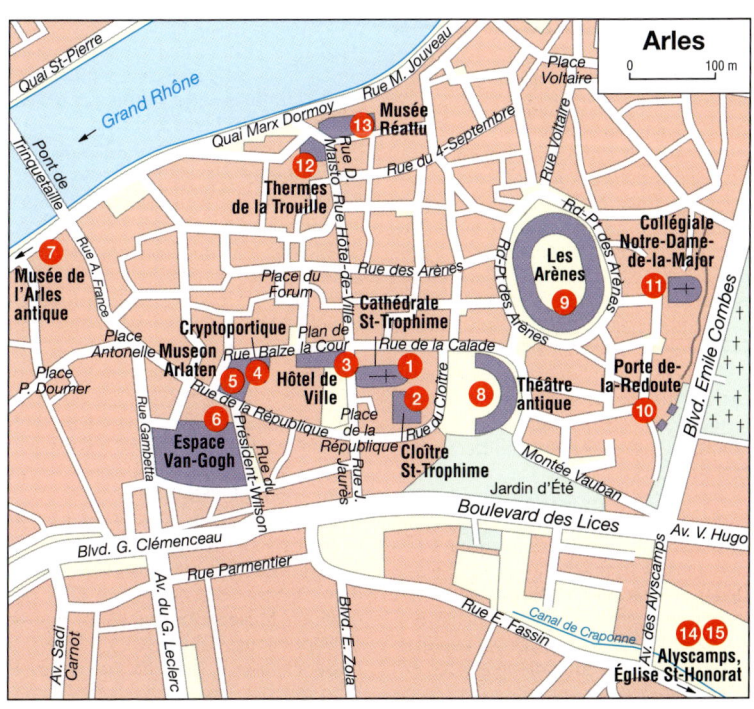

An der Place de la République mit Hôtel de Ville (Mitte) und Cathédrale St-Trophime (rechts) geben sich Einwohner und Besucher ein Stelldichein

tron der Vorgängerkirche, Stephanus, dem Apostel Johannes Andreas – womit die sechs wichtigsten der zwölf Apostel ihren Platz gefunden hätten. Die Szenen zwischen den Ganzfiguren stellen die **Himmelfahrt Christi** sowie die Steinigung des Stephanus dar, der bei seinem Tod den Himmel offen und Christus über den Wolken thronend sah. Die *folgenden Kapitelle* widmen sich der **Kindheitsgeschichte Jesu**: Verkündigung, Heimsuchung, Geburt. Die Kindheitsgeschichte setzt mit dem Bethlehemitischen Kindermord – jenseits des *fünften Pfeilers* – zugleich auch das mit Stephanus angeschlagene Leidensthema fort. Dieser Pfeiler zeigt Jesu Geißelung zwischen Judas und einem Schergen, dann (nach dem Kindermord) Kapitelle mit Darstellungen der Flucht nach Ägypten, des Traums der drei Weisen und deren Auftritt vor Herodes.

Der *folgende Pfeiler* nimmt mit dem Lamm Gottes zwischen Ekklesia (Kirche) und Synagoge ebenfalls Bezug auf Leiden und Verherrlichung. Diese beiden bilden das zentrale Motiv des gesamten, wohldurchdachten ikonographischen Programms des Kreuzgangs. Dem Grundthema entsprechen auch die *folgenden Kapitelldarstellungen*: Anbetung der Könige, Einzug in Jerusalem, über den Arkaden die Törichten Jungfrauen, Aussendung der Apostel, am Eckpfeiler dann Abschied und Fußwaschung, Abendmahl und Judaskuss.

Vom Plan de la Cour zum Boulevard des Lices

Über den Plan de la Cour gelangen wir zum **Hôtel de Ville** ❸. Das Rathaus wurde im 17. Jh. erbaut, der Uhrturm ist älter, er stammt aus dem 16. Jh.

Von der 1654–61 erbauten barocken Kollegkapelle der Jesuiten an der Rue Balze gelangt man in die **Cryptoportique** ❹ (März/April, Okt. tgl. 9–11.30 und 14–17.30 Uhr, Mai–Sept. tgl. 9–18.30 Uhr, Nov.–Febr. tgl. 10–11.30 und 14–16.30 Uhr), eine unterirdische Säulenhalle aus dem 1. Jh. v. Chr., die sich einst unter dem römischen Forum befand. Der 90 x 60 m große Bau besteht aus zwei durch Pfeiler getrennten Rundbogengängen und erhält Tageslicht durch Kellerfenster. Im 4. Jh. wurde eine zweite Galerie angefügt.

Weiter westlich trifft man auf das von dem Dichter *Frédéric Mistral* 1896 gegründete **Museon Arlaten** ❺ (29, Rue de la République, Tel. 04 90 93 58 11, www.museonarlaten.fr, bis 2013 wg. Renovierung geschl.). Das anschauliche Panorama regionalen Kunsthandwerks (Möbel, Trachten etc.) gewinnt noch dadurch an Bedeutung, dass es in einem noblen Palais des 16. Jh., dem *Hôtel Laval-Castellane*, untergebracht ist. Im Innenhof wurden Reste einer Basilika der Trajanzeit (2. Jh. n. Chr.) entdeckt und in das Museumsensemble integriert.

Jenseits der Rue de la République, in der Rue du Président-Wilson, befindet sich das Kulturzentrum **Espace Van-Gogh** ❻. Es ist in den Räumen des Hospitals untergebracht, in dem Vincent van Gogh 1888/89 mehrmals behandelt wurde, und zeigt Wechselausstellungen.

Van Gogh schuf während der zwei Jahre, die er in der Provence lebte, ein Œuvre, das quantitativ und qualitativ von außerordentlicher Bedeutung ist. Doch das *Gelbe Haus* an der Place Lamartine, in dem er sich sein Atelier einrichtete, fiel dem Krieg zum Opfer, und auch die Rhônebrücke nach Trinquetaille, die er malte, gibt es nicht mehr. Immerhin die holländisch anmutende ›Langlois-Brücke‹ über den Canal d'Arles blieb erhalten. Man erreicht die pittoreske Ziehbrücke im Süden der Stadt, die heute **Pont van Gogh** heißt, auf der D 35.

Ein Abstecher zum belebten **Boulevard des Lices** ist vor allem wegen des riesigen, sehr bunten und lebendigen

Marktes zu empfehlen, der hier jeden Samstag Vormittag stattfindet. Durch den *Jardin Publique* gelangt man dann zu den römischen Ausgrabungen.

Das antike und mittelalterliche Arles

Doch zunächst ein Abstecher: Außerhalb des Stadtzentrums, südlich der Schnellstraße, die Marseille und Nîmes verbindet, liegt nahe der Rhône auf der Presqu'Île du Cirque Romain das **Musée de l'Arles antique** ❼ (Presqu'île du Cirque Romain, Tel. 04 90 18 88 88, www.arles-antique.cg13.fr, April–Okt. tgl. 9–19 Uhr, Nov.–März tgl. 10–17 Uhr. Es besteht eine Shuttle-Busverbindung zur Innenstadt). Das auf dreieckigem Grundriss angelegte, großzügige Museum des Architekten Henri Ciriani von 1995 bietet einen Überblick über die antike Kunst und Kultur in Südfrankreich. Angeschlossen ist ein archäologisches *Forschungsinstitut*. Von den Denkmälern und Kunstschätzen der Kollektion sind die hervorragend erhaltenen **Skulpturen** und **Keramiken**, ein Abguss der berühmten ›Venus von Arles‹, 1693 angefertigt von François Girardon (Original im Louvre, Paris), sowie frühchristliche **Sarkophage** aus dem 4./5. Jh. mit hochinteressanten Reliefs hervorzuheben.

Weltberühmtes Sujet: Im März 1888 malte Vincent van Gogh die Pont Langlois

Zufluchtsort des Farbenzauberers: das heutige Kulturzentrum Espace Van-Gogh

Hinter dem Stadtpark von Arles liegt das um 15 n. Chr. erbaute **Théâtre antique** ⑧ (Tel. 04 90 96 93 30, März/April, Okt. tgl. 9–11.30 und 14–17.30 Uhr, Mai–Sept. tgl. 9–18.30 Uhr, Nov.–Febr. tgl. 10–11.30 und 14–16.30 Uhr). Mit seinem Durchmesser von 100 m bot es Platz für rund 10 000 Zuschauer. Die Anlage ist noch gut zu erkennen, einige Säulen wurden wieder aufgerichtet, die Bühnenwand ist nicht mehr erhalten. Ausgrabungsfunde zeigt das Musée de l'Arles antique.

Vorbei an der **Fondation Vincent van Gogh** (24 bis, Rond Point des Arènes, Tel. 04 90 49 94 04, www.fondationvangogharles.org, April–Juni tgl. 10–18 Uhr, Juli–Sept. tgl. 10–19 Uhr, Okt.–März tgl. 11–17 Uhr), die Werke zeitgenössischer Künstler als Hommage an den großen Meister präsentiert, gelangt man zu **Les Arènes** ⑨. Das Amphitheater ist neben dem von Nîmes [s. S. 67] das besterhaltene der Provence. Es entstand um 90 n. Chr. und ist mit 136 x 107 m etwas größer als das in Nîmes, wenngleich hier die Attika im 12./13. Jh. abgetragen wurde. Dies gibt dem im 19. Jh. unter der Ägide des großen Bauhistorikers und Architekten *Viollet-le-Duc* freigelegten riesigen Oval ein ungewöhnliches Aussehen. Die drei schroffen Wehrtürme stammen von der mittelalterlichen Festung, die innerhalb der Arenamauern entstanden war. Heute ist sie Schauplatz der Stierkämpfe, der *Férias*, die ganz Arles in Volksfesttaumel versetzen.

Hinter der Arena, am Boulevard Emile Combes, hat sich mit der **Porte de-la-Redoute** ⑩ ein Stück mittelalterliche Stadtmauer erhalten. Durch dieses Tor führte einst die Via Aurelia, nördlich davon, an der Place de la Major, steht die **Collégiale Notre-Dame-de-la-Major** ⑪. Die romanische Kirche – ihr Mittelschiff zeigt noch diesen Stil – erhielt im 14. Jh. gotische Seitenschiffe, im 16. Jh. den Chor und 1592 das Westportal.

Vom Amphitheater gelangt man über die Rue des Arènes zum einstigen Forum, der *Place du Forum*, und weiter nördlich zur Rhône. Nahebei sieht man die Reste der **Thermes de la Trouille** ⑫ in der Rue D. Maist. Es ist die größte erhaltene Thermenanlage der Provence, sie gehörte zum Palast des Konstantin. Freigelegt ist nur ein kleiner Teil, besonders schön er-

Arles römisches Amphitheater diente im Mittelalter als Burg, wie der Wehrturm beweist

halten ist die Mittelapsis. Man beachte den schichtweisen Wechsel von Backstein und Natursteinlagen. Diese Mauertechnik ist charakteristisch für das 4. Jh.

Ganz in der Nähe liegt das **Musée Réattu** ⓭ (10, Rue du Grand Prieuré, Tel. 04 90 49 37 58, www.museereattu.arles.fr, Juli–Sept. Di–So 10–19, Okt.–Juni tgl. 10–12.30 und 14–17.30 Uhr), die einstige Komturei der Malteser. Der wehrhafte mittelalterliche Bau mit seiner spätgotischen Hauskapelle wurde nach der Revolution von dem Maler *Jean-Jacques Réattu* (1760–1833) erworben, der sich hier eine Wohnung und ein Atelier einrichtete. Das Gebäude ist seit 1867 in städtischem Besitz und enthält eine beachtliche *Sammlung* von Gemälden des 16.–18. Jh. aus Frankreich, Italien und den Niederlanden, außerdem Malerei des 20. Jh. (Dufy, Gauguin, Léger) und Zeichnungen von Picasso. Plastiken von César und Zadkine runden die Kollektion ab.

Les Alyscamps

Der Weg zu den stimmungsvollen **Alyscamps** ⓮ (Avenue des Alyscamps, Tel. 04 90 49 36 87, März/April, Okt. tgl. 9–11.30 und 14–17.30 Uhr, Mai–Sept. 9–18.30 Uhr, Nov.–Feb. 10–11.30 und 14–16.30 Uhr), den ›Gefilden der Seligen‹, einem von den Römern angelegten und später auch von der frühchristlichen Gemeinde von Arles genutzten *Friedhof*, führt entweder über den Boulevard des Lices oder über die Rue E. Fassin am Canal de Craponne. In der Nekropole reihen sich verwitterte Grabmäler und Sarkophage aneinander.

Vorbei an einem ausgedehnten Grabungsgelände gallo-römischer Wohn- und Geschäftshäuser erreicht man die *Allée des sarcophages*, der ›Gräberstraße‹. An deren Ende befinden sich die Ruinen der um 1168 erbauten **Église St-Honorat** ⓯, einer dreischiffigen Basilika mit Querhaus und Krypta. Auch im unvollendeten Mittelschiff der Kirche fanden zahlreiche Kapellen und Grabmäler wohlhabender Familien aus Arles Platz. Über ihnen leuchtete im Vierungsturm die *Laterne des Mortes*, Totenlicht und zugleich Leuchtturm in den von Kanälen durchzogenen Sümpfen, die sich einst in weitem Umkreis um die Kirche erstreckten.

ⓘ Praktische Hinweise

Information

Office de Tourisme, 35, Esplanade Charles-de-Gaulle (Boulevard des Lices),

Abendstimmung im Café van Gogh an der Place du Forum von Arles

Arles, Tel. 04 90 18 41 20, www.tourisme.ville-arles.fr

Markt

Wochenmarkt (Sa Vormittag), **Flohmarkt** (1. Mi des Monats), jew. Boulevard des Lices/Boulevard Clémenceau

Hotel

TOP TIPP *****D'Arlatan**, 26, Rue du Sauvage, Arles, Tel. 04 90 93 56 66, www.hotel-arlatan.fr. Unweit der Place du Forum gelegenes Hotel in einem Palais des 15. Jh. mit stilvollem Ambiente, modernem Komfort, Innenhof und Garten.

*****Le Calendal**, 5, rue Porte de Laure, Arles, Tel. 04 90 96 11 89, www.lecalendal.com. Relativ preiswertes Hotel im Zentrum von Arles.

Restaurants

Corazón, 1, Rue Réattu, Arles, Tel. 04 90 96 32 53. Ein Restaurant wie ein Designstudio: Hier kann man nicht nur sehr gut essen, sondern sogar Lampen, Tische und Stühle aus der Einrichtung erstehen.

L'Affenage, 4, Rue Molière, Tel. 04 90 96 07 67. In den Ställen einer ehemaligen Poststation kommen regionale Gerichte auf den Tisch.

Lou Caleu, 27, Rue Porte de Laure, Arles, Tel. 04 90 49 71 77, www.restaurant-lou-caleu.com. Das Restaurant bietet gute provenzalische Küche.

43 Abbaye de Montmajour

Auch als Ruine ist Montmajour ein imponierendes Zeugnis benediktinischer Baukunst

TOP TIPP *Reste einer romanischen Abtei in den Sümpfen.*

Das Bild der nordöstlich von Arles (D 17) gelegenen ehemaligen Abtei Montmajour (Route de Fontvieille, http://montmajour. monuments-nationaux.fr, April–Juni tgl. 9.30–18 Uhr, Juli–Sept. tgl. 10–18.30 Uhr, Okt.–März Di–So 10–17 Uhr) muss in früheren Jahrhunderten noch eindrucksvoller gewesen sein. Damals ragte das auf Fels gegründete Kloster noch aus einem einsamen, unwegsamen Sumpfland heraus und war nur mit Kähnen erreichbar. Es war der Burgunderkönig Konrad (937–993), der hier eine öffentliche *Begräbnisstätte* einrichten ließ. 949 erwarb die Adelige Teucinde den Fels vom Domkapitel von St-Trophime und gründete dort ein **Benediktinerkloster**. Im Jahr 1016 wurde der Grundstein zu einer ersten Kirche gelegt, 1030 erwarb das zugehörige Kloster das Recht, einen Ablass zu erteilen, den *Pardon de Montmajour*. Seither wallfahrteten jährlich viele Tausende von Pilgern hinaus in die Sümpfe; ihre Spenden wurden dazu benutzt, diese trockenzulegen.

Die **Église Notre-Dame** des Klosters, um 1140/50 entstanden, ist nur noch als – freilich imponierender – Torso erhalten, eine skulpturenhaft prägnante, in der Klarheit ihrer Proportionen typisch provenzalische Gebäudegruppe mit polygonal gebrochenem Chor und diesen umlaufender, teilweise in den Fels gehauener Krypta *Ste-Croix*, verkürztem Langhaus und markantem Querschiff, das Ganze gut überschaubar vom mächtigen frei stehenden Wehrturm **Tour de l'Abbé** (1369). Über Querhaus und Kapitelsaal gelangt man in den eindrucksvollen **Kreuzgang**, dessen Kapitelle sich heute größtenteils im *Musée de l'Arles antique* [s. S. 104] befinden. Man beachte das schöne, heute vermauerte Portal zum Refektorium und die *Wandgräber* zweier Grafen der Provence, die von Gottfried (†1062) und Wilhelm IV. (†1018) im östlichen sowie das des Abtes Jean Hugolin de St-Rémy (†1430) im nördlichen Flügel.

1703 wurde mit dem Bau einer *neuen Klosteranlage* begonnen, Baumeister war Pierre Mignard. Ein Brand (1726) und ein politischer Skandal führten jedoch dazu, dass dieses Werk nicht vollendet wurde: Wegen der Verwicklung des (Titular-)Abtes von Montmajour, des Straßburger Kardinals Rohan, in die *Halsbandaffäre* wurde die Abtei 1786 von Ludwig XVI. geschlossen. Sie wechselte mehrmals den Besitzer, verfiel zusehends, und man begann bereits mit den Abbrucharbeiten, als sich 1872 das Blatt wendete, nicht zuletzt dank der Intervention des Malers Réattu, der die Tour de l'Abbé erwarb. Wenig später wurde mit der Wiederherstellung begonnen.

Das älteste Gebäude auf dem Gelände der Benediktinerabtei ist die **Chapelle St-Pierre**. Die zweischiffige, tonnengewölbte Kapelle (11. Jh.) mit quadratischem Chor, halbrunder Apsis und Beichtnische bzw. Eremitage ist zum Teil in den Fels gehauen.

Außerhalb der Klosteranlage stößt man 200 m östlich (Richtung Fontvieille, D 17) auf den mönchisch-schlichten Zentralbau der **Chapelle Ste-Croix** auf Vierkonchen-Grundriss, in dem sich elementare stereometrische Formen wie Halbzylinder, Kubus und Pyramide auf eindrucksvolle Weise miteinander verbinden. Der turmartige Aufbau der kleinen Friedhofskapelle gipfelt in einer Totenlaterne, die einst weithin über die felsige Toteninsel geleuchtet haben muss. Rund um die Kapelle, die sich nicht zuletzt durch eine faszinierende Akustik auszeichnet, sind Gräber verschiedenster Größe in den Formen menschlicher Gestalt in den Fels eingetieft.

44 Salon-de-Provence

Bollwerk und Handelszentrum inmitten der Crau.

Salon (40 000 Einw.), heute ein Zentrum der *Olivenverarbeitung*, stand zunächst unter der Herrschaft der Erzbischöfe von Arles. Deren Bergbefestigung *Castrum salone* wird im 10. Jh. als Zufluchtsort vor den Normannen und Mauren erwähnt, 1032 wurde Salon reichsunmittelbar. Im 14. Jh. entwickelte sich die verkehrstechnisch günstig an der Via Aurelia gelegene Stadt zu einem wichtigen *Handelszentrum*, dessen Selbstverwaltung im 15. Jh. mehrmals auch durch die neuen Landesherren, die französischen Könige, bestätigt wurde.

Das im 17. Jh. errichtete **Hôtel de Ville** (Rathaus) am Cours Victor-Hugo ist ein Zeugnis des Bürgerstolzes dieser Stadt, die 1854 einem ihrer Söhne unmittelbar davor ein *Denkmal* errichtete. Es gilt dem Ingenieur *Adam de Craponne* (1526–1576), der den nach ihm benannten Kanal baute, der die Durance einerseits mit Arles und der Rhône, andererseits mit dem Etang de Berre verbindet. Craponne leistete damit einen wichtigen Beitrag zur wirtschaftlichen Erschließung von Salon und seiner Umgebung, der nördlichen Crau.

Noch ein anderer Name verbindet sich mit Salon, der des *Michel Nostradamus* (1503–1566). 19 Jahre lang lebte er dort, sein Wohnhaus beherbergt mittlerweile das **Musée Nostradamus** (Rue Nostradamus, Tel. 04 90 56 64 31, Mo–Fr 9–12 und 14–18, Sa/So 14–18 Uhr). Es dokumentiert Leben und Werk des Gelehrten, der vor allem durch seine viel beachteten Prophezeiungen *Centuries* (1555) berühmt wurde. Jährlich Anfang Juli wird die Erinnerung an den Weissager zukünftiger Katastrophen mit dem äußerst lebhaften **Nostradamus-Fest** in fantastisch-wilden Kostümen gefeiert. Das Grab des berühmten, aus St-Rémy stammenden Arztes und Gelehrten, Juristen, Alchimisten und Astrologen befindet sich in der Dominikaner-Kirche **Collégiale St-Laurent** (3. Kapelle links) am Square St-Laurent im Norden der Stadt.

TOP TIPP

In unmittelbarer Nähe des Nostradamus-Museums befinden sich die um 1200 erbaute, einschiffige Église St-Michel und die Porte Bourg-Neuf, ein Rest der mittelalterlichen Stadtmauer (13. Jh.). Unübersehbar ist die mächtige Festung auf dem Rocher du Puech, das **Château de l'Empéri** (Montée du Puech, Tel. 04 90 44 72 80, Mi–Mo 10–12 und 14–18 Uhr), dessen Name auf das römisch-deutsche ›Imperium‹ verweist, zu dem die Provence 1032–1480 gehörte. Das im 12. Jh. von den Herren von Les Baux begonnene Schloss beherbergt heute ein *Militärmuseum*.

Nostradamus-Fest in Salon-de-Provence

ℹ️ Praktische Hinweise

Information

Office de Tourisme, 56, Cours Gimon, Salon-de-Provence Tel. 04 90 56 27 60, www.visitsalondeprovence.com

Hotels

TOP TIPP *****Abbaye de Ste-Croix**, Route du Val-de-Ceuch (D16), Salon-de-Provence, Tel. 04 90 56 24 55, www.hotels-provence.com. Hotel und Restaurant der Spitzenklasse mit schöner Aussicht, ruhigem Park und Schwimmbad. Die Küche ist exzellent.

**Campanile, Chemin Croix Blanche, Basees Viourges (3 km außerhalb), Tel. 04 90 42 14 14, www.campanile.fr. Gute Unterkunft mit empfehlenswertem Restaurant.

**Sélect, 3, Rue Suffren, Salon-de-Provence, Tel. 04 90 56 07 17, www.hotel-select-provence.fr. Gute ruhige Unterkunft.

45 Aix-en-Provence *Plan S. 110*

Stadt der Römer und der Boulevards, der heißen Quellen und der noblen Palais.

Aix-en-Provence (145 000 Einw.) ist eine lebendige Stadt mit reichem kulturellen Angebot. Dank der Universität bevölkern junge Leute ihre Straßen und Cafés.

Die Rue Vauvernargues in Aix-en-Provence nahe des Rathauses säumen nette Cafés

Geschichte Die Anfänge von Aix liegen nördlich der heutigen Stadt. Auf dem Hügel von **Entremont** hatten einst die mächtigen kelto-ligurischen Saluvier ihr Oppidum. Als dieses im Jahre 123 v. Chr. zerstört wurde, gründeten die Römer unweit davon, an einem Ort, der nicht nur verkehrsgünstig gelegen, sondern mit heißen Quellen gesegnet war, ihre erste städtische Niederlassung in Gallien. Sie nannten sie *Aquae* (= Wasser); hieraus entwickelte sich der Name *Aix Sextiae Saluviorum* (nach dem Sieger von Entremont, Caius Sextius Calvinus). Von hier aus unternahm Caius Marius seine Feldzüge gegen die Cimbern und Teutonen (105–102 v. Chr.).

Unter Augustus avancierte Aix zur *römischen Kolonie* (Colonia Iulia Augusta Aquis Sextiis), unter Diokletian, der die Verwaltung des Reiches neu ordnete und die Provinz Narbonensis teilte, schließlich zur *Hauptstadt* der Provincia Narbonensis Secunda (3. Jh. n. Chr.). 2004 entdeckten Archäologen Überreste eines römischen Theaters mit rund 100 m Durchmesser, was für die große Bedeutung der antiken Stadt spricht.

Um 400 wurde Aix *Erzbistum*. Die Sarazenen machten der Stadt schwer zu schaffen. Erst nach deren Vertreibung 972 und dadurch, dass die Grafen der Provence 1150 die Stadt zu ihrer wichtigsten *Residenz* erwählten, ging es mit Aix wieder bergauf, doch fehlte es nicht an Rückschlägen: Der Hundertjährige Krieg, die nach den Albigenserkreuzzügen durch das Land ziehenden mordenden und plündernden Söldnerhorden der ›Gran-

Durch einen Wald von Platanen wandelt man auf dem eleganten und früher ausgesprochen exklusiven Cours Mirabeau von Aix-en-Provence

des Compagnies‹, die Pest und der Streit mit Ludwig von Anjou, den die Stadt nicht anerkennen wollte, setzten ihr mächtig zu.

Erst als die Regentin Marie de Blois 1387 Aix zahlreiche Privilegien gewährte, konnte sich die Stadt entschließen, das Anjou-Regime anzuerkennen. Maries Sohn Louis II. bestätigte Aix als *Hauptstadt der Provence* und gründete 1409 die **Universität**. 1434 kam **René d'Anjou** an die Regierung, der als der Gute König René in die Geschichte eingegangen ist. René führte seinen Königstitel nicht als Graf der Provence, sondern als König von Neapel, Sizilien und Jerusalem, zog sich aber in realistischer Einschätzung der Lage aus seinen Besitztümern in Italien völlig zurück, konzentrierte sich ganz und gar auf seine geliebte Provence und förderte nach Kräften Kunst und Wissenschaft des Landes. Seine Regierungszeit war für die gesamte Provence eine Ära des Friedens und des Wohlstands. Ein Jahr nach dem Tod Renés, 1481, vermachte sein politisch unbedeutender Neffe und Nachfolger, Karl III. von Maine, die Provence dem König von Frankreich. Aix wurde Sitz der *königlichen Provinzialregierung*.

In der *Französischen Revolution* wurde das Parlament von Aix aufgelöst, und die Stadt verlor bei der Neugliederung des Staatsgebietes sämtliche Privilegien. Sie degenerierte wirtschaftlich und politisch zu einer unbedeutenden Provinzstadt. Das änderte sich mit der Eröffnung des Aixer Bahnhofs an der Schnellzugverbindung Paris-Marseille im Jahr 2001. Nun braucht der TGV nur noch 2,5 Stunden von der französischen Hauptstadt bis Aix. Seither boomt der Immobilienmarkt in der Region, und so mancher Pariser tauschte sein Apartment in der Stadt gegen eine Villa in der Provence.

Besichtigung Die 500 m lange, platanengesäumte Prachtstraße von Aix, der Cours Mirabeau, wurde 1649 angelegt und später nach dem Grafen Mirabeau (1749–1791) benannt. Sie war für Wagen und Karren gesperrt, nur Kutschen durften die edle Promenade befahren. Auch Geschäfte aller Art waren verboten. Heute bietet die Straße mit ihren Banken, Läden, Buchhandlungen und Cafés wie dem Les Deux Garçons einen guten Einstieg in das charakteristische **Flair** dieser lebendigen, intellektuellen Stadt und vermittelt zugleich eine Ahnung von dem Luxus, der hier im 17./18. Jh. geherrscht hat. Die **Palais** und **Hôtels** jener Zeit sehen aus wie kostbare Exportstücke aus Paris.

Der Cours Mirabeau führt von der Place du Général-de-Gaulle mit der prächtigen **Fontaine de la Rotonde** ❶ von 1860, deren Brunnenfiguren Justiz, Landwirt-

Blickfang in Vieil Aix: die elegante Tour de l'Horloge am Rathaus

neten **Fontaine des neuf canons** ❷ von 1691 und **Fontaine d'eau thermale** ❸ zur Place Forbin mit der **Fontaine du Roi René** ❹ von 1819. Das Element, das bei der Stadtgründung eine so wichtige Rolle gespielt hatte, gibt also bis heute den Ton an. Schon die Römer nutzten das 34 °C heiße Wasser, das aus der 1734 gestalteten Fontaine d'eau thermale fließt. Auf der Fontaine du Roi René ist der Gute König mit einer Muskateller-Traube dargestellt, deren Anbau er in der Provence eingeführt haben soll.

Bei der Fontaine d'eau thermale zweigt gegenüber der Rue du 4-Septembre nach Norden die Rue Clémenceau ab, in Richtung Altstadt. Sie führt zur Place St-Honoré mit dem *Hôtel Boyer d'Éguilles* von 1765, das ein prächtiger Treppenaufgang ziert. Das Gebäude beherbergt heute das **Musée d'Histoire naturelle** ❺ (6 Rue Espariat, Tel. 04 42 27 91 27, www. museum-aix-en-provence.org, Mi–Mo 10–12 und 13–17 Uhr) mit seinen Dinosauriereiern, Fossilien und Mineralien. Von hier aus gelangt man links zur Place d'Albertas mit dem 1707 erbauten eindrucksvollen **Hôtel d'Albertas** ❻. Etwas weiter westlich, in der Rue Espariat, befindet sich die **Église St-Esprit** ❼. Die ehem. Augustinerkirche von 1706–17 besitzt ei-

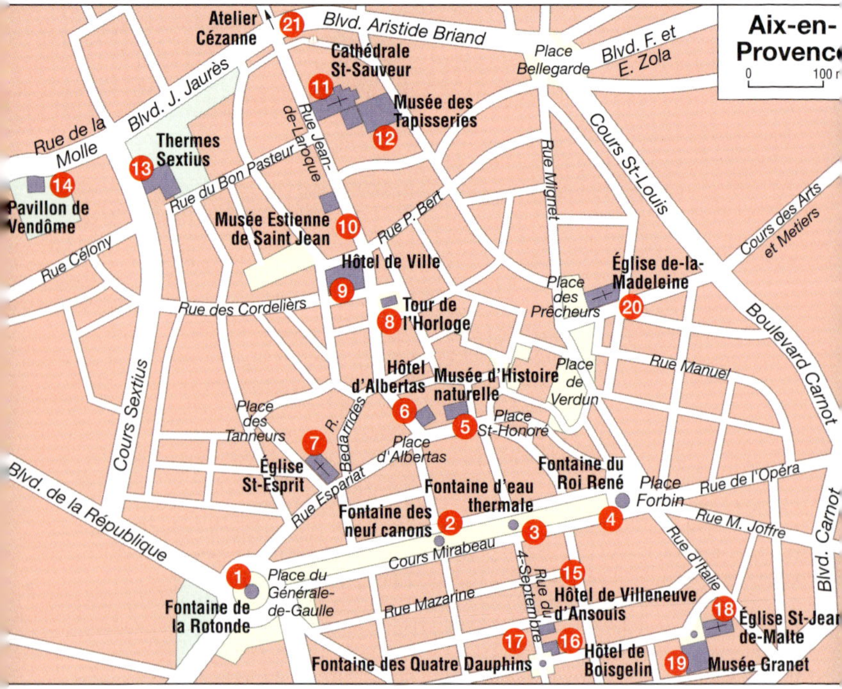

schaft und Künste symbolisieren, vorbei an den *Hôtels d'Isoard de Vauvenargues* (1710), *de Forbin* (1656) und *de Maurel de Pontevès* (1647–50), zu den axial angeord-

(Karte: Aix-en-Provence)

Geschmückte Häupter tragen die Doppelsäulen im kleinen Kreuzgang des Cloître St-Sauveur von Aix-en-Provence

nen bemerkenswerten Pfingstaltar (1653) von Jean Daret.

An der Place de l'Hôtel-de-Ville markiert die **Tour de l'Horloge** ❽ von 1505 als einstiger Stadtturm die Grenze zum Vieil Aix. Umgang und Glockenkäfig wurden um 1515 hinzugefügt, die Astronomische Uhr mit Personifikationen der vier Jahreszeiten erhielt der Turm 1661.

Unmittelbar daneben erhebt sich das eindrucksvolle Rathaus **Hôtel de Ville** ❾ mit seinem schönen Innenhof. 1655–70 steht es am Ort eines 1536 zerstörten Vorgängerbaus.

Der Weg durch die Rue Gaston-de-Saporta führt zum ehem. Hôtel d'Estienne de St-Jean aus dem 17. Jh., in dessen Räumen heute das **Musée Estienne de Saint Jean** ❿ (17, Rue Gaston de Saporta, Tel. 04 42 21 43 55, April–Sept. Di–So 10–12 und 14.30–18 Uhr, Okt.–März Di–So 10–12 und 14–17 Uhr) Stadtansichten, Fayencen und Santons (Krippenfiguren) präsentiert. Den Höhepunkt bilden die Marionetten, die bei den sog. Sprechenden Krippen und den Fronleichnamsprozessionen mitgeführt wurden.

In der Rue Jean-de-Laroque erhebt sich die imposante **Cathédrale St-Sauveur** ⑪. Ihre Westfassade lässt zunächst einen spätgotischen Bau vermuten (Türflügel von Guiramand, 1508). Das *Kircheninnere* jedoch zeigt, dass es viele Jahrhunderte waren, die diesen Bau zustande gebracht haben: Das geräumige Baptisterium (rechts vom Eingang, Kuppel 16. Jh.)

stammt noch aus dem 5. Jh., das romanische Langhaus wurde 1103 geweiht, Apsis und Kapellen wurden nach 1285 angefügt. Im **Chor** sind die 1511 in Auftrag gegebenen flämischen Teppiche und das Relief der Auferweckung des Lazarus auf dem Hochaltar (von Veyrier, 17. Jh.) beachtenswert. An die Apsis wurde eine filigrane, kreuzrippengewölbte Seitenkapelle angebaut, die **Chapelle St-Mitre**. Sie enthält die Gebeine des Stadtpatrons, die 1388 in die Kirche überführt wurden und heute in einem Sarkophag des 5. Jh. beigesetzt sind. Die Kapelle bewahrt noch andere Kostbarkeiten, so die Fenster von Guillaume Dombet (1444), das Epitaph Karls III. von Maine, des letzten Grafen der Provence (†1481), sowie ein Altarbild (1470) mit der Legende des St-Mitre, das dem aus Uzès stammenden, in Avignon gestorbenen *Nicolas Froment* (um 1435–1484) zugeschrieben wird. Von eben diesem außerordentlich interessanten und eigenwilligen Künstler stammt auch das berühmte, 1476 gemalte Triptychon ›**Der brennende Dornbusch**‹, das heute an der südlichen Langhauswand der Kirche hängt.

An der Südostseite liegt der **Cloître St-Sauveur** (tgl. 8–12 und 14–18 Uhr). Der Kreuzgang mit seinen jeweils acht Arkaden, Doppelsäulen und reich geschmückten, aus gedrehten Säulen gebildeten Eckpfeilern entstand um 1170.

Das ehem. Erzbischöfliche Palais neben der Kathedrale wurde 1648 von Kar-

›Der brennende Dornbusch‹ des Nicolas Froment

Das in monumentaler Form selten dargestellte Thema des brennenden Dornbusches wird von Nicolas Froment in seinem Triptychon auf ungewöhnliche Weise interpretiert – die Komposition ist ohne die genauen Vorgaben theologisch versierter Berater nicht denkbar.

Ein Engel verweist den Schafe hütenden **Moses** auf das Geschehen, das zu einer christlichen **Vision** umgedeutet wird. Inmitten des Dornbusches thront statt Gottvater hier **Maria** mit dem **Christuskind**: In der Menschwerdung Jesu, so die Bildaussage, wird Gott offenbar.

Während die **Seitenflügel** eher dem Diesseits zuzuordnen sind – hier erscheinen der Auftraggeber König René und seine Gattin Jeanne de Laval mit ihren Schutzheiligen – wird die **Mitteltafel** gleichsam als Andachtsbild zitiert. Die Erscheinung Mariens ist eine Vision in der Vision. Auf komplizierte Weise werden so ganz verschiedene Realitätsebenen miteinander in Verbindung gebracht – nicht zuletzt durch die meisterhafte Komposition und das Bezugnehmen der Formen und Farben aufeinander über die drei Bildtafeln hinweg.

dinal Jérôme de Grimaldi begonnen. In ihm ist das **Musée des Tapisseries** ⑫ (28, Place des Martyrs de la Résistance, Tel. 04 42 23 09 91, Mi–Mo 10–12 und 14–18, im Sommer Mi–Mo 10–17 Uhr) untergebracht, dessen Sammlung kostbarer Wandteppiche aus dem 17./18. Jh. sich einst im Besitz der Erzbischöfe befand.

In der Nähe, an der Rue du Bon Pasteur, befinden sich die **Thermes Sextius** ⑬, das Thermalbad und Kurhaus, dessen Name an die einst in der Nähe liegenden Thermen der Römerzeit erinnern. Der Turm im Kurgarten ist ein Rest der Stadtbefestigung aus dem 14. Jh. Durch den schönen *Garten* erreicht man den **Pavillon de Vendôme** ⑭ (2, Rue Célony, tgl. 10–18 Uhr). Das prachtvolle Landhaus ließ sich der Herzog von Vendôme, Louis de Mercoeur, 1664–67 von La Rivière erbauen. Das dritte Geschoss kam erst im 18. Jh. dazu, die *Gartenfassade* ist ein ebenso reich wie klar durch Pilaster, Nischen (die Revolution hat die Königsfiguren zerstört), Atlanten und Ornamentfriese gegliedertes und geschmücktes Kleinod.

Weitere bemerkenswerte **Palais** und **Hôtels** finden sich südlich des Cours Mirabeau, z. B. das **Hôtel de Villeneuve d'Ansouis** ⑮ aus dem 18. Jh. an der Rue du 4 Septembre. In derselben Straße befindet sich das **Musée Paul Arbaud** (2a, Rue du 4 Septembre, Tel. 04 42 38 38 95, http://musee.arbaud.free.fr, Mo–Sa 14–17 Uhr) mit einer bedeutenden Sammlung provenzalischer Fayencen sowie von Gemälden etc. Nahebei – Nr. 11 – erhebt sich das **Hôtel de Boisgelin** ⑯ aus dem 17. Jh. und wenige Schritte südwestlich, in der Rue Cardinale, die elegante **Fontaine des Quatre Dauphins** ⑰ von 1667, beides vom Bildhauer und Architekten Jean-Claude Rambot entworfen.

Die Rue Cardinale führt nach Osten direkt zu Kirche und Komturei der Johanniter. Die **Église St-Jean-de-Malte** ⑱ erhielt ihre jetzige Gestalt im 17. Jh., die Fassade wurde 1856 restauriert. Im Inneren stellte man im 19. Jh. auch die während der Revolution zerstörten Grabstätten der beiden Grafen der Provence (Alfons II. und Raymond Béranger IV.) wieder her.

In der ehem. Komturei befindet sich das wohl wichtigste Museum der Stadt, das **Musée Granet** ⑲ (Place Saint Jean de Malte, Tel. 04 42 52 88 32, www.musee granet-aixenprovence.fr, Juni–Sept. Di–So 11–19 Uhr, Okt.–Mai Di–So 12–18 Uhr). Es trägt den Namen des in Aix geborenen Malers *François Marius Granet* (1775–

1849), dessen Sammlungen den Grundstock der reichen Museumsbestände bilden. Gut bestückt sind die Abteilungen der italienischen, spanischen, niederländischen und französischen Malerei. Die Höhepunkte stellen aber Gemälde von *Paul Cézanne*, dem berühmtesten Sohn der Stadt dar sowie das Werk ›Die Erscheinung Mariens vor den hll. Petrus und Augustinus‹ des *Meisters von Flémalle* (Robert Campin), der um 1380–1444 lebte. Diesem bemerkenswerten Künstler der Spätgotik wird noch eine zweite Arbeit in Aix zugeschrieben: Im nördlichen Seitenschiff der **Église de-la-Madeleine** (Mo–Sa 8–11.45 und 15–18.45, So/Fei 8–12 Uhr) an der Place des Prêcheurs hängt die Mitteltafel eines *Verkündigungsaltars*, dessen Flügelbilder sich heute in Brüssel, Rotterdam und Paris befinden. Die ehem. Kirche der Dominikaner wurde zwischen 1691 und 1703 unter Verwendung eines gotischen Vorgängerbaus errichtet.

Dem Besucher, der etwas mehr Zeit mitbringt, sind einige Abstecher dringend zu empfehlen: zunächst nach Norden, zum **Atelier Cézanne** (9, Avenue Paul Cézanne, Tel. 04 42 21 06 53, www.ateliercezanne.com, Juli/Aug. tgl. 10–18 Uhr, April–Juni, Sept. tgl. 10–12 und 14–18 Uhr, Okt.–März tgl. 10–12 und 14–17 Uhr). Vom Ringboulevard in der Nähe der Kathedrale führt die Avenue Pasteur nach Norden und geht dann über in die heutige *Avenue Paul Cézanne*. Dort, im ehem. *Chemin des Lauves*, hatte der 1839 in Aix geborene Maler († 1906), der am Cours Mirabeau aufwuchs (Nr. 55) und lange Zeit in Paris lebte, 1901 ein Grundstück mit Haus erworben, in dem er sich 1902 ein kleines Atelier einrichtete. Dieses Atelier enthält zwar keine großen Kunstwerke, vermittelt aber einen guten Eindruck von Leben und Arbeit des Künstlers, der wie kein zweiter die Malerei des 20. Jh. beeinflusste.

Folgt man dem Boulevard weiter nach Norden, so gelangt man nach 3 km zu den Ruinen des **Oppidum d'Entremont** (Tel. 04 42 63 13 20, www.entremont.cul ture.gouv.fr, Mi–Mo 9–12 und 14–18 Uhr). Über einen Fußweg erreicht man das Ausgrabungsgelände, das bis zur Zerstörung durch die Römer wirtschaftlich, kulturell und politisch ungemein einflussreiche Zentrum der Saluvier.

Ein *Ausflug nach Westen* (4 km Richtung Jas de Bouffan) führt zu dem mächtigen, 87 m langen, 1975 errichteten Gebäude der **Fondation Vasarély** (1, Avenue Marcel Pagnol, Tel. 04 42 20 01 09, www.fondationvasare ly.fr, Di–Sa 10–13 und 14–18 Uhr). Das Museum und Kunstzentrum konzentriert sich auf die großformatigen späten Werke des Op-Art-Künstlers Victor Vasarély (1908–1997) und betont seine Bedeutung als Designer. Teppiche, Gemälde und Multiples verschiedenster Art gehören zu dieser imponierenden Präsentation. Das vom Künstler selbst entworfene *Museumsgebäude* zeigt die universelle Anwendbarkeit der Vasarelyschen Gestal-

Kinetische Kunst als Traumreise durch den Kosmos: monumentale Werkschau des Op-Art-Meisters in der Fondation Vasarély in Aix-en-Provence

tungsprinzipien auf jedwede Gegenstände und Behältnisse.

Ein Ausflug nach Osten lässt sich verbinden mit der Weiterfahrt nach St-Maximin-la-Ste-Baume [Nr. 46], gilt aber zunächst dem ›Hausberg‹ von Aix, der von Cézanne so oft gemalten **Montagne Ste-Victoire**. Lohnend ist insbesondere der Blick vom rund 1000 m hohen Aussichtspunkt *Croix de Provence*, den man vom Ringboulevard aus über die D 10 erreicht. Auf der Strecke nach Vauvenargues zweigt rechts, bei dem Gehöft Les Cabassols, ein *Wanderweg* ab, der zum Kamm des Gebirges hinaufführt.

In **Vauvenargues** selbst liegt im Park des Schlosses (16./17. Jh.) *Pablo Picasso* (1881–1973) begraben, der das Anwesen in den 1950er-Jahren erwarb. Bis heute bewohnt es Catherine Hutin, die Tochter der letzten Ehefrau Picassos. Es kann daher nicht besichtigt werden.

ℹ Praktische Hinweise

Information
Office de Tourisme, 2, Place du Général-de-Gaulle, Aix-en-Provence, Tel. 04 42 16 11 61, www.aixenprovence tourism.com

Cézanne und Vasarély

Auf den ersten Blick hatten diese beiden Künstler wohl wenig miteinander gemein. **Paul Cézanne** war der eigenbrötlerische und selbstzweiflerische Autodidakt aus Aix, der sich in der Metropole Paris immer unwohl fühlte und auf eigene Faust versuchte, die Geschichte der europäischen Malerei nachzuspielen, um sie anschließend grundlegend zu verändern. **Victor Vasarély** aus Ungarn präsentierte sich als der weltgewandte Bauhausnachfolger, dessen Wahlheimat Paris wurde, der sich aber auch oft und gern in der Provence aufhielt.

Sie trennten mindestens zwei Generationen: Cézanne (1839–1906), einer der **Gründerväter der Moderne**, der im scharfen, schattenwerfenden Licht der Provence und unter dem Eindruck ihrer kristallinen Bergwelt und Architektur erkannte, dass alles, was wir sehen und anfassen können, auf Grundformen wie Kegel, Kugel und Zylinder zurückzuführen ist. Und Vasarély (1908–1997) aus Pécs, dessen Werk ohne Cézanne und dessen Nachfolger, ohne Kubismus und Konstruktivismus, nicht denkbar gewesen wäre. Vasarély erforschte vielfältige dekorative und industrielle Anwendungen geometrischen Formenspiels und machte diese populär. Er befasste sich mit Kinetik und erfand die augenirritierende *Op Art*. Auch er hat dem Licht der Provence entscheidende Anregungen entnommen und sie in schier endlosen Variationsreihen für die internationale Kunst des 20. Jh. fruchtbar gemacht. Seinem Werk ist die **Fondation Vasarély** in Aix gewidmet.

Von Paul Cézanne besaß seine Heimatstadt lange Zeit kein einziges Bild. Dies hat sich mittlerweile geändert: Das **Musée Granet** [s. S. 112] besitzt nun acht bedeutende Gemälde des Künstlers als Dauerleihgabe der staatlichen Museumsverwaltung Paris – das früheste stammt von 1859, das späteste von 1885 –, anhand derer die Entwicklung des Künstlers exemplarisch studiert werden kann.

Der Maler und sein Berg – das zarte Aquarell der Montagne Ste-Victoire bezeugt Paul Cézannes Vorliebe für dieses Landschaftsmotiv

Die Montagne Ste-Victoire ist ein lohnendes Ausflugsziel mit einigen schönen Wanderwegen

Hotels

***Le Manoir**, 8, Rue d'Entrecasteaux, Aix-en-Provence, Tel. 04 42 26 27 20, www.hotelmanoir.com. Preisgünstig, einfach, zentral und ruhig gelegen.

***Les Augustins**, 3, Rue de la Masse, Aix-en-Provence, Tel. 04 42 27 28 59, www.hotel-augustins.com. Sehr stilvoll und komfortabel in einem ehem. Kloster des 15. Jh., ruhige Lage.

Restaurants

Café Les Deux Garçons, 53, Cours Mirabeau, Aix-en-Provence, Tel. 04 42 26 00 51.

Kaffeehaus mit einer Einrichtung aus dem 19. Jh.

Chez Maxime, 12, Place Ramus, Aix-en-Provence, Tel. 04 42 26 28 51, www.restaurant-chezmaxime.com. Gutes Lokal mit Garten.

Clos de la Violette, 10, Avenue de la Violette, Aix-en-Provence, Tel. 04 42 23 30 71, www.closdelaviolette.com. Restaurant der Spitzenklasse. Reservieren!

La Brocherie, 5, Rue Fernand Dol, Aix-en-Provence, Tel. 04 42 38 33 21 Rustikales Lokal, dessen Spezialität Fischgerichte in vielen Variationen sind.

Französischen Charme verbreitet das Café Les Deux Garçons in Aix am Cours Mirabeau

**Plan hintere
Umschlagklappe**

46 **Marseille**

*Um den alten Mittelmeerhafen
dehnt sich die zweitgrößte Stadt
Frankreichs aus.*

Zumindest in einem kann Marseille (800 000 Einw.) Paris den Rang ablaufen: Keine französische Stadt ist älter als die Großstadt am Mittelmeer. Und auch wenn Marseille seit Jahren mit großen wirtschaftlichen Problemen zu kämpfen hat: In Sachen Lebensfreude und Weltoffenheit macht den Menschen hier so schnell niemand etwas vor. Das Sprachengewirr in den Gassen rund um den Hafen und der Trubel in den Cafés und Diskotheken ergänzen die kulturellen Sehenswürdigkeiten damit aufs Beste.

Geschichte Massalia, so der ursprüngliche Name von Marseille, wurde 600 v. Chr. von griechischen Siedlern aus Phokis in Kleinasien gegründet. Zwischen dem neuen Handelsstützpunkt und den keltischen Oppida, insbesondere Entremont, bestanden lebhafte, zunächst friedliche Kontakte. Als es dann zu kriegerischen Auseinandersetzungen kam, riefen die Massalioten die **Römer** zu Hilfe. Dies geschah dreimal, 181, 154 und 125 v. Chr., und die Römer kamen bereitwillig, denn es lag ihnen daran, den Weg nach Spanien zu sichern, das ihnen seit 197 als Doppelprovinz (Hispania citerior und ulterior) unterstellt war. Sie gründeten nach ihrem Sieg über die keltischen Saluvier das heutige Aix und siedelten später in ganz Gallien. Dabei blieb Massalias **Autonomie** unangetastet – die Römer sorgten für Ordnung im Hinterland, die Griechen trieben ungestört Handel an der Küste. Dieses Einvernehmen änderte sich erst, als Massalia beschloss, im **Römischen Bürgerkrieg** zwischen Pompeius und Caesar (49–46 v. Chr.) nicht für letzteren Partei zu ergreifen. Caesars Truppen eroberten Massalia, die Stadt verlor in der Folgezeit ihre Privilegien. *Massilia*, wie man es jetzt nannte, wurde zu einem beliebten Ort der Verbannung für missliebige Beamte. Einer von ihnen war jener C. Petronius Arbiter, der hier die Muße fand, sein ›Satyricon‹ zu schreiben.

In christlicher Zeit kam Massilia unter west- und ostgotische sowie fränkische Herrschaft. Nach dem Ende des Frankenreiches wurde Marseille eine *Vicomté* (Sitz eines Vizegrafen) im 879 gegründeten Königreich Burgund. Das 10. und 11. Jh. waren geprägt von Streitigkeiten zwischen Bischöfen und Grafen, das 12. Jh. und 13. Jh. vom Konflikt zwischen den Ansprüchen der letzteren und denen eines aufstrebenden Bürgertums. 1257 eroberte **Karl I. von Anjou** die Stadt, 1481

◁ *In Marseilles Vieux Port gehen vor allem kleine Segeljachten vor Anker*

Flüchtlinge, über Marseille zu entkommen. Die Altstadt war zu einem Refugium der Verfolgten geworden, die auf eine Möglichkeit zur Ausreise warteten. Am 1. Februar 1943 begannen die deutschen Besatzer mit systematischen Sprengungen dieser Verstecke in der Altstadt. Nur wenige historische Bauten entgingen der barbarischen Zerstörung. Der Wiederaufbau vollzog sich in Eile und mit wenig Geld. Der damit beauftragte Architekt, *Auguste Perret*, an sich ein prominenter Pionier des neuen Bauens in Frankreich, hat sich hier leider kein Ruhmesblatt erworben.

In der Nachkriegszeit wurde der Marseiller Hafen erst um die westlich gelegene Grande Joliette, später um den Industriehafen Fos erweitert. Das konnte jedoch die schwere Krise der 1970er und 80er-Jahre nicht verhindern. Seither kämpft die Stadt mit extrem hohen Arbeitslosenraten, die in den 1990er-Jahren bis zu 20 % erreichten. Die Kür zur **Europäischen Kulturhauptstadt 2013** setzte Anfang des 21. Jh. ein ehrgeiziges Investitionsprogramm in Gang, das besonders das alte Hafenviertel und die Gegend um den TGV-Bahnhof Gare-St-Charles aufwerten soll.

fiel Marseille mit der gesamten Provence an Frankreich. Die Stadt erlebte einen wirtschaftlichen Aufschwung, doch raffte die Pest 1720 über die Hälfte der Einwohner dahin.

Im 19. Jh. wurde Marseille zum **größten Hafen** des Mittelmeers, nachdem die Eroberung Algiers (1830) und der Bau des Suezkanals (1869) den Afrika- und Orienthandel gefördert hatten. Während des Zweiten Weltkriegs versuchten viele

Besichtigung Wahrzeichen der Stadt ist die Wallfahrtskirche **Notre-Dame-de-la-Garde** ❶ (tgl. 7–19.30, im Winter bis 18.30 Uhr) auf dem Plateau de-la-Croix.

Die Wallfahrtskirche Notre-Dame-de-la-Garde folgt byzantinisch-romanischen Vorbildern

Die von Henri Espérandieu am Ort einer alten Wallfahrtskirche um die Mitte des 19. Jh. im ungemein aufwändigen byzantinisch-romanischen Stil erbaute Kirche ist eines jener bizarren Marienheiligtümer, die in Frankreich häufig die Stadtsilhouette um eine exotische Note bereichern. Wer sich einen Überblick über Marseille verschaffen will, sollte zuerst dort hinauffahren, zum *Plateau de-la-Croix*, von dessen Esplanade sich das Panorama der Stadt in seiner ganzen Spannweite zwischen Bergen und Meer darbietet. Man erkennt von hier oben die exponierte geografische Situation, die weißen Kalkberge, die Weite der Bucht des Rade de Marseille, den natürlichen Hafen Lacydon, der Keimzelle und Zentrum der Stadt ist, sowie die Inseln Frioul und Château d'If, die in grauer Vorzeit die Gipfel kleiner Vorgebirge waren.

In der Stadt führt der erste Weg zum **Vieux Port** ❷. Hier gingen um 600 v. Chr. die Griechen an Land. Ihr Anführer war jener *Protis*, den die Sage so charmant zum Stadtgründer macht: Gyptis, die Tochter des Ligurerkönigs Nann, soll dem jugendlichen Ankömmling vor allen Freiern zum Auserwählten gemacht haben: Die Hochzeit zwischen Ligurern und Griechen wurde gefeiert. Eine *Bronzetafel* am Quai des Belges markiert die Stelle, an der Protis seinen Fuß auf provenzalischen Boden gesetzt haben soll – allerdings war hier damals nur Sumpf, der antike Hafen lag weiter landeinwärts. Der Alte Hafen selbst dient heute als *Jacht- und Fischereihafen*. Auf dem **Fischmarkt** (tgl. 7–9 Uhr) des Quai des Belges wird allmorgendlich der frische Fang verkauft.

Angesichts der einst überragenden Bedeutung Marseilles für die französische Mittelmeerflotte ist es nicht überraschend, dass der Alte Hafen streng bewacht wurde. Einmal ist da das **Fort St-Nicolas** ❸ auf der südlichen Landzunge. Unter Ludwig XIV. ersetzte es im 17. Jh. ältere Befestigungsanlagen. Von 1905 bis zu ihrer Zerstörung 1944 verband es eine kühne eiserne Brücke mit dem **Fort St-Jean** ❹ auf der nördlichen Hafenseite. Bis 2013 wird es in das **Musée des Civilisations de l'Europe et de la Méditerranée** ❺ (Esplanade Saint-Jean, Tel. 04 96 11 63 22, www.musee-europemediterranee. org) integriert werden, das derzeit nebenan entsteht. In dessen vom Architekten Rudy Ricciotti entworfenen Neubau soll die Welt des Mittelmeeres in all ihren Facetten dargestellt werden.

Schon für 2012 ist die Eröffnung des von Stefano Boeri entworfenen **Centre régional de la Mediterranée** ❻ in unmittelbarer Nachbarschaft geplant. Dieses Veranstaltungszentrum wird einen weiteren spektkulären Akzent in die Hafenlandschaft setzen. Folgt man der Hafenlinie weiter, so passiert man zunächst den Bahnhof Gare Maritime und kommt dann zu den backsteinernen Lagergebäuden **Les Docks de La Joliette** ❼ (Place de La Joliette). Inzwischen sind dort Büros und Restaurants eingezogen.

Derzeit präsentiert sich dieser Teil von Marseille als gewaltige Baustelle, wird doch die mehrspurige Straße, die bislang die Altstadt vom Hafen trennte, unter die Erde verlegt. Bis 2013 soll sich an ihrer Stelle ein grüner Boulevard mit Fahrrad- und Fußgängerwegen erstrecken, der zum Flanieren einlädt. Dann werden auch die drei Kirchen jenseits der Stadtautobahn vom Hafen aus gut zu erreichen sein.

Zunächst ist da die pompöse, 1852–93 im romanisch-byzantinischen Stil errichtete **Cathédrale Ste-Marie-Majeure** ❽ (Di–Sa 9–18.30, Mo, So/Fei 9–12 und 14.30–18 Uhr) gegenüber des Gare Maritime. Ihr Bau verschliss während der langen Bauzeit mehrere Architekten, darunter Léon Vaudoyer und Henri-Jacques Espérandieu. Keiner von beiden erlebte ihre Fertigstellung. Bei den Bauarbeiten traten die Fundamente des aus dem 5. Jh. stammenden *Baptisteriums* zutage. Es ist außen quadratisch, innen ein von Säulen getragenes Oktogon und stellt mit fast 23 m Durchmesser das größte Baptisterium Frankreichs dar (nicht zugänglich).

Unmittelbar daneben steht die aus dem 11./12. Jh. stammende **Ancienne Cathédrale Ste-Marie-Majeure** ❾. Aus der Ursprungszeit sind Chor, Querschiff und eines von ursprünglich fünf Langhausjochen erhalten. Von der kostbaren Ausstattung sind insbesondere Teile eines romanischen Sarkophags, der sog. *Altar des hl. Serenus*, beachtenswert. Zwischen den Heiligen Cannat und Lazarus ist die thronende Maria dargestellt. Der in der Provence besonders verehrte Lazarus begegnet uns noch einmal im *Lazarus-Retabel* an der Nordseite des Querhauses. Das Frührenaissancewerk schufen Tomaso di Como und Francesco Laurana. Der 411 aus Aix vertriebene Bischof Lazare war nach Marseille geflohen und wurde im Kloster St-Victor begraben [s. S. 121]. Die *Legende* identifizierte ihn mit dem bibli-

Die Cathédrale Ste-Marie-Majeur ist neben der Wallfahrtskirche das imposanteste historistische Meisterwerk des Architekten Espérandieu

schen Lazarus aus Bethanien. Sein Grab wurde im Mittelalter zum Ausgangspunkt der Geschichte von der wunderbaren Seefahrt mit den drei Marien, Martha und Sara.

Nördlich des Kathedralkomplexes erstreckt sich auf der Anhöhe von Acoules das **Centre de la Vieille Charité** ❿ (2, Rue de la Charité, Tel. 04 91 14 58 80). Es wurde 1640 als Alten- und Armenhospiz erbaut und 1671–79 von Pierre Puget erweitert. Der um einen Innenhof angelegte dreigeschossige *Viereckbau* ist einer der wenigen repräsentativen Bauten des großen Bildhauers und Architekten, der in seiner Heimatstadt ansonsten vergebens auf Aufträge und Anerkennung wartete.

Das heutige Kulturzentrum beherbergt u. a. das **Musée d'Archéologie méditerranéenne** (Tel. 04 91 14 58 59, Di–So 10–17 Uhr) mit einer hervorragenden Sammlung orientalischer und antiker Kunstwerke aus Ägypten, dem Nahen Osten, Zypern, Griechenland und Rom. Zu den Glanzstücken aber gehören die ebenso faszinierenden wie rätselhaften Funde von Roquepertuse, einer Siedlung im Norden von Vitrolles: kelto-ligurische Skulpturen, über deren Bedeutung und zeitliche Ansetzung sich die Forschung noch keineswegs einig ist. Außerdem befindet sich hier das **Musée d'Arts Africains, Océaniens et Amérindiens** (Tel.

04 91 14 58 38, Di–So 10–17 Uhr) mit umfangreichen Sammlungen zur Kunst *Afrikas*, *Ozeaniens* und *Lateinamerikas*.

Empfehlenswert ist, von hier aus die Treppenstraße der *Montée des Accoules* hinabzusteigen, vorbei am achteckigen *Clocher des Accoules*, dem Glockenturm einer nicht erhaltenen Kirche des 12. Jh. Alternativ könnte man zu den Kirchen zurückkehren und dann der Esplanade de la Tourette zum Hafen folgen. So gelangt man zur wunderschönen **Église St-Laurent** ⓫ (Mi/Do 14–18, Fr 8.30–12 Uhr) am *Belvédère St-Laurent*, einem beliebten Aussichtspunkt.

Am *Quai du Port*, der die Nordseite des Hafens begleitet, sticht das **Hôtel de Ville** ⓬ positiv von Perrets langweiliger Bebauung ab. Das Rathaus wurde im 17. Jh. im Stil des Genueser Barock errichtet. Der skulpturale Schmuck der Fassade stammt vom wohl genialsten Sohn der Stadt, dem Bernini-Schüler Pierre Puget (1620–1694).

Wenige Schritte nordwestlich fällt die ebenfalls italienisch beeinflusste *Maison Diamantée* ins Auge, ein mit diamantartig geschnittener Rustika überzogener, renaissancehafter Palast. Er ist jedoch wohl nicht vor 1620 entstanden. Bauherr war Nicola della Robbia, ein Wachmann der städtischen Artillerie. Hier fand das **Musée du Vieux Marseille** ⓭ (Rue de la Prison, Tel. 04 91 55 28 68, derzeit geschl.)

Die Moderne als Kulisse für die Antike im Jardin des Vestiges von Marseille

seine Heimat: Gemälde, Stiche, Pläne, Möbel, Fayencen, Trachten und Krippenfiguren informieren über die Geschichte der Stadt.

An der Place Vivaux nicht weit entfernt wurden 1946 Lagerhäuser des 1. Jh. n. Chr. gefunden. Heute informiert hier das **Musée des Docks Romains** ⑭ (Tel. 04 91 91 24 62, Okt.–März Di–So 10–17 Uhr, Juni–Sept. Di–So 11–18 Uhr) über Leben, Alltag und Handel der römischen Hafenstadt. Auch das historische **Hôtel de Cab**

re ⑮ (Ecke Grand Rue und Rue Bonneterie) verdient Beachtung. Ein Konsul Cabre ließ es 1535 im gotischen Stil erbauen.

Nun geht es wieder hinunter zum Hafen. Vom dortigen Quai des Belges (Place du Général de Gaulle) führt die Prachtstraße **La Canebière** – der Name leitet sich von ›Cannabis‹ (Hanf) ab, weil hier die Schiffstaue hergestellt wurden – nach Osten. Folgt man ihr, so ist rasch der Palais de la Bourse (1860), die ehem. Börse erreicht. Sie birgt das gleichermaßen für die Geschichte, die Seefahrt und den Handel der Stadt interessante **Musée de la Marine et de l'Économie** ⑯ (9, La Canebière, Tel. 04 91 39 33 33, Mo–Sa 10–18 Uhr).

An der Rue de la République erinnert in der Rue Henri-Barbusse der **Jardin des Vestiges** ⑰, ein archäologischer *Ruinengarten*, an die griechisch-römische Vergangenheit der Stadt.

Hinter dem Archäologischen Garten, im Erdgeschoss des Geschäftszentrums Centre-Bourse, vertieft das **Musée d'Histoire de Marseille** ⑱ (Square Belsunce, Tel. 04 91 90 42 22, Di–Sa 12–19 Uhr) die gewonnenen Erkenntnisse. Ein Besuch des Museums ist unbedingt zu empfehlen – sowohl wegen des hier ausgestellten *römischen Handelsschiffs* aus dem 3. Jh. und der zahlreichen *Funde* aus kelto-ligurischer, griechischer und römischer Zeit.

Das Viertel zwischen Jardin des Vestiges, Porte d'Aix, Canebière und Bahnhof heißt **Belsunce** und ist seit langem Einwandererviertel. Der 1892/93 entstande-

Imperiale Inszenierung – in der stimmungsvollen Architekturlandschaft des Palais Longchamp von Marseille residieren heute zwei bedeutende Museen

Hier drehte sich früher alles um Schiffsseile – die Flaniermeile La Canebière mit ihren imposanten Stadtpalästen

ne Bahnhof, die **Gare-St-Charles** 19 am Boulevard Maurice-Bourdet mit der mächtigen Freitreppe, war zur Bauzeit schon sehr modern. Hier kommen die TGVs an, die Marseille binnen drei Stunden mit Paris verbinden. Nördlich des Bahnhofs wurde **La Friche de la Belle de Mai** 20 (41, Rue Jobin, Tel. 04 95 04 95 04, www.lafriche.org), eine ehem. Tabakfabrik, zu einem Kulturzentrum umgewidmet.

Anschließend folgen wir der fast 1200 m langen Canebière, die an der 1850–90 errichteten neugotischen **Église St-Vincent de Paul** 21 endet, dort aber durch einige Boulevards weitergeführt wird. Auf dem Boulevard Longchamp erreicht man nach 800 m das **Musée Grobet-Labadié** 22 (Boulevard Longchamp, Tel. 04 91 62 21 82, Juni–Mai 11–18 Uhr, Okt.–Mai Di–So 10–17). Es wurde im 1873 erbauten ehem. Stadtpalais des Musikers Louis Grobet eingerichtet und enthält neben dessen Instrumentensammlung Skulpturen des Mittelalters, Fayencen, Kunstschmiedearbeiten, Tapisserien und Möbel, aber auch Zeichnungen und Gemälde.

Das pompöse **Palais Longchamp** 23, das mit seinen Kolonnaden und Wasserspielen effektvoll die Straße abschließt, wurde von Espérandieu 1862–70 erbaut. Sein Mittelpavillon diente als *Wasserturm* – das 19. Jh. wusste historischen Prunk

und moderne Technik zu verbinden. Das Palais beherbergt zwei bedeutende Museen: Im linken Flügel zeigt das **Musée des Beaux-Arts** (Tel. 04 91 14 59 30, wegen Restauration bis 2012 geschl.) Gemälde von Nattier, Greuze, Vernet und Rigaud, Courbet und Ingres, David und Corot, Rubens und Brueghel, Perugino, Carracci u. a., Skulpturen des in Marseille geborenen Daumier und Arbeiten von Pierre Puget sowie Wandgemälde im Treppenhaus von Puvis de Chavannes. Im rechten Flügel ist das sehenswerte **Musée d'Histoire naturelle** (Tel. 04 91 14 59 50, www.museum-marseille.org, Di–So 10–17 Uhr) untergebracht, in dem u. a. Flora und Fauna der Provence und Aquarien mit tropischen und mediterranen Fischen zu sehen sind.

Auf dem Weg zur Abtei St-Victor lohnt ein Besuch des **Musée Cantini** 24 (19, Rue Grignan, Metro-Station: Estrangin Préfecture, Tel. 04 91 54 77 75, Di–So 10–17 Uhr). Hier beherbergt ein Barockpalais eine Sammlung *moderner Kunst*.

Abbaye St-Victor

Die **Abbaye St-Victor** 25 (Rue Sainte, Tel. 04 96 11 22 60, www.saintvictor.net, tgl. 10–19 Uhr) wirkt wie eine trutzige Festung. Vom Kloster, einem der ältesten des Abendlandes, ist fast nichts übrig geblieben, doch die Reste halten die Erinnerung an dieses mächtige Zentrum kirchlicher und weltlicher Macht wach. Der Kirchenpatron, der *hl. Victor*, lebte im 3. Jh. Er soll ein zum Christentum übergetretener römischer Offizier gewesen sein, der unter dem Mitkaiser Maximian den Märtyrertod erlitt und in der Nekropole in den alten Steinbrüchen außerhalb der Stadt begraben wurde.

Nach den Zerstörungen durch die Sarazenen wurde das Kloster 977 als **Benediktinerabtei** neu gegründet und im 11. Jh. wieder aufgebaut. Es gewann rasch an Bedeutung und Macht.

Von der frühromanischen **Kirche** (tgl. 8–19 Uhr) ist noch die nördliche Eingangshalle erhalten, das heutige Langhaus ist das Resultat einer kühnen *Erweiterung* (12./13. Jh.), bei der gewaltige Substruktionen gebaut werden mussten, um das über den Hang hinausragende südliche Seitenschiff abzustützen. *Chor* und *Querhaus* entstammen einer weiteren Bauphase und wurden von Papst Urban V. initiiert. Mitte des 18. Jh. wurde das Kloster in ein *Stift* umgewandelt, in der Französischen Revolution aufgehoben und zerstört. 1895 begann man mit der Wiederherstellung der Kirche.

Der größte Schatz der Kirche sind die sog. **Krypten**. Der dreischiffige Vorgän-

gerbau (5. Jh.) mit seinem quadratischen Atrium und der Kapelle St-Blaise wurde im 13. Jh. mit dem neuen Seitenschiff der romanischen Kirche überbaut. Vom östlichen Seitenschiff der alten Basilika aus gelangt man in die **Grottenkirche** des hl. Victor. Das Kapitell einer aus Felsen gehauenen Säule zeigt eine bärtige, im Volksmund mit Lazarus identifizierte Figur. Ein Gang tut sich auf, mündet in weitere Katakombenräume. Auch unter der Basilika wurden *Gräber* aus dem 3. Jh. gefunden, frühchristliche Sarkophage verweisen auf eine umfangreiche **Nekropole**, einige von ihnen wurden auch in der Oberkirche aufgestellt. An diesem Ort fühlt man sich den Ursprüngen des Christentums nahe.

Ein lohnender Ausflug mit wunderbaren Ausblicken auf die Bucht von Marseille führt vom Parc du Pharo mit seinem von Napoleon III. für seine Gattin Eugénie erbauten Schloss und heutigen Kongresszentrum über die 5 km lange Küstenstraße *Corniche John F. Kennedy* zum **Parc Borély** im Süden der Stadt. Hier sind dann nicht nur die Gartenanlagen (u. a. Botanischer Garten) zu bewundern, sondern auch das strenge, eigenartig modern anmutende klassizistische **Château Borély** (wegen Restaurierung geschl.) das sich der reiche Reeder Borély in den 1770er-Jahren hatte erbauen lassen.

Über die Avenue de Bonneveine gelangt man zur *Avenue d'Haïfa*. Dort weist der gigantische Bronzedaumen des 1921 in Marseille geborenen Künstlers César (eigentlich César Baldaccini, einer der Hauptvertreter des so genannten Nouveau Réalisme) den Weg zum **Musée d'Art Contemporain (MAC)** (69, Avenue d'Haïfa, Tel. 04 91 25 01 07, Juni–Sept. Di–So 11–18 Uhr, Okt.–Mai Di–So 10–17 Uhr), einem bedeutenden Zentrum für zeitgenössische Kunst. Es präsentiert u. a. Arbeiten von César, Ben Vautier, Yves Klein und Annette Messager. Fast die Hälfte der 3800 m^2 umfassenden Ausstellungsfläche ist für Wechselausstellungen bestimmt.

Über die Avenue du Prado kehrt man zurück ins Stadtzentrum. Wendet man sich vom Rond Point du Prado noch einmal nach Süden, so kommt man auf dem Boulevard Michelet unmittelbar an *Le Corbusiers* 1947–52 entstandener **Unité d'habitation** [26], auch Cité Radieuse genannt, vorbei, einer gigantischen Agglomeration von Apartmenthäusern für 1600 Menschen.

Das Lied der Freiheit

Wer weiß schon, dass die **Marseillaise**, das berühmte Kampflied der Französischen Revolution, nicht in Marseille, sondern im Elsass entstanden ist?

Wahr ist, dass der junge Stabsoffizier **Rouget de Lisle** es 1792 in Straßburg für die Rheinarmee dichtete und komponierte. Im selben Jahr schickten die Bürger von Marseille 500 Freiwillige zur Unterstützung der Revolutionstruppen nach Paris.

Damals nahmen sie das schwungvolle, zündende Lied in die Hauptstadt mit. Tausende stimmten ein, als die Soldaten in die Metropole einmarschierten, die Begeisterung war überwältigend. Text, Melodie und Rhythmus drückten offensichtlich aus, was alle empfanden, Aufbruchstimmung brach sich Bahn aus tausend Kehlen.

Wenig später dann wurde das Freiheitslied zur offiziellen Nationalhymne des neuen Frankreich.

Abschließend lohnt es, noch einmal zum Vieux Port zurückzukehren und von der Place du Général-de-Gaulle am Quai des Belges zum **Château d'If** 27 (Tel. 04 91 59 02 30, www.monum.fr, Mai–Mitte Sept. tgl. 9–18 Uhr, Mitte Sept.–März Di–So 9–17.15 Uhr, April tgl. 9–17.30 Uhr) hinauszufahren – Schiffe verkehren stündlich – um sich die Festung anzuschauen, die François I. 1524–28 zur Verteidigung der Stadt erbaute. Lange diente sie als *Staatsgefängnis*. Berühmt wurde sie durch Alexandre Dumas' Roman ›Der Graf von Monte Christo‹.

 Praktische Hinweise

Information

Office de Tourisme, 4, La Canebière, Marseille, Tel. 04 91 13 89 00, www.marseille-tourisme.com

Hotels

****Le Petit Nice-Passedat**, 160, Corniche John F. Kennedy, Marseille, Tel. 04 91 59 25 92, www.petitnice-passedat.com. Stilvoll eingerichtetes Haus in traumhafter Lage über dem Meer. Hervorragendes Restaurant.

****Sofitel Vieux Port**, 36, Boulevard Charles Livon, Marseille, Tel. 04 91 15 59 00, www.accorhotels.com. Modernes Luxushotel mit Panorama-Restaurant, das zur mediterranen Küche einen faszinierenden Blick auf den Alten Hafen bietet.

***New Hotel Vieux Port**, 3 bis, Rue Reine Elizabeth, Marseille, Tel. 04 91 99 23 23, www.new-hotel.com. Zentral gelegenes, komfortables Hotel.

Restaurants

Le Mas de Lulli, 4, Rue Lulli, Tel. 04 91 33 25 90. In dem kleinen, gelb getünchten Gastraum zwischen Oper und Rotlichtbezirk gibt es bodenständige Küche.

Le Peron, 56, Corniche Kennedy, Tel. 04 91 52 15 22, www.restaurant-peron.com. Für alle, die sich etwas ganz besonderes zum entsprechenden Preis gönnen wollen, ist das Peron mit seiner Holzterrasse unmittelbar über dem Meer genau das Richtige.

Michel-Brasserie des Catalans, 6, Rue Catalans, Marseille, Tel. 04 91 52 30 63. Sehr gute Küche, Spezialitäten sind Fische und Meeresfrüchte.

Seit 1917 stetzt das Petit Nice den Standard für stilvolles Übernachten

Miramar, 12, Quai du Porte, Marseille, Tel. 04 91 91 10 40, www.bouillabaisse.com. Vorzügliche Küche, Spezialität: Bouillabaisse. Mit schönem Garten.

47 St-Maximin-la-Ste-Baume

Das Heiligtum der Magdalena – die größte gotische Kirche der Provence.

Man erreicht St-Maximin entweder von Aix aus über die N 7 oder über die A 8 – beide folgen der alten Via Aurelia – oder aber von Marseille aus über die schöne **Passstraße D 2**, die mitten durch das Massif de la Ste-Baume über den Col d'Espigoulier führt. Unterwegs passiert man die alte Pilgerherberge **Hôtellerie la Ste-Baume** (Tel. 04 42 04 54 84, www.hotellerie-saintebaume.com). Von ihr aus erreicht man auf einem Fußweg die Höhle, in die sich einst laut Legende die *hl. Magdalena* als büßende Einsiedlerin zurückzog [s. S. 97]. Die Grotte im dichten Eichenwald war übrigens schon zur Zeit der Ligurer ein heiliger Ort.

Eigentlicher Ort der Magdalena-Verehrung ist aber die der Heiligen geweihte Dominikanerkirche **Basilique St-Maximin** im gleichnamigen Ort. Die Kirche ist mit einer Länge von 73 m und 29 m Scheitelhöhe das größte gotische Gotteshaus der Provence.

Als Baumeister wurde ›Peter der Franzose‹ berufen; nach seinem Entwurf entstanden Kirche und Kloster. **Baubeginn** war 1296, bis 1316 waren Chor, dreischiffiges Ostjoch und Teile der Klostergebäude vollendet, 1330–50 entstanden weitere Joche, die restlichen Bauteile dann bis hin zum provisorischen Westabschluss in den Jahren 1508–12.

Die Anlage hat einiges an künstlerischer **Ausstattung** zu bieten: die flamboyanten *Seitenschiffportale* (das Mittelportal ist unvollendet); die mächtige *Orgel* des Dominikanerbruders Isnard von 1773; *Chorschranken* und *Chorgestühl* (1692), deren Reliefs Szenen aus dem Ordensleben der Dominikaner zeigen; *Stuckdekorationen* und schöne *Altäre*. Bemerkenswert sind insbesondere in der rechten Seitenapsis der *Rosenkranzaltar* (18. Jh.) mit Szenen aus dem Leben der Maria Magdalena und in der linken Seitenapsis der *Passionsaltar* (1520) von Antoine Ronzen. Er zeigt u. a. eine sehr realistische Darstellung mit topografisch genauen Details wie der Piazzetta von Venedig, dem Kolosseum in Rom und dem Papstpalast in Avignon.

Schließlich gibt es in der **Krypta** außerordentlich interessante Sarkophage der Arleser Schule des 5. Jh., so z. B. den *Magdalenen-Sarkophag* mit Wunderheilungen, Auferstehung Christi und Prophezeiung der Verleugnung des Petrus. Der Sargdeckel zeigt das Weinwunder von Kana und das Opfer des Abraham, die Schlüsselübergabe an Petrus und eine Totenerweckung. Näher an der erzählenden antiken Tradition ist der *Maximin-Sarkophag*: Die einzelnen Szenen und Figuren sind noch nicht voneinander getrennt. Dargestellt sind Ereignisse aus der Kindheitsgeschichte Jesu und der Petrusgeschichte, die zu Szenen aus dem Alten Bund typologisch in Beziehung gesetzt werden. So wird z. B. die Übergabe der Gesetzestafeln an Moses mit der Übergabe der Schlüssel an Petrus in Verbindung gebracht. Ein einfacher **Kreuzgang** (April–Okt. 10–12 und 14–18.30 Uhr, sonst nur So/Fei nachmittags) aus dem 15. Jh. verbindet das Gotteshaus mit den Gebäuden des ehem. Konvents.

ℹ️ Praktische Hinweise

Information

Office de Tourisme, Place de l'Hôtel de Ville, St-Maximin-la-Ste-Baume, Tel. 04 94 59 84 59, http://ot-stmaximin. provenceverte.fr

Hotel

Plaisance, 20, Place Malherbe, St-Maximin-la-Ste-Baume, Tel. 04 94 78 16 74, www.plaisance-hotel.com. Angenehmes Mittelklassehotel am baumbestandenen Hauptplatz.

Restaurant

La Renaissance, 2, Place Malherbe, St-Maximin-la-Ste-Baume, Tel. 04 94 78 00 27, www.la-renaissance-restaurant.com. Gutes Restaurant mit Garten.

Die Ordenskirche von St-Maximin-la-Ste-Baume ist Ort der Maria Magdalena-Verehrung

Blau schimmert das Wasser der Verdon am Grund des nach dem Fluss benannten Canyon

48 Grand Canyon du Verdon

Atemberaubend und erhebend zugleich ist eine Fahrt entlang der bis zu 700 m tiefen Schlucht des Verdon.

Der Grand Canyon du Verdon ist zweifellos eines der großen Naturwunder Europas, eine Fahrt entlang seiner bis zu 700 m hohen Steilwände oder eine Wanderung auf seinem Grund ein unvergessliches Erlebnis.

Die Schlucht des Verdon erstreckt sich etwa 100 km nordöstlich von St-Maximin-la-Ste-Baume. Als Einstiegspunkt bietet sich **Castellane** an, wo die Schlucht beginnt. Von dort aus hat man verschiedene Möglichkeiten, ihrem Verlauf zu folgen. Zunächst ist da die **Corniche Sublime**. Um ihr zu folgen, verlässt man etwa 12 km nach Castellane die D 952, nimmt dann die D 955 nach Soleils, um schließlich über Trigance zur D71 zu wechseln. Diese Straße begleitet die Südseite der Schlucht und geizt nicht mit famosen Ausblicken.

Nicht minder großartig ist eine Fahrt auf der **Route des Crête**, einer erst Anfang der 1970er-Jahre angelegten Touristenstraße auf der Nordseite der Schlucht. Man erreicht sie über La Palud-sur-Verdon (D952, 25 km ab Castellane). Empfoh-

lene Fahrtrichtung ist der Uhrzeigersinn, da sie etwa nach der Hälfte des Wegs zur Einbahnstraße wird. Etwa auf halber Strecke, beim Chalet de la Maline, befindet sich der Einstieg zum beliebtesten Wanderweg in die Schlucht, dem **Sentier Martel** (ca. 15 km, 450 HM). In ungezählten Serpentinen windet sich dieser Pfad zu Tal, man durchquert mehrere Tunnel – einer ist 1,5 km lang, eine Taschenlampe sollte man also dabeihaben – und erreicht schließlich den Verdon. Nach etwa sechs Stunden endet die Tour am Point Sublime. Dorthin sollte man ein Taxi (Taxi Verdon, Tel. 06 68 18 13 13, während der Hochsaison unbeding vorbestellen) rufen, um wieder zum Auto zurückzukommen.

Die Schlucht endet am Stausee **Lac de Ste-Marie**, dessen kiesige Ufer zum Baden laden, etwa rund um Les Salles-sur-Verdon. Etwa 7 km verdonaufwärts schmiegt sich **Moustiers-Sainte-Marie** an die Felsen. Auch wenn das traumhaft schöne Dorf während der Sommermonate chronisch überfüllt ist: Besuchen sollte man es auf jeden Fall.

ℹ **Praktische Hinweise**

Information
Office de Tourisme, Rue National, Castellane, Tel. 04 92 83 61 14, www.castellane.org

Provence aktuell A bis Z

■ Vor Reiseantritt

ADAC Info-Service:
Tel. 018 05/10 11 12 (0,14 €/Min.)

ADAC im Internet:
www.adac.de
www.adac.de/reisefuehrer

Umfassendes **Informations- und Kartenmaterial** können ADAC Mitglieder kostenlos bei den ADAC Geschäftsstellen oder unter Tel. 018 05/10 11 12 (0,14 €/Min.) anfordern.

Provence im Internet:
www.franceguide.com
www.provenceguide.com

Bei den Reisevorbereitungen hilft das Französische Fremdenverkehrsamt

Atout France mit seinen drei Vertretungen:

Deutschland
Zeppelinallee 37, 60325 Frankfurt/Main, Tel. 09 00/157 00 25,
info.de@franceguide.com

Österreich
Lugeck 1–2, Stg. 1, Top 7, 1010 Wien, Tel. 09 00/25 00 15 (0,68 €/Min.),
info.at@franceguide.com

Schweiz
Rennweg 42, 8023 Zürich,
Tel. 04 42 17 46 00
info.ch@franceguide.com

■ Allgemeine Informationen

Reisedokumente

Erforderlich ist ein **Reisepass** oder **Personalausweis**, für Kinder unter 16 Jahren ein Kinderausweis oder ein Eintrag im Elternpass.

Kfz-Papiere

Führerschein und Zulassungsbescheinigung Teil 1 (vormals Fahrzeugschein) sind mitzuführen. Die Mitnahme der Internationalen Grünen Versicherungskarte wird empfohlen.

Krankenversicherung und Impfungen

Die Europäische Krankenversicherungskarte ist in die übliche Versicherungskarte integriert. Sie wird in ganz EU-Europa anerkannt und garantiert die medizinische Versorgung. Sicherheitshalber empfiehlt sich jedoch der Abschluss einer zusätzlichen Reisekranken- und Rückholversicherung.

Hund und Katze

Für Hunde und Katzen ist bei Reisen innerhalb der EU ein gültiger, vom Tierarzt ausgestellter EU Heimtierausweis vorgeschrieben, ebenso Kennzeichnung durch Mikrochip oder Tätowierung. Bis zum Jahr 2011 gelten Übergangsregelungen.

Zollbestimmungen

Im privaten Reiseverkehr innerhalb der EU dürfen Waren zum eigenen Verbrauch unbegrenzt mitgeführt werden. Zur Abgrenzung zwischen privater und gewerblicher Verwendung gelten folgende Richtmengen: 800 Zigaretten, 400 Zigarillos, 200 Zigarren, 1 kg Tabak, 10 l Spirituosen, 20 l Zwischenerzeugnisse, 90 l Wein (davon maximal 60 l Schaumwein) und 110 l Bier. Bei Reisen von Drittländern (Schweiz) dürfen zollfrei mitgeführt werden: 1 Stange Zigaretten, 1 l Spirituosen über 22 % oder 2 l Spirituosen unter 22 %, 50 ml Parfüm, 250 ml Eau de Toilette, 500 g Kaffee und 100 g Tee.

Geld

Die gängigen Kreditkarten werden in Banken, fast allen Hotels und Geschäften akzeptiert. An allen **EC-/Maestro-Geldautomaten** kann man rund um die Uhr Geld abheben.

Tourismusämter im Land

In vielen Orten der Provence gibt es ein Office de Tourisme (vgl. Praktische Hinweise im Haupttext), das reichhaltiges Material aushändigt, teilweise auch in Deutsch. Meist sind die Geschäftszeiten tgl. 9–12.30 und 14–19 Uhr, etliche Touristenbüros öffnen aber nur im Sommerhalbjahr.

Zusätzlich gibt es überregionale Tourismusbüros, die über Listen von Hotels und Privatunterkünften verfügen:

Comité Régional du Tourisme Provence-Alpes-Côte d'Azur, 10, Les Docks, Place de la Joliette, 13567 Marseille Cédex 2, Tel. 04 91 56 47 00, www.decouverte-paca.fr

Comités Départmentaux du Tourisme:
Département du Bouches-du-Rhône, 13, Rue Roux-de-Brignoles, 13006 Marseille, Tel. 04 91 13 84 13, www.visitprovence.com

Département Vaucluse, Rue Collège de la Croix, BP 147, 84008 Avignon, Tel. 04 90 80 47 00, www.provenceguide.com

Département Rhône-Alpes, 104, Route de Paris, 69260 Charbonnières-les-Bains, Tel. 04 72 59 21 59, www.rhonealpes-tourisme.fr

Département Var, 1, Boulevard Foch, BP 99, 83303 Draguignan, Tel. 04 95 50 55 50, www.visitvar.com

Notrufnummern

Einheitliche Notrufnummer: Tel. 112 (EU-weit, auch mobil: Polizei, Unfallrettung, Feuerwehr)

Pannenhilfe auf Autobahnen über Notrufsäulen, ansonsten:

ADAC-Notrufstation Frankreich: Tel. 04 72 17 12 22 (rund um die Uhr)

ADAC-Notrufzentrale München: Tel. 00 49/89/22 22 22 (rund um die Uhr)

ADAC-Ambulanzdienst München: Tel. 00 49/89/76 76 76 (rund um die Uhr)

Österreichischer Automobil Motorrad und Touring Club
ÖAMTC Schutzbrief-Nothilfe: Tel. 00 43/(0)1/2 51 20 00

Touring Club Schweiz
TCS Zentrale Hilfsstelle: Tel. 00 41/(0)2 24 17 22 20

Diplomatische Vertretungen

Deutsches Generalkonsulat, 338, Avenue du Prado, 13295 Marseille Cedex 8, Tel. 04 91 16 75 20, www.marseille.diplo.de

Österreichisches Honorargeneralkonsulat, 27, Cours Pierre Puget, 13006 Marseille, Tel. 04 91 53 02 08, consulatautriche@renardassocies.com

Schweizer Generalkonsulat, 7, Rue d'Arcole, 13291 Marseille, Cedex 6,

Tel. 04 96 10 14 10, mar.vertretung@eda.admin.ch

Besondere Verkehrsbestimmungen

Tempolimits (in km/h): Für Pkw (auch mit Anhänger), Motorräder und Wohnmobile gelten innerorts 50, auf Straßen mit zwei Fahrstreifen 110 (bei Nässe 100), auf Autobahnen 130 (bei Nässe 110), auf sonstigen Straßen 90 (bei Nässe 80). Wer seinen Führerschein noch keine zwei Jahre besitzt, darf außerorts höchstens 80, auf Autobahnen höchstens 110 fahren. *Wohnmobile* und *Anhänger* sind bis zu 2,5 m Breite und 12 m Länge zugelassen, Gespanne bis 18 m Länge.

Bei Regen und Schnee ist *Abblendlicht* vorgeschrieben. Gelbe Streifen am Fahrbahnrand bedeuten *Parkverbot*.

Die **Promillegrenze** liegt bei 0,5.

■ Anreise

Auto

Aus Deutschland kommt man in die Provence über Burgund und das Rhônetal (Lyon, Vienne, Valence, Montélimar), aus der Schweiz oder Österreich durch das Rhônetal oder das Tal der Isère (Genf, Grenoble, Valence, Montélimar).

Die französischen **Autobahnen** sind, bis auf kurze Strecken um die großen Städte, gebührenpflichtig *(Péage)*. Gebühren zahlt man bar oder mit Kreditkarte.

Bahn und Autoreisezug

Die Provence ist mit der Bahn gut zu erreichen. Der **TGV** (Train à Grande Vitesse, www.tgv.com) hält in Lyon, Avignon, Aix-en-Provence und Marseille. Eine zweite Linie führt über Arles nach Miramas. Zu allen anderen größeren Städten bestehen gute Schnellzugverbindungen. Von den Bahnhöfen aus sind kleinere Ziele oft gut mit dem Bus zu erreichen.

Von mehreren deutschen Städten fahren **Autoreisezüge** (mit Schlaf- und Liegewagen) nach Avignon.

Fahrplanauskunft:
Deutschland

Deutsche Bahn, Tel. 118 61 (persönliche Auskunft, gebührenpflichtig), Tel. 08 00/150 70 90 (sprachgesteuert, kostenlos), www.bahn.de

Deutsche Bahn Autozug, Tel. 018 05/ 24 12 24 (0,14€/Min.), www.autozug.de

Österreich
Österreichische Bundesbahn,
Tel. 05 17 17, www.oebb.at

Schweiz
Schweizerische Bundesbahnen,
Tel. 09 00 30 03 00, www.sbb.ch

Bus

Von verschiedenen deutschen Städten aus fahren Busse in die Provence, z.B. nach Aix-en-Provence, Arles, Avignon, Marseille, Nimes und Orange.
Deutsche Touring, Am Römerhof 17, 60486 Frankfurt/Main, Tel. 069/790 35 01, www.touring.de

Flugzeug

Neben Nizza wird auch Marseille mittlerweile von mehreren Billig-Fluglinien von Deutschland aus angeflogen.
Internationale Flughäfen:
Marseille Provence, Tel. 04 42 14 14 14, www.marseille.aeroport.fr
Nîmes, Tel. 04 66 70 49 49, www.nimes-aeroport.fr
Regionaler Flughafen:
Avignon, Tel. 04 90 81 51 51, www.avignon.aeroport.fr

Bank, Post, Telefon

Bank

Öffnungszeiten: Banken sind in der Regel Mo–Fr 9–12 und 14–16.30 Uhr geöffnet. In größeren Städten sind einige auch am Samstag geöffnet.

Post

Die Öffnungszeiten der Postämter sind in der Regel Mo–Fr 9–12 und 14–17 oder 15–18 (in größeren Orten oft durchgehend), Sa 9–12 Uhr. Briefmarken *(Timbres)* gibt es auch in Tabakläden *(Tabac).*

Telefon

Internationale Vorwahlen:
Frankreich 00 33
Deutschland 00 49
Österreich 00 43
Schweiz 00 41

Die französischen Telefonnummern sind zehnstellig und beginnen mit 0. Bei Gesprächen vom Ausland nach Frankreich lässt man diese 0 weg (= 00 33 + neunstellige Nummer).

Für die meisten Telefonzellen benötigt man Telefonkarten *(Télécartes),* die in Postämtern, Bars oder Tabakläden erhältlich sind.

In ganz Frankreich ist der Mobilfunkempfang ausgezeichnet.

Einkaufen

Öffnungszeiten der Geschäfte sind in der Regel Mo–Sa 9–12.30 und 15–19 Uhr. Es gibt jedoch individuelle Abweichungen. Lebensmittelläden und Bäckereien *(Boulangerie)* öffnen meist schon um 7 Uhr. Bäckereien und Supermärkte haben in der Regel Sonntag vormittags geöffnet, sind dafür aber montags geschlossen.

Charcuterie (Wurstwaren) und *Boucherie* (Fleischwaren) sind meist verschiedene Geschäfte. Fast jeder Ort hat seinen **Markt** mit herrlichem Gemüse, duftenden Kräutern, Honig, Konfitüren und Schafs- und Ziegenkäse, in Meeresnähe natürlich jede Menge Fisch und Krustentiere.

Landestypische **Souvenirs** sind kandierte Früchte und köstliche Konfitüren, Lavendelhonig, Seifen und duftende Kräuter *(Herbes de Provence)* als Duft- oder Würzmischung, Lavendelessenz und bunt bedruckte Stoffe, die sog. Indiennes. Und natürlich die berühmten Santons, aus Ton gebrannte, fantasievoll in bunten Farben bemalte Figürchen, ferner Kunsthandwerkliches, regionale Weine und das berühmte kaltgepresste Olivenöl *(Huile vierge).*

Essen und Trinken

Die **provenzalische** Küche ist deftig, bäuerlich, keineswegs raffiniert. Frisches Gemüse, Gewürze wie Rosmarin, Lorbeer, Thymian und andere Wildkräuter, Olivenöl, Brot und viel Knoblauch, an der Küste Fisch und Schalentiere, danach Schafs- und Ziegenkäse und vielleicht zum Abschluss ein Schluck köstlicher *Marc de Provence* (Tresterschnaps) – das sind, in groben Zügen skizziert, die Konturen der provenzalischen Esskultur. Natürlich darf der **Wein** nicht fehlen. Gut und bekömmlich sind in der Regel die Hausweine der Region, zu Fisch und Meeresfrüchten kann der vorzügliche Weißwein aus Cassis empfohlen werden.

Spezialitäten

Die Spezialitäten der Provence waren ursprünglich Armeleutespeisen. Heute kann man sie sich in einem Spitzenrestaurant in veredelter Form servieren lassen oder in einem deftigen, bodenständigen Lokal: Die dicke Gemüsesuppe *Soupe au pistou* oder die *Ratatouille* (wörtlich: ›Fraß‹), der mit Kräutern gewürzte Gemüseeintopf, oder die *Bouillabaisse*, bei der ursprünglich keine teuren Krustentiere sondern lediglich die ›Abfälle‹ von Fischen verwendet wurden.

Daube (Rinder- und Hammelschmorbraten), *Côtes d'Agneau* (Lammkoteletts) und *Boeuf gardian* (Rindergulasch) waren schon von jeher Sonntagsessen, auch *Tripes* (Kutteln) sind beliebt – ›à la provençale‹ bedeutet immer mit Tomaten und Kräutern. Schließlich darf die köstliche Knoblauch-Mayonnaise *Aioli* nicht vergessen werden, die man aus Eiern, Kartoffeln und Knoblauch – alles fein zerhackt – mit Olivenöl anrührt.

Weitere Köstlichkeiten sind gefüllte Tomaten, *Courgettes* (Zucchini) oder *Moules farcies* (Muscheln), *Lapin à la diable* (geschmortes Kaninchen mit Sardellen und Speck), *Poulet aux herbes et aux olives* (Hähnchen mit Kräutern und Oliven) oder *Pilaf des pêcheurs* (Muschelpfanne mit Reis) aus der Camargue. Eine Fischspezialität ist *Morue sèche* (Stockfisch), sehr typisch auch der Eintopf *Bourride* (aus Seeteufel und Wolfsbarsch) mit *Croûtons* (geröstetem Weißbrot). Es ist zu empfehlen, bei Gelegenheit als Vorspeisen *Pâté provençale* (Pastete aus Geflügelleber), *Sardines à la sétoise* (mit Sardinenpüree gefüllte Tomaten) oder frische Feigen mit rohem Schinken umwickelt zu probieren. Außer den gängigen **Desserts** lohnt es sich, *Tartelettes au miel et aux noix* (Törtchen mit Honig und Nüssen) oder *Compote de pommes et poires* (Kompott aus Äpfeln und Birnen) zu kosten.

Rund ums Essen

Wer essen möchte wie die Provenzalen, wird auf das **Frühstück** weitgehend verzichten und in einer Bar im Stehen *un café* (kleine Tasse schwarzer Kaffee), *un crème* (kleiner Kaffee mit Milch) oder *un grand crème* (großer Milchkaffee) trinken, dazu gehört ein Croissant.

Die meisten Franzosen essen **mittags** nur eine Kleinigkeit (außer sonntags),

An der Rue Vauvenargues in Aix bietet dieser Laden regionale Köstlichkeiten

abends dagegen um so üppiger. Hat man nicht vor, die französische Speisenfolge von mindestens drei Gängen zu absolvieren, so gehe man nicht in ein Restaurant, sondern in eine Bar oder eine Brasserie.

In den **Bars** gibt es neben Kaffee auch Wein, Bier, Limonade und diverse Aperitifs, vor allem die aus Anis hergestellten (Pernod, Picard, Pastis, Anisette). Eine herrliche Erfrischung an heißen Tagen ist *Citron pressé*, frisch gepresster Zitronensaft, der nach Belieben mit Wasser (und Eiswürfeln, *Glaçons*) verdünnt wird.

Essenszeiten werden in der Regel strikt eingehalten: mittags 12–14 Uhr, Abendessen gibt es selten vor 19 und noch seltener nach 21 Uhr. Im Restaurant weist der Ober den Tisch zu. Die Rechnung *(l'Addition)* enthält schon das **Trinkgeld** *(Pourboire)*, doch ist eine Zugabe von 5–10 % der Rechnungssumme üblich – oder man rundet auf.

◼ Feiertage

1. Januar (Neujahr/*Nouvel An*), Ostermontag *(Lundi de Pâques)*, 1. Mai (Tag der Arbeit/*Fête du Travail*), 8. Mai (Ende des

Zweiten Weltkriegs/*Armistice 1945*), Christi Himmelfahrt *(Ascension)*, Pfingstmontag *(Lundi de Pentecôte)*, 14. Juli (Nationalfeiertag/*Fête Nationale*), 15. August (Mariä Himmelfahrt/*Assomption*), 1. November (Allerheiligen/*Toussaint*), 11. November (Ende des Ersten Weltkriegs/*Armistice 1918*), 25. Dezember (Weihnachten/*Noël*).

Festivals und Events

Februar
Carpentras: Trüffelmesse
Marseille (2.2.): Mariä Lichtmess

März/April
Arles (Osterwochenende): Oster-Féria mit blutigen ›spanischen‹ Stierkämpfen im römischen Amphutheater.
Villeneuve-lès-Avignon (Ende April): St. Markus-Fest, Umzüge mit einem geschmückten Weinstock.

Mai
Arles (1.5.): Fest der Gardians (Rinderhirten) mit Segnung der Pferde.
Les-Saintes-Maries-de-la-Mer (24.–26.5.): Pèlerinage des Gitanes (Sinti- und Roma-Wallfahrt). Die Feier beginnt am 24. mit einer Messe am Vormittag, am frühen Nachmittag folgt die Prozession zum Meer.

Mai/Juni
Apt (Pfingsten):   La Cavalcade: großer Reiterumzug; Musikfestival.
Nîmes (Pfingsten): Pfingst-Féria.
St-Rémy-de-Provence (Pfingstmontag): Almauftrieb.

Juli
Avignon: Beim Festival d'Avignon wird drei Wochen lang Theater und Tanz geboten (www.festival-avignon.com).
Aix-en-Provence: Festival d'Aix-en-Provence. Opern- und Musikveranstaltungen im Innenhof des Erzbischöflichen Palastes (www.festival-aix.com).
Arles (2.7.): Pegoulado mit abendlichem Trachtenumzug (1. Mo): Stierkampf um die Goldene Kokarde.
Les-Saintes-Maries-de-la-Mer (2. Woche): Pferde-Féria mit Leistungsschau von Zugpferden und Spielen in der Stierkampfarena.

Marseille: Festival de Château Gombert, Internationales Folklore-Festival (www.festivaldefolklore.fr).
Nîmes: Festival de Nîmes, Rock und Pop in der Arena (www.festivaldenimes.com).
Nyons (Sa vor 14.7.): Internationales Olivenbaumfest.
Salon-de-Provence (1. Woche): Historisches Nostradamus-Fest.
Villeneuve-lès-Avignon: Rencontres d'Été, Internationaler Musiksommer in der Kartause (www.chartreuse.org).

Juli/August
Carpentras: Les Estivales de Carpentras, Theater, Ballett und Varieté (www.estivales-de-carpentras.com.
Orange: Opern und klassische Konzerte beim Chorégis d'Orange (www.choregies.com).
Valréas: Nuits de l'Enclave des Papes, Theater und Musik (www.lesnuitsdelenclave.com)

Juli–September
Fontaine-de-Vaucluse, Roussillon, Gordes, Abbaye de Silvacane: Festival de Quatuors à cordes du Luberon: Internationales Streichquartett-Festival (http://pagesperso-orange.fr/festival-luberon-quatuors).
St-Rémy-de-Provence: Festival Organa: Orgelkonzerte.

Juli–September
Arles: Stierkämpfe verschiedenster Art.

August
Aigues-Mortes (Ende des Monats): Les Fêtes de la Saint Louis: mit Parade, Schauspiel und Mittelaltermarkt.
Valréas (1. Sa): Lavendelfest mit abendlichem Korso.
St-Rémy-de-Provence (15.8.): Féria mit Stierkampf in provenzalischem Stil.
Séguret (3. Wochenende): Provenzalische Festwoche mit Weinfest.
Vaison-la-Romaine: Internationale Choralies, Gesang in vielen Tonlagen und Stilrichtungen (alle 3 Jahre, das nächste Mal 2010, www.choralies.fr).

September
Arles: (2. Wochenende) Féria de Riz, Reiserntefest mit Korso und Féria.
Nîmes (vorletztes Wochenende): La Fête des Vins, Weinlese-Féria.

Oktober

Les-Saintes-Maries-de-la-Mer
(So vor dem 22.10.): Prozession zum
Strand und Segnung des Meeres.

November

Marseille (letztes Wochenende–31. Dez.):
Foire aux Santons, Ausstellung der
schönsten Krippenfiguren (www.foire-
aux-santons-de-marseilles.fr).

Dezember

In vielen Kirchen werden fantasievolle
Krippen aufgestellt, z. T. mit beweglichen
Mühlrädern und Windmühlen.

■ Klima und Reisezeit

Die französische *Mittelmeerküste* war
lange das bevorzugte Ziel für vermögen-
de Winterurlauber. Linde Temperaturen,
Sonne, Blütenpracht von Dezember bis
Februar bieten auch heute noch eine
faszinierende Alternative zum Winterkli-
ma anderer europäischer Regionen. An
der Küste liegen die Temperaturen dann
bei 13 bis 17 °C. Im *Landesinneren* dagegen
kann es im Winter und Frühjahr emp-
findlich kühl sein, März und April sind
häufig regnerisch. Ende März/Anfang
April beginnt die Blüte der Obstbäume,
Mai und Juni sind wohl die schönsten
Monate – Mohn, Ginster, Rosmarin und
Thymian blühen.

Im Juli/August steigen vor allem an der
Küste die Temperaturen auf bis zu 30 °C.
September und Oktober sind Monate
mit beständig schönem Wetter, es ist
warm, aber nicht zu heiß. Auch im November gibt es noch warme Tage, allerdings fällt häufig Regen, und in der
Haute-Provence sogar Schnee.

Klimadaten Provence

Monat	Luft (°C) min./max.	Wasser (°C)	Sonnen- std./Tag	Regen- tage
Januar	4/12	13	5	9
Februar	5/13	12	6	7
März	7/15	13	6	8
April	9/17	14	8	9
Mai	12/20	16	9	8
Juni	16/24	20	10	5
Juli	18/26	22	12	2
August	18/27	23	11	4
September	16/25	21	9	7
Oktober	12/21	19	7	9
November	8/16	16	5	9
Dezember	5/13	14	5	9

■ Sport

In der Provence bieten sich gute Gele-
genheiten zum Wandern, Fahrrad fahren,
Angeln und Klettern, zum Kanu- und Ka-
jakfahren. In der Camargue bieten Hotels
Reitstunden an, Bademöglichkeiten bestehen an der Küste und an den Flüssen.
Auch Tennis- und Golfplätze stehen zur
Verfügung. Wer aber den eigentlichen
Volkssport kennen lernen möchte, muss
sich unter die Boulespieler mischen oder
sich die Kugeln kaufen.

Angeln

Angelscheine (*Permis de Pêche*) erhält
man in zahlreichen *Tabacs*, bei der jew.
Kommune oder den *Associations de
Pêche et Pisciculture* der Departements.
Fischreich sind insbesondere die klaren
Gewässer der Vaucluse.

**Office national de l'eau et des milieux
aquatiques (Onema)**, Immeuble ›Le
Péricentre‹, 16, Avenue Louison-Bobet,
94132 Fontenay-sous-Bois cedex,
Tel. 01 45 14 36 00, www.onema.fr

Fahrradfahren

An allen größeren Bahnhöfen kann man
Räder mieten *(Train et Vélo)*. Weitere Leih-
möglichkeiten nennen die Offices de
Tourisme (s. Praktische Hinweise).

Fontaine-de-Vaucluse: Reizvoll ist eine
mehrtägige Rundfahrt über Viens und
Apt (135 km). Auf der Internetseite www.
provenceguide-velo.com finden sich
viele ansprechende Touren zum Down-
load. Die Karten vom *Institut Géogra-
phique National* (www.ign.fr) im Maßstab
1:25 000 sind ebenfalls sehr hilfreich.

Golf

Die regionalen Tourismusbüros halten
einen kostenloser Führer über die Golfplätze in der Provence bereit. Auskunft:

Fédération Française de Golf, 68, Rue
Anatole France, 92300 Levallois-Perret,
Tel. 01 41 49 77 00, www.ffg.org

Kanu- und Kajaktouren

Mit dem Kanu oder Kajak kann man die
reizvollen Landschaften von Ardèche,
Cèze, Gardon, Durance und Sorgue sehr
gut erkunden. Detaillierte Informationen
über kombinierte Fahrten, bei denen am
Ziel ein Auto zum Abholen bereit steht,
erteilen die Tourismusbüros.

Über den Plage de Catalans in Marseille erhebt sich das Fort St-Nicolas

Vallon-Pont-d'Art, St-Martin-d'Ardèche: Geführte oder selbstständige ein- bis zweitägige Fahrten auf der Ardèche.

St-Ambroix: Fahrten für Anfänger und Fortgeschrittene auf der Cèze.

Pont-du-Gard: Ab hier Möglichkeiten zu Touren von unterschiedlicher Länge auf dem Oberlauf des Gardon.

L'Isle-sur-la-Sorgue, Fontaine-de-Vaucluse: Kajak-Fahrt von 8 km Länge auf der Sorgue.

Klettern

Zu Kletterrevieren, -schulen und -führern in der Provence gibt Auskunft:

École Française d'Escalade (Bergsteigerschule), 50, Rue Carnot, 84000 Avignon, Tel. 04 90 85 61 45

Reiten

Die **Camargue** lässt sich schön auf dem Rücken der Pferde erkunden – allenthalben begegnen einem unterwegs die Hinweisschilder der Clubs hippiques oder Écoles d'Equitation. Auskunft:

Association Camarguaise de Tourisme Equestre (ACTE), Route d'Arles, Centre de Ginès, Pont-de-Gau, 13460 Les-Saintes-Maries-de-la-Mer, Tel. 04 90 97 86 32

Schiffsausflüge

Informationen erhält man bei dem jeweiligen Office de Tourisme.

Aigues-Mortes: Ab Tour de Constance Fahrten auf den Kanälen und dem Küstenfluss Vidourie.

Avignon: Fahrten auf der Rhône bis in die Camargue.

Marseille: Fahrten zum Château d'If, zu den Îles du Frioul und in die Calanques.

Strände

Arles: Die Plage de Piémanson mit feinem Sand und flachen Dünen (Salin-de-Giraud) ist der ›Hausstrand‹ von Arles.

Le-Grau-du-Roi: Östlich des Ortes ist die Plage de l'Espiguette ein reizvolles Strandgebiet.

Marseille: Im Stadtgebiet gute Sandstrände mit Strandposten und sportlichen sowie sanitären Einrichtungen.

Les-Saintes-Maries-de-la-Mer: Gute Sandstrände.

Wandern

Beliebte **Wandergebiete** sind der Lubéron, die Gegenden um den Mont Ventoux, die Dentelles de Montmirail und um Fontaine-de-Vaucluse sowie das Tal des Gardon beim Pont-du-Gard. Vier **Sentiers de Grande Randonnée** (Fernwanderwege, www.gr-infos.com) erschließen die Region, von denen man sich Teilabschnitte auswählen kann. Sie führen durch das südliche Vivarais bis zum Mont Ventoux, durch das Rhônetal, am Fluss Gard entlang durch die Alpilles und den Lubéron, um die Nordflanke des Mont Ventoux über das Plateau de Vaucluse, den Lubéron, die Massive Ste-Victoire und Ste-Baume. Zudem gibt es **Sentiers de Petite Randonnée** (kürzere Strecken) von einigen bis zu 48 Stunden Länge. Auskunft in den Touristenbüros.

Detaillierte Informationen geben die Karten der IGN und die *Topo-Guides*, erhältlich bei:

Fédération Française de la Randonnée Pédestre, Centre d'Information, 64 Rue du Dessous des Berges, 75013 Paris, Tel. 01 44 89 93 93, www.ffrp.asso.fr

■ Statistik

Lage: Die Provence, im Südosten Frankreichs gelegen, umfasst die heutigen Départements Vaucluse und Bouches-du-Rhône. Begrenzung ist im Westen die Rhône, im Süden das Mittelmeer. Nach Norden und Osten sind die Grenzen weniger eindeutig, daher werden im Reiseführer auch Teile der Départements Ardèche und Gard berücksichtigt.

Verwaltung: Die erwähnten Départements links der Rhône wurden 1972 im Zuge einer behutsamen Dezentralisierung mit dem Département Haut-Alpes zur Région Provence-Alpes-Côte-d'Azur zusammengefasst (Hauptstadt: Marseille). Das Département Gard gehört bereits zur Region Languedoc-Roussillon (Hauptstadt: Montpellier).

Bevölkerung: Die Bevölkerungsdichte der Provence ist sehr unterschiedlich. Die bedeutendsten Städte sind Marseille (mit 800 000 Einw. die zweitgrößte Stadt Frankreichs), Aix-en-Provence (134 000 Einw.) und Nîmes (134 000 Einw.), Avignon (86 000 Einw.), Arles (50 000 Einw.), Salon-de-Provence (37 000 Einw.), Orange (28 000 Einw.).

Wirtschaft: Die Landwirtschaft spielt im ›Garten Frankreichs‹, wie die Provence genannt wird, immer noch eine tragende Rolle. In der Rhône-Ebene hat man sich auf Gemüse und Frühobst, in hohem Maße auch für den Export, spezialisiert. Zwischen Arles und Tarascon baut man Weizen, Reis, Mais und Raps an. Auf Hochebenen und den Hängen oberhalb von 700 m wird Lavendel angebaut. Mit Mandeln wird in der Umgebung von Aix und Salon die Calissons, eine begehrte Süßig-

Nationalsport Boule

Kein noch so winziger Ort, der nicht eine entsprechende Bahn und Boule-Wettkämpfe hätte. Allabendlich trifft man sich zum Spielen, ist aktiv oder passiv dabei, agierend oder begutachtend.

Das **Jeu de boules**, das ›Kugelspiel‹, ist in erster Linie Männersache und zwar eher der reiferen als der jüngeren Generation; langsam finden freilich auch Frauen Zugang zu diesem Spiel. Eine **Boulekugel** hat einen Durchmesser von 9–11 cm und ein Gewicht von 700–1300 Gramm. Zweieinhalb Millionen dieser Kugeln werden jährlich in Frankreich hergestellt.

Das Spiel besteht darin, seine Kugel so nah wie möglich an die kleine hölzerne Zierkugel zu rollen, das sog. Schweinchen (›Cochonnet‹), bzw. dort liegende gegnerische Kugeln von diesem wegzuschießen. Ersteres macht der ›Ponteur‹ (Zieler), letzteres der ›Tireur‹ (Schießer). Man unterscheidet zwei Spielweisen: Beim **Pétanque** (provenzalisch: Ped tanco, festgehefteter Fuß) wird die Kugel aus dem Stand geworfen, beim **Jeu Provençal** mit Anlauf.

keit, hergestellt. Die Kirschen von Apt gehen kandiert in alle Welt, und Olivenöl von Pflanzungen in der Nähe von Salon, Nyons und an den Südhängen der Gebirge wird europaweit exportiert. Trüffelplantagen, sog. Truffières, findet man u.a. im südlichen Tricastin und im Comtat Venaissin. Zwischen Buis-les-Baronnies und Carpentras wiederum gibt es Lindenpflanzungen für den Handel mit getrockneten Lindenblüten, während Felder für die Herbes de Provence – Thymian, Rosmarin, Salbei, Basilikum, Majoran, Bohnenkraut und Fenchel – vor allem in der Gegend um St-Rémy und im Vaucluse zu finden sind.

Typisch provenzalisch ist die Schafzucht, während in der Camargue auf großen Gütern schwarze Rinder und weiße Pferde gezüchtet werden. Der Fischfang spielt mittlerweile nur noch eine untergeordnete Rolle.

Die Industrie hat einen einschneidenden Wandel durchgemacht, u.a. auch durch die Anlage von Wasserkraftwerken am Unterlauf von Rhône und Durance. Die

Bedeutung der traditionellen Branchen – z.B. Verarbeitung von Mineralien (etwa Ocker um Roussillon), Seifenherstellung (Marseille) oder Salinen (in der Camargue) – ist zurückgegangen. Industrien wie Raffinerien, Petrochemie, Flugzeugbau (Marseille), Elektronik und Kernforschung (Zentrum von Caradache) haben die Provence in eine moderne Wirtschaftsregion verwandelt. Ihr Zentrum ist Marseille mit dem Industriehafen von Fos.

Das dritte wirtschaftliche Standbein ist der Tourismus. Heutzutage wird gezielt der Kongresstourismus gefördert, was eine gute Hotelbelegung auch außerhalb der Saison garantiert.

Unterkunft

Außerhalb der französischen Schulferien ist es in der Regel nicht allzu schwer, auch unangemeldet ein Zimmer zu bekommen. Allerdings ist zu beachten, dass besonders in den Wintermonaten, vor allem im Januar und im Februar, viele Unterkünfte geschlossen sind. Während der französischen Sommerferien im Juli und August steigen die Preise dann mitunter erheblich.

Camping

Detaillierte Auskunft über geprüfte Campingplätze geben der jährlich neu erscheinende **ADAC Camping Caravaning Führer** Band Südeuropa (auch als CD-ROM) sowie der **ADAC Urlaubsführer Europa**, erhältlich im Buchhandel und bei den ADAC-Geschäftsstellen (www.adac.de/campingfuehrer).

Chalets

Vielerorts gibt es **Ferienhäuser**, die wochenweise vermietet werden. Sie sind mit allem ausgestattet, was man zur Selbstversorgung braucht. Auskunft:

Inter Châlet, Heinrich-von-Stephan-Str. 25, 79100 Freiburg, Tel. 07 61/21 00 77, www.interchalet.com

Hotels

Neben den Tourismusbüros vor Ort vermittelt die **Fédération Nationale des Logis de France** kleinere, preiswerte, oft sehr persönlich geführte Hotels. Infos:

Logis de France, 83, Avenue d'Italie, 75013 Paris, Tel. 01 45 84 70 00, www.logis-de-france.fr

Zu empfehlen sind auch die im **France Accueil** zusammengeschlossenen Hotels. Prospektmaterial erhält bei:

Hôtels Indépendants Français (HIF), Beethovenstr. 60, 60325 Frankfurt/Main, Tel. 069/72 76 33, www.frankreich-hotel.de

Jugendherbergen

Fédération Unie des Auberges de Jeunesse, 27, Rue Pajol, 75018 Paris, Tel. 01 44 89 87 27, www.fuaj.org

Auskünfte zu Jugendherbergen in der Provence erteilt auch:

Deutsches Jugendherbergswerk, Bismarckstr. 8, 32756 Detmold, Tel. 052 31/740 10, www.jugendherberge.de

Privatunterkünfte

Über preiswerte Privatquartiere informiert das **Maison des Gîtes de France** (www.gites-de-france.fr). Vertretung der Departements Aude (Languedoc Roussillon) und Alpes Maritimes (Provence und Côte D'Azur) in Deutschland:

France-Ecotours, Elisabethenstr. 17, 63225 Langen, Tel. 061 03/92 87 87, www.france-ecotours.com

Verkehrsmittel im Land

Bahn

Mit dem **InterRail-Pass** kann man an mehreren Tagen innerhalb eines Monats beliebig viele Strecken des französischen Eisenbahnnetzes nutzen. Infos:

www.interrailnet.com

Mietwagen

Mietwagen der bekannten Verleihfirmen gibt es in allen größeren Orten.

ADAC-Mitglieder können über die **ADAC Autovermietung**, Tel. 018 05/31 81 81 (0,14 €/Min.) oder über die ADAC-Geschäftsstellen zu günstigen Konditionen ein Auto vorbuchen.

Öffentliche Verkehrsmittel

Die öffentlichen Verkehrsmittel in der Provence funktionieren in der Regel gut. In Marseille gibt es eine U-Bahn (*Métro*). Überlandbusverbindungen machen die meisten Orte auch ohne Auto erreichbar (Busbahnhof = *Gare routière*). In den Tourismusbüros erhält man aktuelle Fahr- und Routenpläne.

Sprachführer

Französisch für die Reise

◼ Das Wichtigste in Kürze

Ja/Nein	Oui/Non
Bitte/Danke	S'il vous plaît/Merci
In Ordnung./ Einverstanden.	Très bien./ D'accord.
Entschuldigung!	Pardon!/Excuse(z)-moi!
Wie bitte?	Comment?/Vous dites?
Ich verstehe Sie nicht.	Je ne vous comprends pas.
Ich spreche nur wenig Französisch.	Je ne parle que peu le français.
Können Sie mir bitte helfen?	Pourriez-vous m'aider, s'il vous plaît?
Das gefällt mir (nicht).	Cela (ne) me plaît (pas).
Ich möchte ...	Je voudrais ...
Haben Sie ...?	Avez-vous ...?
Gibt es ...?	Y a-t-il ...?
Wie viel kostet das?	Cela coûte combien?
Kann ich mit Kreditkarte bezahlen?	Puis-je régler avec une carte de crédit?
Wie viel Uhr ist es?	Quelle heure est-il?
Guten Morgen!/ Guten Tag!	Bonjour!
Guten Abend!	Bonsoir!
Gute Nacht!	Bonne nuit!
Hallo!/Tschüs!	Salut!
Mein Name ist ...	Je m'appelle ...
Wie ist Ihr Name, bitte?	Quel est votre nom, s'il vous plaît?

Wie geht es Ihnen?	Comment allez-vous?
Auf Wiedersehen!	Au revoir!
Bis bald!	À bientôt!
Bis morgen!	À demain!
gestern/heute/ morgen	hier/aujourd'hui/ demain
am Vormittag/ am Nachmittag	le matin/ l'après-midi
am Abend/ in der Nacht	le soir/ la nuit
um 1 Uhr/ 2 Uhr ...	à une heure/ à deux heures ...
um Viertel vor/ nach ...	à ... moins le quart/ et quart
um ... Uhr 30	à ... heure(s) trente
Minute(n)/Stunde(n)	minute(s)/heure(s)
Tag(e)/Woche(n)	jour(s)/semaine(s)
Monat(e)/Jahr(e)	mois/an(s)/année(s)

◼ Wochentage

Montag	lundi
Dienstag	mardi
Mittwoch	mercredi
Donnerstag	jeudi
Freitag	vendredi
Samstag	samedi
Sonntag	dimanche

◼ Monate

Januar	janvier
Februar	février
März	mars
April	avril
Mai	mai
Juni	juin
Juli	juillet
August	août
September	septembre
Oktober	octobre
November	novembre
Dezember	décembre

◼ Zahlen

0	zéro	19	dix-neuf
1	un	20	vingt
2	deux	21	vingt-et-un
3	trois	22	vingt-deux
4	quatre	30	trente
5	cinq	40	quarante
6	six	50	cinquante
7	sept	60	soixante
8	huit	70	soixante-dix
9	neuf	80	quatre-vingt
10	dix	90	quatre-vingt-dix
11	onze	100	cent
12	douze	200	deux cents
13	treize	1000	mille
14	quatorze	2000	deux mille
15	quinze	10 000	dix mille
16	seize	100 000	un million
17	dix-sept	½	un demi
18	dix-huit	¼	un quart

◼ Maße

Kilometer	kilomètre
Meter	mètre
Zentimeter	centimètre
Kilogramm	kilogramme
Pfund	livre
Gramm	gramme
Liter	litre

Unterwegs

Nord/Süd/West/Ost	nord/sud/ouest/est
oben/unten	en haut/dessous
geöffnet/geschlossen	ouvert/fermé
geradeaus/links/ rechts/zurück	tout droit/gauche/ droite/en arrière
nah/weit	proche/loin
Wie weit ist das?	A quelle distance d'ici se trouve-t-il?
Wo sind die Toiletten?	Où sont les toilettes?
Wo ist die (der) nächste ...	Où se trouve ...
Telefonzelle/	la cabine télé- phonique/
Bank/	la banque/
Post/	le bureau de poste/
Polizei/	le poste de police/
Geldautomat?	le distributeur auto- matique de billets? la/le plus proche?
Wo ist ...	Où se trouve ...
der Bahnhof/	la gare/
die U-Bahn/	le métro/
der Flughafen?	l'aéroport?
Wo finde ich ...	Où se trouve ...
eine Bäckerei/	une boulangerie/
ein Kaufhaus/	un grand magasin/
ein Lebensmittel- geschäft/	une épicerie/
einen Markt?	un marché?
Ist das der Weg/ die Straße nach ...?	Est-ce que c'est le chemin/la route/ la rue pour ...?

Hinweise zur Aussprache

ai	wie ›ä‹, Bsp.: lait
au	wie ›o‹, Bsp.: auto, gauche
eu	wie ›ö‹, Bsp.: peu, deux
ou	wie ›u‹, Bsp.: rouge
ue	wie ›ü‹, Bsp.: rue, avenue
c	vor ›e‹ und ›i‹ wie ›s‹, Bsp.: ce, cide
c	vor ›a‹ und ›o‹ wie ›k‹, Bsp.: cabinet, compagnie
ch	wie ›sch‹ Bsp.: chips
h	am Wortanfang ist immer stumm, Bsp.: hommage
g	vor ›e‹ und ›i‹ wie ›dsch‹, Bsp.: gentille, gilet
gn	wie ›nj‹, Bsp.: cognac, agneau
p, s, t	sind am Wortende meist stumm, Bsp.: trop, très, mot
-tion	bei dieser Silbe ›t‹ wie ›s‹, Bsp.: nation
q, qu	wie ›k‹, Bsp.: coq, qui
v	wie ›w‹, Bsp.: vie
z	wie ›s‹, Bsp.: zéro

Gibt es einen anderen Weg?	Y a-t-il un autre chemin?
Ich möchte mit dem Zug/ Schiff/ Fähre/Flugzeug nach ... fahren.	Je voudrais prendre le train/ le bateau/ le ferry-boat/l'avion pour ...
Ist der Preis für Hin- und Rückfahrt?	Est-ce que c'est le prix aller-retour?
Wie lange gilt das Ticket?	Pour combien de temps le ticket sera valide?
Wo ist das ... Tourismusbüro/ Reisebüro?	Où se trouve l'office de Tourisme/ l'agence de voyages?
Ich benötige eine Hotelunterkunft.	J'ai besoin d'un hôtel.
Wo kann ich mein Gepäck lassen?	Où puis-je laisser mes bagages?

Notfall

Ich möchte eine Anzeige erstatten.	Je voudrais déposer une plainte.
Man hat mir ...	On m'a volé ...
Geld/	de l'argent/
meine Tasche /	mon sac/
meine Papiere/	mes papiers/
die Schlüssel/	les clés/
meinen Fotoapparat/	mon appareil photo/
meinen Koffer/	ma valise/
mein Fahrrad gestohlen.	ma bicyclette.

Freizeit

Ich möchte ein ...	Je voudrais louer ...
Fahrrad/	une bicyclette/
Mountainbike/	un v.t.t./
Motorrad/	une moto/
Surfbrett/	une planche à voile/
Boot mieten.	un bateau.
Gibt es ein(en)	Y a-t-il ...
Freibad/	une piscine/
Golfplatz/	un terrain de golf/
Strand in der Nähe?	une plage près d'ici?
Wann hat ... geöffnet?	Quelles sont les horaires d'ouverture ...?

Bank, Post, Telefon

Brauchen Sie meinen Ausweis?	Avez-vous besoin de ma carte d'identité?
Wo soll ich unterschreiben?	Où dois-je signer?

| Wie lautet die Vorwahl für ...? | Quel est le préfixe pour ...? |
| Wo gibt es ... Telefonkarten/ Briefmarken? | Où peut-on trouver ... téléphoniques/ des timbres? |

Tankstelle

Wo ist die nächste Tankstelle?	Où est-ce que se trouve la station d'essence la plus proche?
Ich möchte ... Liter ... Super/ Diesel bleifrei/ mit ...Oktan.	Je voudrais ... litres ... de super/ de gasoil sans plomb/ à ... octane.
Volltanken, bitte.	Faites le plein, s'il vous plaît.
Prüfen Sie bitte ...	Vérifiez s'il vous plaît, ...
den Reifendruck/	la pression de gonflage/
den Ölstand/	le niveau d'huile/
den Wasserstand/	le niveau d'eau/
das Wasser für die Scheibenwisch-anlage/	l'eau pour le système essuieglaces/
die Batterie.	la batterie.
Würden Sie bitte ...	Pourriez-vous s'il vous plaît ...
den Ölwechsel vornehmen/	faire la vidange d'huile/
den Radwechsel vornehmen/	effectuer le changement de roue(s)/
die Sicherung austauschen/	échanger le fusible/
die Zündkerzen erneuern/	échanger les bougies/
die Zündung nachstellen?	régler l'allumage?

Panne

Ich habe eine Panne.	Je suis en panne.
Der Motor startet nicht.	Le moteur ne démarre pas.
Ich habe die Schlüssel im Wagen gelassen.	J'ai laissé les clés dans la voiture.
Ich habe kein Benzin/Diesel mehr.	Je n'ai plus d'essence/de diesel.
Gibt es hier in der Nähe eine Werkstatt?	Est-ce qu'il y a un garage près d'ici?
Können Sie mir einen Abschleppwagen schicken?	Est-ce que vous-pouvez m'envoyer une dépanneuse?
Können Sie den Wagen reparieren?	Pouvez-vous réparer la voiture?
Wann wird er fertig sein?	Quand sera-t-elle prête?

Mietwagen

Ich möchte ein Auto mieten.	Je voudrais louer une voiture.
Was kostet die Miete ... pro Tag/ pro Woche/ mit unbegrenzter km-Zahl/ mit Kasko-versicherung/ mit Kaution?	Combien coûte la location ... par jour/ par semaine/ avec kilométrage illimité/ avec assurance tous risques/ avec la caution?
Wo kann ich den Wagen zurückgeben?	Où puis-je rendre le véhicule?

Unfall

Hilfe!	Au secours!
Achtung!/Vorsicht!	Attention!
Bitte rufen Sie schnell ...	S'il vous plaît, appelez vite ...
einen Kranken-wagen/	une ambulance/
die Polizei/	la police/
die Feuerwehr.	les sapeurs-pompiers.
Es ist (nicht) meine Schuld.	C'est (Ce n'est pas) de ma faute.
Geben Sie mir bitte Ihren Namen und Ihre Adresse.	Veuillez me donner votre nom et adresse, s'il vous plaît.
Ich brauche die Angaben zu Ihrer Autoversicherung.	J'aurais besoin des données de votre assurance auto-mobile.

Krankheit

Können Sie mir einen guten Deutsch sprechenden Arzt/ Zahnarzt empfehlen?	Pourriez-vous me conseiller un bon médecin/ dentiste qui parle allemand?
Ich habe (starke) Schmerzen	J'ai (très) mal.
Herzbeschwerden	problémes cardiaques
Wann hat er Sprechstunde?	Quelles sont ses heures de consultation?
Wo ist die nächste Apotheke?	Où est-ce que se trouve la pharma-cie la plus proche?
Ich brauche ein Mittel gegen ... Durchfall/Fieber/ Insektenstiche/ Verstopfung/ Zahnschmerzen.	J'aurais besoin d'un médicament contre ... la diarrhée/la fièvre/ les piqûres d'insecte/ la constipation/ le mal de dents.

Hotel

Ich habe bei Ihnen ein Zimmer reserviert.	J'ai réservé une chambre chez vous.
Haben Sie ein ...	Auriez-vous ...
Einzel-/	une chambre à un lit/une
Doppelzimmer ...	chambre à deux lits...
mit Dusche/	avec douche/
mit Bad/WC?	avec salle de bains/WC?
für eine Nacht/	pour une nuit/
für eine Woche?	pour une semaine/
mit Blick aufs Meer?	avec vue sur la mer?
Was kostet das Zimmer ...	Combien coûte la chambre ...
mit Frühstück/	avec petit-déjeuner/
mit Halbpension/	avec demi-pension/
mit Vollpension?	avec pension complète?
Haben Sie ...	Avez-vous ...
ein Fax/	un fax/
Internetzugang/	accès à internet/
einen Hotelsafe?	un coffre-fort?
Wie lange gibt es Frühstück?	Jusqu'à quelle heure peut-on prendre le petit-déjeuner?
Ich möchte um ... Uhr geweckt werden.	Je voudrais qu'on me réveille à ... heure(s).
Ich reise heute Abend/ morgen früh ab.	Je pars ce soir/ demain matin.
Kann ich mit Kreditkarte bezahlen?	Puis-je régler avec une carte de crédit?

Restaurant

Wo gibt es ein gutes/günstiges Restaurant?	Pourriez-vous m'indiquer un bon restaurant/un restaurant pas trop cher?
Die Speisekarte/ Getränkekarte, bitte.	Je voudrais la carte/ la carte des boissons, s'il vous plaît.
Ich möchte nur eine Kleinigkeit essen.	Je voudrais manger qu'un petit quelque chose.
Ich möchte das Tagesgericht/Menü (zu ...)	Je voudrais le plat du jour/le menu (à ...).
Welches Gericht können Sie besonders empfehlen?	Quel plat pourriez-vous recommander particulièrement?
Haben Sie vegetarische Gerichte?	Avez-vous des plats végétariens?
Haben Sie alkoholfreie Getränke?	Avez-vous des boissons sans alcool?
Prosit!/Auf Ihr Wohl!	À votre santé!
Können Sie mir bitte ...	Pourriez-vous m'apporter ...
ein Messer/	un couteau/
eine Gabel/	une fourchette/
einen Löffel bringen?	une cuillère, s'il vous plaît?
Die Rechnung bitte!	L'addition, s'il vous plaît!

Essen und Trinken

Abendessen	dîner
Apfel	pomme
Artischocke	artichaut
Austern	huîtres
Bier	bière
Brot	pain
Brötchen	petit pain
Butter	beurre
Ei	oeuf
Eiscreme	glace
Erdbeeren	fraises
Essig	vinaigre
Fisch	poisson
Flasche	bouteille
Fleisch	viande
Fruchtsaft	jus de fruits
Gemüse	légumes
Glas	verre
Himbeeren	framboises
Hummer	homard
Joghurt	yaourt
Kaffee mit Milch	café au lait
Kalbfleisch	veau
Kartoffeln	pommes de terre
Käse	fromage
Krabben, Garnelen	crevettes
Kuchen	gâteau
Lammfleisch	agneau
Leber	foie
Leberpastete	pâté de foie
Meeresfrüchte	fruits de mer
Milch	lait
Mineralwasser (mit/ohne Kohlensäure)	l'eau minérale (gazeuse/ non gazeuse)
Obst	fruits
Öl	huile
Pfeffer	poivre
Pfirsiche	pêches
Reis	riz
Rindfleisch	bœuf
Salz	sel
Schinken	jambon
Schweinefleisch	porc
Spinat	épinards
Suppe	soupe
Tomaten	tomates
Wein	vin ...
Weißwein/	blanc/
Rotwein/	rouge/
Roséwein	rosé
Zwiebeln	oignons
Zucker	sucre

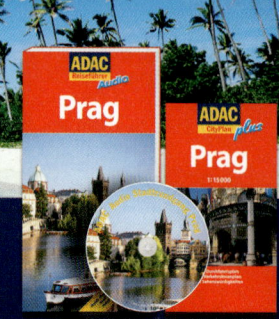

Register

A

Abbaye de Montmajour 80, **106–107**
Abbaye de Sénanque **71–72**, 88
Abbaye de Silvacane 71, 86, 88
Abbaye de St-Hilaire 87
Abbaye de St-Ruf 20
Adhémar, Familie 26, 27, 28
Adhémar, Guillaume 26
Aigues-Mortes 89, **92–95**, 97, 98
Aix-en-Provence 8, 12, 14, 15, 98, 99, **108–115**, 118, 123
    Atelier Cézanne 113
    Cathédrale St-Sauveur 111
    Cours Mirabeau 111
    Église de-la-Madeleine 113
    Église St-Esprit 111
    Église St-Jean-de-Malte 112
    Fondation Vasarély 113
    Fontaine d'eau thermale 110
    Fontaine de la Rotonde 109
    Fontaine des neuf canons 110
    Fontaine des Quatre Dauphins 112
    Fontaine du Roi René 110
    Hôtel Boyer d'Éguilles 110
    Hôtel d'Albertas 110
    Hôtel de Boisgelin 112
    Hôtel de Villeneuve d'Ansouis 112
    Musée des Tapisseries 112
    Musée d'Histoire 110
    Musée du Vieil Aix 111
    Musée Granet 113
    Musée Paul Arbaud 112
    Oppidum d'Entremont 113
    Pavillon de Vendôme 112
    Thermes Sextius 112
    Tour de l'Horloge 111
Albi 14
Albigenser 14, 44, 63, 90
Albigenserkreuzzug 14
Albigenserkriege 14, 46, 78, 108
Aleman, Louis 100
Alexander VII. 15
Alfons II., Graf der Provence 112
Allemand, Antoine d' 42
Alphonse von Poitiers, Graf von Toulouse 14
Alpilles 27, 77, 83, 98
Alzon 62
Ampurias 12
André, Albert 23
Apt 75
Ardèche 19, 22, 24
Arles 12, 13, 14, 15, 32, 68, 82, **98–105**, 107
    Alyscamps 105
    Boulevard des Lices 103
    Cathédrale St-Trophime 100
    Cloître St-Trophime 101
    Collégiale Notre-Dame-de-la-Major 104
    Cryptoportique 102
    Église St-Honorat 105
    Espace Van-Gogh 103
    Fondation Vincent van Gogh 104
    Hôtel de Ville 102
    Les Arènes 104
    Musée de l'Arles antique 103
    Musée Réattu 105
    Museon Arlaten 102
    Porte de-la-Redoute 104
    Théâtre antique 104
    Thermes de la Trouille 104

Augustus 13, 24, 34, 63, 64, 66, 67, 84, 108
Avignon 10, 14, 15, 20, 31, 42, **44–56**
    Cathédrale Notre-Dame-des-Doms 46
    Chapelle des Pénitents Gris 55
    Chapelle des Pénitents Noirs 55
    Chapelle St-Nicolas 45
    Collection Lambert en Avignon 52
    Couvent des Célestins 52
    Église de la Visitation 55
    Hôtel des Monnaies 46
    Hôtel Galléans 55
    Le Cloître des Arts 54
    Musée Angladon 52
    Musée Calvet 54
    Musée lapidaire 52
    Musée Louis Vouland 54
    Palais des Papes 52
    Palais du Roure 54
    Petit Palais 47
    Place de l'Horloge 52, 53
    Place du Palais 47, 52
    Rocher des Doms 47
    Rue de la République 53
    St-Agricol 54
    St-Didier 53
    St-Pierre 53
    St-Symphorien 55

B

Bagnols-sur-Cèze 23, 24
Barry 24
Barry, Gräfin Du 54
Baux, Raymond de 88
Beaucaire 14, **77–78**, 89, 92
Bédoin 39
Benediktiner 13, 106, 107
Benedikt XIII., Papst 41, 50
Benedikt XII., Papst 47, 48, 49, 50
Béranger, Raymond 14
Bernhard von Clairvaux 71
Bernus, Jacques 42
Bertrand de Baux 88
Besson, Adèle 23
Besson, George 23
Birelle, Jean 59
Bisselin, Charles 25
Blois, Marie de 109
Bollène 24
Bonifatius VIII. 50
Bonnieux 87
Borghese, Familie 46
Bories 9, 73, 87
Boso von Vienne, König der Provence 13, 99
Boterie, Raymond 21
Boudin, Eugène 23
Bourg 19
Bourg-St-Andéol 20, 24
Brusius, Petrus 90

C

Caesar, Gaius Julius 12, 13, 98, 116
Calixtus II. 18
Calvinus, Caius Sextius 12, 98, 108
Camargue 20, 77, **89–97**
Camus, Albert 88
Canal d'Arles 103
Carpentras 31, 40, **41–43**, 44

Castelnau, Pierre de 14, 90
Casteret, Norbert 70
Cavaillon 70, 85–86
Cavaillon, Bischof von 72
Ceccano, Kardinal Annibale Caetani de 57
Cézanne, Paul 6, 7, 8, 15, 52, 88, 98, 113, **114**
Chaîne d'Estaque 98
Chalet-Reynard 39
Chalon 32
Champaigne, Philippe de 57
Ciriani, Henri 103
Clemens IV., Papst 90
Clemens VII., Papst 50
Clemens VI., Papst 31, 42, 47, 49, 50
Clemens V., Papst 14, 39, 50
Collias 61
Como, Tomaso di 118
Cossa, Jean de 79
Coulon 69, 72, 73, 75, 77
Cours d'Amour 82
Craponne, Adam de 15, 107
Crau 15, 77, 82, 98, 107

D

Daret, Jacques 86
Daret, Jean 111
Daudet, Alphonse 6, 64, 79, 81
Daumier, Honoré 121
Delance, Jean 27
Delaroche, Paul 67
Delorme, Philibert 63
Dentelles de Montmirail 27, 35
Diokletian, Kaiser 13, 108
Dombet, Guillaume 111
Dominikaner 90, 107, 113, 123, 124
Domitius Ahenobarbus 12, 77
Durance 31, 54, 77, 83, 86, 88, 98, 107
Durand, Marie 92

E

Edikt von Nantes 15
Espérandieu, Henri 118, 121
Etang de Berre 107
Etang de Vaccarès 89, 94
Eygues 24, 29

F

Finsonius, Ludovicus 100
Flaccus, Marcus Fulvius 12
Fontaine-de-Vaucluse 69–71
Fontvieille 81
Fos 12, 89, 98, 117
Foster, Sir Norman 66
Franz I., König von Frankreich 15, 47, 63, 65
Friedrich Barbarossa, Kaiser 14, 99
Froment, Nicolas 111

G

Garde, Antoine Escalin Baron de la 26
Garrigues 60
Gaucher, Père 81
Giovanetti, Matteo 49
Girardon, François 103
Glanum 83–85
Gogh, Vincent van 6, 15, 52, 83, 103

Gordes 71, 72–73
Gorge de la Ste-Baume 19
Gorges de la Nesque 40–41
Gorges de l'Ardèche 21–22
Goten 13
Gottfried, Graf der Provence 106
Granet, François Marius 112
Gregor XI., Papst 50
Grignan 27–28
Grignan, Château 24, 26, **27**, 28
Grignan, Comte de 28
Grimaldi, de Jérôme 112
Grobet, Louis 121
Grotte de Thouzon 69
Guillaume d'Arles 13
Guiramand, Jean 111

Heinrich IV., König von Frankreich
15
Henri II. de Montmorency 15
Hugenotten 15, 24, 92, 93
Hugolin de St-Rémy, Jean, Abt 106

Innozenz III., Papst 90
Innozenz VI. 50, 57, 59

J

Johanna von Neapel 31, 50
Johannes XXII., Papst 28, 46, 48, 50,
57
Johann II., Dauphin 28
Julius II., Papst 14
Julius Valerianus 20

K

Karl der Große 32
Karl der Kahle 13
Karl III. von Maine 15, 109
Karl II., König von Frankreich 13
Karl II. von Anjou 44, 99
Karl IV., Kaiser 99
Karl I. von Anjou 14
Karl Martell 13, 35
Karls der Große 13
Kartäuser 22, 58, 59
Kelten 12, 77, 84, 98, 108, 116, 119, 120
Konstantin, Kaiser 13, 98, 104

L

Lacoste 87
La Garde-Adhémar 24, **26**
Lainée, Thomas 55
La Rivière, Antoine Matisse 112
La Tarasque 52, 79, 101
Laurana, Francesco 53, 79, 118
Laval, Jeanne de 112
Lazare, Bischof von Aix 118
Le Corbusier 122
Les Antiques 83–85
Les Baux 32, 34, 77, 79, **81–83**
Les Impériaux 94
Les-Saintes-Maries-de-la-Mer 79,
95–97
Le Thor 69
Le Thoronet 71
Levieux, Reynaud 57
Ligurer 12, 36, 84, 108, 118, 119, 120, 123
Lisle, Rouget de 15, 122
L'Isle-sur-la-Sorgue 69–71
Lothar II., König von Burgund 13
Lothar I., König 13

Lourmarin 88
Louvres, Jean de 51, 52
Lubéron 73, 77, **88**
Ludwig der Deutsche 13
Ludwig II., Kaiser 13
Ludwig IX., König 14, 92, 93, 99
Ludwig VIII., König 14, 46
Ludwig von Anjou 109
Ludwig XIII., König 15, 82
Ludwig XII., König 15
Ludwig XIV., König 15, 34, 47, 80, 118
Ludwig XVI., König 106
Lyon 13, 15, 18, 20, 32

M

Maillane 83
Malaucène 39
Manville, Familie 82
Marcoule 15
Marcus Antonius 63
Marechal, Jacques-Phillipe 66
Maria Magdalena 101, 124
Marius, römischer Feldherr 12
Marseillaise 15, 122
Marseille 12, 15, 31, 77, 84, 88, 97, 98,
99, 103, **116–123**
Abbaye St-Victor 122
Ancienne Cathédrale Ste-Marie-
Majeure 119
Belsunce 120
Centre de la Vieille Charité 119
Château Borély 122
Château d'If 123
Église St-Vincent de Paul 121
Fort St-Jean 118
Fort St-Nicolas 118
Gare-St-Charles 120
Hôtel de Cabre 120
Hôtel de Ville 119
Jardin des Vestiges 120
La Canebière 120
La Friche de la Belle de Mai 121
Maison Diamantée 119
Musée Cantini 121
Musée des Beaux-Arts 121
Musée des Civilisations de
l'Europe et de la Méditerra-
née 118
Musée des Docks Romains 120
Musée d'Histoire de Marseille 120
Musée du Vieux Marseille 119
Musée Grobet-Labadié 121
Notre-Dame-de-la-Garde 118
Palais Longchamp 121
Parc Borély 122
Vieux Port 118
Martini, Simone 46, 48
Martin V., Papst 50
Maximian, Kaiser 122
Mazel, Abraham 92
Ménerbes 86, 87
Mignard, Nicolas 42, 55, 57, 70, 80, 86
Mignard, Pierre 86, 106
Mistral, Frédéric 6, 15, 80, 83, 102
Montagnac, Jean de 58
Montagne du Lubéron 86–88
Montagne Ste-Victoire 88, 98, 114
Montagnette 77, 80, 83, 98
Montfort, Simon de 14, 63, 78
Montirac, Pierre Selva de 59
Mont Ventoux 18, 24, 27, **39–40**, 73
Munatius Plancus 13

N

Nages 68
Napoleon III., Kaiser 53, 122

Nassau, Prinz Mauritz von 34
Natoire, Charles Joseph 42
Nîmes 13, 15, 60, **63–68**, 77
Carré d'Art 66
Castellum divisorium 64
Cathédrale Notre-Dame et
St-Castor 65
Chapelle des Jésuites 64
Église St-Paul 66
Jardin de la Fontaine 66
Les Arènes 67
Maison Carrée 66
Maison natale d'Alphonse
Daudet 64
Maison romane 65
Musée achéologique 65
Musée des Beaux-Arts 67
Musée du Vieux Nîmes 65
Porte d'Arles 64
Porte de France 67
Temple de Diane 66
Tour de l'Horloge 65
Tour Magne 66
Nostradamus, Michel 83, 107
Notre-Dame-d'Aiguebelle 26–27
Nyons 24, 26, 28, **29**

O

Ocker 7, 69, 73, 74, 75
Ockerabbau 74
Oppède-le-Vieux 86
Orange 12, 13, 14, 15, 24, **31–35**, 38, 41
Ouvèze 31, 36, 38

P

Parc Naturel Régional de
Camargue 94
Parrocel, Charles 86
Parrocel, Pierre 42, 55, 70
Pernes-les-Fontaines 44
Perret, Auguste 117, 119
Peter der Franzose 124
Petite Crau 77, 83, 98
Petit Rhône 89
Petrarca, Francesco 39, 50, 70
Petronius Arbiter 116
Philipp IV., König 14, 50, 56
Picasso, Pablo 8, 23, 105, 114
Pierrelatte 24
Poisson, Pierre 50
Pompeius 13, 38, 116
Pont-du-Gard **60–62**, 64
Pont-St-Esprit **20–21**, 24
Pont van Gogh 103
Pradier, Jean-Jacques 92
Puget, Pierre 119, 121

Q

Quarton, Enguerrand 56, 57, 58

R

Racine, Jean 62
Rambot, Jean-Claude 112
Raymond Béranger IV., Graf von
Barcelona 14, 112
Raymond IV., Graf von Toulouse 89
Raymond VI., Graf von Toulouse
14, 78, 90
Raymond VII., Graf von Toulouse
14, 78
Raysse, Martial 66
Réattu, Jean-Jacques 105, 107
Reformation 15, 50, 62, 64, 71
Religionskriege 18, 62, 87, 90, 91